VIDA PSÍQUICA DO BEBÊ

CONSELHO EDITORIAL
André Costa e Silva
Cecilia Consolo
Dijon de Moraes
Jarbas Vargas Nascimento
Luis Barbosa Cortez
Marco Aurélio Cremasco
Rogerio Lerner

Blucher

VIDA PSÍQUICA DO BEBÊ

A parentalidade e os processos de subjetivação

Víctor Guerra

Tradução
Tania Mara Zalcberg

Revisão técnica
Carla Braz Metzner

Título original: *Vida psíquica del bebé. La parentalidad y los procesos de subjetivación*
Vida psíquica do bebê: a parentalidade e os processos de subjetivação
© 2020 Víctor Guerra
© 2022 Editora Edgard Blücher Ltda.

All Rights Reserved. Authorised translation from the Spanish language edition published by Asociación Psicoanalítica del Uruguay and Instituto Universitario de Postgrado en Psicoanálisis.

Publisher Edgard Blücher
Editor Eduardo Blücher
Coordenação editorial Jonatas Eliakim
Produção editorial Catarina Tolentino
Preparação de texto Bárbara Waida
Diagramação Guilherme Henrique
Revisão de texto Maurício Katayama
Capa Leandro Cunha
Imagem da capa Martha Costa Cruz Leite de Barros – Poético 1, 2016.

Blucher

Rua Pedroso Alvarenga, 1245, 4º andar
04531-934 – São Paulo – SP – Brasil
Tel.: 55 11 3078-5366
contato@blucher.com.br
www.blucher.com.br

Segundo o Novo Acordo Ortográfico, conforme 5. ed. do *Vocabulário Ortográfico da Língua Portuguesa*, Academia Brasileira de Letras, março de 2009.

É proibida a reprodução total ou parcial por quaisquer meios sem autorização escrita da editora.

Todos os direitos reservados pela Editora Edgard Blucher Ltda.

Dados Internacionais de Catalogação na Publicação (CIP)
Angélica Ilacqua CRB-8/7057

Guerra, Víctor
  Vida psíquica do bebê : a parentalidade e os processos de subjetivação / Víctor Guerra ; tradução de Tania Mara Zalcberg ; revisão técnica de Carla Braz Metzner. – São Paulo : Blucher, 2022.
  336 p.

Bibliografia
ISBN 978-65-5506-376-9

Título original: Vida psiquica del bebe. La parentalidad y los procesos de subjetivación

1. Psicologia infantil 2. Lactentes – Desenvolvimento – Aspectos psicológicos I. Título II. Zalcberg, Tania Mara III. Metzner, Carla Braz

22-5643   CDD 155.422

Índice para catálogo sistemático:
1. Psicologia infantil

Conteúdo

Apresentação – "Continuamos...": um diálogo imperecível   11
Analia Camiruaga, Mady Correa, Claudia Ravera, Tatiana Santander, Patricia Singer, Silvana Vignale

Prefácio à ediçao brasileira   13
Carla Braz Metzner

Prefácio – Uma amizade intersubjetiva   15
Bernard Golse

    A música e as interações iniciais   17

    A intersubjetividade e a sincronização dos fluxos sensoriais   19

Prólogo – Apresentação de Víctor Guerra e história deste livro   25
Alberto Konicheckis

Prólogo – Contribuição sobre a vida psíquica do bebê   29
Marcelo Viñar

1. A intersubjetividade e as funções parentais no processo
   de subjetivação 35
   A história de Frederico II 43
   A língua universal 44
   Subjetivação 46
   Houve no início... 47
   Funções simbólicas parentais 51
   Quando e como retornamos desse exílio? 57
   Complexo do arcaico na parentalidade e a estética da
   subjetivação 58
   Estética da subjetivação 64
   Algumas palavras sobre empatia 66
   Enactment ou empatia metaforizante de S. Lebovici .. 68

2. A propósito do ritmo: diferentes versões da música da
   vida psíquica 71
   Vínculo inicial e ritmo 74
   O ritmo e a previsibilidade 77
   O ritmo e a organização temporal 80
   O ritmo e a continuidade psíquica 83
   O ritmo e a integração das polaridades 85
   Os riscos de um ritmo idêntico 87
   O ritmo e a integração das polissensorialidades 89
   O ritmo e a lei materna 93
   Abertura à palavra, ao brincar e ao terceiro 100
   Três linhas em ritmo 101
   A disritmia 103
   O ritmo e a cocriação artística como metáfora da
   subjetivação 105

3. Indicadores de intersubjetividade de 0-12 meses:
   do encontro de olhares ao prazer de brincar juntos ... 123
   Indicadores de intersubjetividade de 0-6 meses:
   do encontro de olhares à dança das mãos ... 123
   Primeira Parte: Do encontro de olhares à dança das mãos ... 126
   Segunda Parte: Indicadores de intersubjetividade de 6-12 meses: do deslocamento no espaço ao prazer de brincar juntos ... 151

4. Importância dos objetos no processo de simbolização: os objetos tutores ... 179
   Observação de um bebê de 9 meses ... 182
   Análise ... 183
   A atenção conjunta e o objeto ... 184
   Objetos tutores ... 186
   Objeto tutor e objeto de relação ... 188
   Objeto tutor, a narratividade e o jardim de infância ... 189
   Objetos e ritmo ... 193
   O objeto tutor e a capacidade de estar só ... 194
   Objeto tutor e a função de testemunho ... 196
   Caso clínico ... 198

5. Falso *self* motor, uma versão da subjetivação que fracassa na hiperatividade ... 203
   A "moda" hiperativa ... 205
   Aspectos diagnósticos ... 205
   Aspectos clínicos ... 207
   Verdadeiro e falso *self* ... 208
   Falso *self* intelectual e falso *self* motor ... 210
   Caso clínico ... 213

Autonomia excessiva sem angústia de separação 217

Papel do movimento (como oposto ao relaxamento)
e da pulsão de domínio 218

Transtorno de conciliação do sono 221

Epílogo 223

6. Formas de (des)subjetivação infantil nos tempos atuais:
os transtornos de subjetivação arcaica 225

   Mudanças na construção identitária 228

   Reconfiguração do público e do privado 228

   Tempo e espaço na atualidade 229

   As tiranias da visibilidade e a primazia do sensorial 234

   Transtornos de subjetivação arcaica 240

   Caso clínico: do ritmo autocentrado à roda-roda 245

   Análise 247

   Caso clínico: da adesividade sensorial ao brincar
   compartilhado 253

7. A escuta sensorial e estética nos transtornos de
   subjetivação arcaica 261

   A escuta, a capacidade negativa e a sensorialidade 262

   A sensorialidade, o ritmo e o outro na subjetivação 270

   A escuta estética 273

   A consulta com bebês 275

   Luisa provocando o nascimento da cor 277

   Luisa com 11 meses 279

   O nascimento de uma emoção em sessão 281

   Jorge e o vazio assombrado 283

   Trabalho com os pais e o ambiente subjetivante 285

A maleabilidade do encontro com Jorge	288
Onde está Jorge?	292
O vazio assombrado e as palavras de infância	296

Epílogo 1: Encontros e intercâmbios com Víctor Guerra — 299
René Roussillon

Epílogo 2: Víctor — 307
Gladys Franco

Epílogo 3: Escritos que revisitam, manuscritos que retomam — 309
Magdalena Filgueira, Corina Nin

Referências bibliográficas — 311

Apresentação – "Continuamos...": um diálogo imperecível

Ainda ressoa em nós a frase "continuamos...", com a qual Víctor terminava os papos espontâneos no corredor do consultório, com sua xícara de café na mão, recomendando o último livro que tinha lido ou nos contando sobre o artigo que estava escrevendo.

Hoje essa frase amplia seus significados: *Ritmo e intersubjetividade no bebê* nos prova isso. Sua tão querida tese nos transmite os conceitos centrais do processo de subjetivação com profundidade e rigor, sem perder a linguagem clara e acessível. O texto reflete seu espírito de fazer dialogar diferentes teorias com o objetivo de alcançar um olhar caleidoscópico e multifacetado a partir das complexidades das vivências humanas.

O que dizer de Víctor e do seu livro que já não tenha sido descrito de forma magistral por Marcelo Viñar, René Roussillon, Bernard Golse, Alberto Konicheckis?

Talvez nossa contribuição seja transmitir-lhes algo do que ele nos transmitiu em tantos anos de percurso compartilhado. Como amigo, como professor, como consultor e parceiro de ensino, sempre nos contagiou com o prazer de pensar, o prazer de compartilhar conhecimentos; sempre nos permitiu continuar estudando, crescendo, escrevendo.

Neste breve relato, nossas palavras se misturam com as dele como forma de trazer à tona sua presença na ausência e também aproximá-lo de vocês. Por isso citamos outro de seus ditos recorrentes: "Estou revisitando autores". Ele dizia isso ao ler e reler textos que o levavam a encontrar novos sentidos no âmbito clínico e na esfera do cuidado e da educação na primeira infância.

Às vezes, essas visitas tinham como convidada especial a arte, em todas as suas expressões: literatura, pintura, música, entre outras; essas convidadas tornaram-se hóspedes permanentes de seus trabalhos científicos, conseguindo uma qualidade diferenciada em sua articulação.

Nosso desejo é continuar seu legado com a dedicação e a responsabilidade com que ele levou a cabo sua tarefa, agradecidas de ter compartilhado um trajeto de seu caminho. Com frequência, Víctor nos dizia com emoção: "As crianças nos presenteiam sua infância".

Seu presente foi essa magnífica tese de doutorado. Sejamos merecedores.

Continuamos…

Grupo de Trabalho e Estudo: Primera Infancia
Analia Camiruaga, Mady Correa, Claudia Ravera,
Tatiana Santander, Patricia Singer, Silvana Vignale

Prefácio à edição brasileira

Esta obra tem um trajeto peculiar. É a obra de uma vida de clínica, pesquisa, estudos, dos muitos diálogos do autor com amigos, profissionais de referência na área, "amigos imaginários" como ele chamava todos os autores que descobria e lia em profundidade, como os poetas Manoel de Barros, Ferreira Gullar, Octávio Paz, Edmundo Gómez Mango e muitos outros – a lista de autores e interlocutores era vasta. Observar Victor Guerra trabalhando com um entusiasmo que contagiava a todos em volta era inesquecível. Ele dizia que gostava de escovar as palavras como Manoel de Barros, que, ao ver os arqueólogos escovando ossos para fazer descobertas, decidiu que seria poeta e escovaria as palavras. Muitas vezes, após trabalhar em sua tese, Guerra dizia que iria escovar as palavras, como o poeta para encontrar novos sentidos e fazer novas articulações. A artista Martha Barros, filha do poeta Manoel de Barros, ao tomar conhecimento da admiração de Guerra pela obra do pai cedeu uma de suas pinturas chamada Poesia para ilustrar a capa do livro na França e agora em sua versão em português. Como a metáfora marítima era sua preferida, no seu percurso, na sua travessia, encontrou uma tormenta, e esta tese, este livro que o leitor tem agora em mãos foi seu leme, sua bússola para não naufragar. Levar a tese adiante, continuar o que estava em trânsito, em construção, foi sua escolha. Trabalhou nela até quando foi possível. Todos os que estavam perto naquele momento fizeram um *holding* inesquecível, no melhor sentido Winnicottiano, e puderam cuidar de quem pensava tanto no cuidado, nos tempos arcaicos dos começos, e ajudaram na organização do material para que Victor seguisse adiante e pudesse completar seu percurso final. O que Victor Guerra mais queria era ver seu trabalho publicado e compartilhado com os leitores para que gerasse muitos diálogos, muitas trocas. Este livro agora, em português vem cumprir essa tarefa.

Carla Braz Metzner

Prefácio – Uma amizade intersubjetiva

Víctor Guerra era um amigo, era meu amigo. Lamentavelmente, ele não lerá este prefácio que escrevi pensando em tudo que compartilhamos e que significou muito para mim.

Encontramo-nos frequentemente, na França, no Brasil e certamente em seu país, o Uruguai, e, a cada vez, esses encontros eram para nós uma ocasião de mútua estimulação intelectual e afetiva, que eu vivia de maneira realmente muito fecunda e intersubjetiva!

Na verdade, conheci-o porque ele fazia parte do entorno de Luis e Vida Prego em Montevidéu. Luis Prego, psiquiatra e psicanalista, tinha sido muito próximo de Leo Kanner, e ele e sua esposa, Vida, se interessaram pelo meu trabalho, o que me deu enorme orgulho, pela extrema delicadeza e pela cultura profissional dessas duas pessoas. Graças a eles conheci Victor, que, por sua vez, era seu discípulo e amigo.

Ao longo dos anos, Víctor e eu tivemos o projeto de um livro sobre o bebê, a sensorialidade e a criatividade, três temas que nos motivavam conjuntamente (e espero que esse texto, escrito a duas vozes ou a quatro mãos, possa ser publicado pela Presses Universitaires de France em 2019).[1]

O tema deste livro de Víctor Guerra é *Vida psíquica do bebê: a parentalidade e os processos de subjetivação*, reunindo escritos relacionados à tese de doutorado em Psicologia Clínica que ele defenderia na Universidade Paris Descartes (Paris V), sob orientação de Alberto Konicheckis, seu amigo e compatriota. Alegro-me infinitamente por esta publicação editada pela Biblioteca Uruguaia de Psicanálise, da Associação Psicanalítica do Uruguai, pois a doença impediu Víctor de levar esse trabalho a cabo, e seus pensamentos e suas reflexões merecem ser conhecidos e difundidos.

O título proposto por Víctor para sua tese, e que foi parcialmente retomado para esta publicação, destaca dois conceitos fundamentais da vida do bebê: o ritmo, por um lado, e a intersubjetividade, a parentalidade e a subjetivação, pelo outro.

Na medida em que não há música sem ritmo nem linguagem sem acesso à intersubjetividade, este trabalho me comove especialmente, pois a música e a linguagem são dois campos dos quais gosto muito e que impregnavam profundamente minha relação com ele.

Tentarei dizer brevemente como, a meu ver, o trabalho de Víctor Guerra busca e consegue estabelecer uma ponte entre os dois registros do interpessoal e do intrapsíquico. Em relação ao ritmo e à música, em primeiro lugar, evocarei a obra de Daniel Stern, que Victor admirava, e, em relação à intersubjetividade, farei uma ligação com a sensorialidade e a sincronização dos fluxos sensoriais.

---

[1] O livro a que o autor alude foi finalmente publicado em junho de 2019 com o título: *Le bébé, la sensorialité et la créativité*, Bernard Golse e Victor Guerra. Le file Rouge. PUF.

A música e as interações iniciais

Na última parte de sua vida, D. Stern se tornou conselheiro artístico e científico de uma célebre companhia de ballet de Nova York, experiência da qual falava com um entusiasmo e um prazer intensos e contagiantes. Para ele, parece-me, as interações iniciais (mãe-bebê) se concebiam como um verdadeiro ballet e falava disso frequentemente do ângulo de uma coreografia autêntica.

Podem ser dados alguns exemplos dessa abordagem muito estimulante e fascinante:

- No fundo da intersubjetividade primária, o bebê é um extraordinário observador do estilo interativo de sua mãe, ou seja, de suas respostas em termos de sintonia afetiva. Cada bebê tem, de fato, uma mãe mais ou menos unimodal ou transmodal, mais ou menos imediata ou atrasada, mais ou menos atenuada ou amplificada em suas respostas aos sinais que o bebê dirige a ela e, assim, forja suas "representações de interação generalizadas" que, para ele, têm o valor de um retrato abstrato e ritual de sua mãe.

Por outro lado, o fraseado musical ou linguístico pode ser facilmente colocado em perspectiva com as *formas afetivas* (*affective shapes*), tão bem descritas por D. Stern e que sustentam o que ele estudou sob o termo *envelopes protonarrativos*.

Com os contornos de intensidade que se tornam isomorfos, quando tudo vai bem, temos aqui a dinâmica emocional transmitida e intercambiada entre a mãe e o bebê no marco da sintonia afetiva, também chamada de "harmonização dos afetos", o que mostra bem, por outro lado, a referência musical dos trabalhos de D. Stern.

Em todo caso, para ele, a música vale também como narratividade, mas uma narrativa de afetos e emoções mais que de imagens, no sentido estrito do termo.

- D. Stern evocou as interações mãe-bebê sob o ângulo de uma espécie de improvisação a dois, e tive a satisfação de fazê-lo notar que Martial Solal definia a improvisação do jazzista como a arte de avançar de modo sem cessar na frase musical, tendo sempre a impressão de se equivocar a todo momento, mas corrigindo-se a cada instante, o que talvez aconteça também entre mãe e filho...
- Ele também insistiu nas capacidades de imitação imediata do bebê, que falariam a favor da intersubjetividade primária e permitem representar as interações mãe-bebê como uma dança na qual se verifica a intercambialidade permanente do condutor da dança, o que se aproxima completamente dos trabalhos de C. Trevarthen.
- Sabe-se também até que ponto D. Stern demonstrou o sentido do ritmo no bebê, por meio da análise da brincadeira clássica de fingir que um animalzinho sobe pelo braço do bebê (como o gato atrás do rato). Brincadeira que termina em gargalhada quando o bebê percebe que o último toque do adulto em seu pescoço chega só pouco antes, ou só pouco depois, das suas previsões implicitamente calculadas!
- Enfim, faltaria evocar a estrutura quase universal das canções de ninar que remetem à estrutura do soneto, como demonstrou tão bem C. Trevarthen, que D. Stern adorava, como prova da convergência entre a música e a questão das interações iniciais.

Todas essas referências musicais e rítmicas relacionadas com a conceituação das interações se encontram igualmente no coração do trabalho de Víctor Guerra e, por isso, parece-me importante sublinhar que para ele estava claro que essa questão dos ritmos organiza, e de alguma maneira estrutura, o diálogo arcaico que existe entre a mãe e seu filho, por meio da regressão materna a suas próprias partes mais infantis.

A intersubjetividade e a sincronização dos fluxos sensoriais

Para perceber o outro como outro, ou seja, como outro que não seja ele mesmo, o bebê deve absolutamente poder apreendê-lo por vários canais sensoriais simultaneamente; é o que indicam hoje tanto os trabalhos dos psicanalistas como os dos cognitivistas. Para isso, é necessário que o bebê tenha suficiente capacidade de atenção, para poder reunir os diferentes fluxos sensoriais que provêm do outro, da mãe em particular, ou seja, que possa sair do "desmantelamento" meltzeriano que o protege, no princípio da sua vida, do excesso de estimulações, mantendo clivados os diferentes fluxos sensoriais provenientes do outro. Atenção e mantelamento são, portanto, indispensáveis para a possibilidade de perceber o outro como outro diferente de si, o que define precisamente o acesso à intersubjetividade.

Não obstante, para poder mantelar, comodalizar ou reunir os diferentes fluxos sensoriais proveniente do outro, necessita-se que esses diferentes fluxos sensoriais se encontrem em ritmos suficientemente compatíveis, e ali está todo o trabalho de segmentação dos diferentes fluxos sensoriais, trabalho no qual nos deteremos um instante.

A segmentação permite sentir cada estímulo sensorial como um fenômeno dinâmico, e não estático: apenas o que está em movimento pode ser percebido. Trata-se então de um fenômeno intrassensorial, e não intersensorial, como é o par mantelamento/desmantelamento.

Podemos supor aqui três tipos de segmentação: uma segmentação no nível do sistema nervoso central (substância reticulada do tronco cerebral especialmente); uma segmentação periférica no nível dos esfíncteres sensoriais (como as pálpebras para os fluxos visuais); e, enfim, uma segmentação interativa.

Podemos considerar então que o equilíbrio dinâmico entre mantelamento/desmantelamento e segmentação, desempenhado no fundo dos processos de atenção, situa-se no próprio cerne dos processos perceptivos, porque apenas a segmentação dos diferentes fluxos sensoriais segundo ritmos compatíveis permite o mantelamento das sensações e, portanto, o acesso à intersubjetividade.

As rimas infantis como "Assim, fazem, fazem, fazem... as pequenas marionetes!", das quais existem variantes análogas em todas as culturas, desempenham sem dúvida um papel importante no treino da sincronização polissensorial. A voz materna, então, ocuparia aqui um lugar especial, na medida em que, enquanto a segmentação visual é fisiologicamente cômoda (graças à ritmicidade do esfíncter palpebral), a segmentação auditiva é delicada (na ausência de esfíncter auditivo, é preciso tapar as orelhas para não escutar, o que apenas alguns bebês sabem fazer).

A voz materna, cuja importância conhecemos para a semiotização do mundo da criança, portanto, só pode ser segmentada de duas maneiras: a partir da própria criança (pela variação do seu estado de atenção) ou a partir do discurso da mãe (quando ela realiza variações sobre a música da sua linguagem). Isso supõe conjuntamente que os processos de atenção do bebê estejam intactos e suficientemente móveis e que a linguagem materna não se torne monótona demais em virtude de tal ou qual psicopatologia, principalmente depressiva.

O que ressaltamos aqui sobre a linguagem hoje tem valor prototípico, mas é claro que o mesmo equilíbrio entre mantelamento, desmantelamento e segmentação provavelmente é desempenhado para cada um dos fluxos sensoriais e que a mãe também desempenharia o papel de "maestra" das diferentes segmentações sensoriais do seu bebê, ajudando-o a segmentar seus diferentes fluxos sensoriais de acordo com ritmos compatíveis e, com isso, como um maestro, ajudando-o a manter suas sensações e, portanto, a avançar progressivamente em direção a uma intersubjetividade estabilizada (lembremos, nenhum objeto pode ser sentido como externo a si próprio enquanto não for apreendido por ao menos duas modalidades sensoriais simultâneas, o que sublinha a importância da comodalização ou mantelamento como agente central de acesso à intersubjetividade).

Mas o inverso também é verdadeiro, no sentido de que o bebê pode ajudar sua mãe a lhe proporcionar fluxos sensoriais sincrônicos, no que provavelmente certos bebês fracassam.

Finalmente, na perspectiva do paralelo que buscamos estabelecer entre o par mãe/bebê e o par maestro/músicos,[2] talvez possamos imaginar:

- a existência de uma sincronização dos fluxos sensoriais do bebê ou dos músicos pela mãe ou pelo maestro;
- a possibilidade para o bebê ou para os músicos da orquestra de funcionar como sincronizadores respectivos da mãe ou do maestro;
- a hipótese, enfim, segundo a qual os movimentos das mãos do bebê organizariam a gestualidade materna e suas respostas interativas, do mesmo modo que os músicos não apenas recebem as pulsações rítmicas e as incitações do fraseado do maestro, mas seriam eles mesmos reciprocamente suscetíveis a organizar o gesto do seu maestro.

Minhas inúmeras discussões com Víctor Guerra me levaram a pensar que compartilhávamos a mesma ideia: a passagem da intersubjetividade (que se desenvolve no registro interpessoal) para a subjetivação (que se desenvolve no registro intrapsíquico) pode ser

---

2 Amy, G., e Golse, B. (2017). *Bebes, chefs d'orchestre, une danse des mains*. Paris: Edition des Alentours.

mediada exatamente pelo ritmo das interações e aí está, parece-me, a vivacidade da proposta deste livro.

O ritmo, por sua vez, está inscrito no comportamento e na psique e, por isso, este texto de Víctor Guerra trata tanto dos indicadores de intersubjetividade observáveis no bebê e nos objetos tutores da simbolização, como dos distúrbios da subjetivação arcaica e da estética da subjetivação. O mundo interno dos adultos permeia suas interações, o que ajudará o bebê a organizar progressivamente seu mundo interno. O ritmo compartilhado entre o bebê e o adulto é, ao mesmo tempo, diálogo de corpos e comportamentos e diálogo de psiques, diálogos recíprocos, mas com certeza assimétricos, da perspectiva da "situação antropológica fundamental" de J. Laplanche.

Pensar a passagem do interpessoal ao intrapsíquico não nos é, portanto, definitivamente tão fora do alcance do pentagrama (para conservar a referência às partituras musicais), e a obra de Víctor Guerra, interrompida cedo demais, nos mostra o caminho.

Espero que o leitor perceba a importância dos desafios conceituais assumidos nessa perspectiva original e inovadora.

Víctor Guerra havia criado em Montevidéu uma pequena clínica de consulta e tratamento dirigida por uma equipe multidisciplinar entusiasta.

Ele participava no hospital, mas se queixava sempre porque os novos psiquiatras da infância referiam-se mais aos modelos anglo-saxônicos que à psicopatologia propriamente dita, por isso o interesse de sua hipótese de um "falso *self* motor", como testemunho da falta de intersubjetividade no contexto da hiperatividade.

Em todo caso, lembro-me com emoção do dia que, no contexto do curso universitário que coordeno juntamente com Sylvain Missonnier na Universidade Paris Descartes, ele veio apresentar o filme sobre intersubjetividade que fez com seu filho.

Foi um momento de celebração, todos os psicólogos e psiquiatras de crianças reunidos nessa ocasião!

Obrigado, Víctor, por tudo o que você nos trouxe, obrigado pelo belo texto que nos deixa e obrigado, simplesmente, pelo que era, um amigo mais que intersubjetivo.

Bernard Golse

Professor de Psiquiatria da Infância em Paris, psicanalista, chefe de serviço no hospital Necker, presidente da associação Pikler-Lóczy França

Prólogo – Apresentação de Víctor Guerra e história deste livro

Víctor Guerra foi um psicanalista uruguaio que faleceu prematuramente em 2017. Começou sua prática como psicólogo clínico em Montevidéu, no Centro Latinoamericano de Perinatologia/Salud de la Mujer y Reproductiva, dirigido pelo Dr. José Luis Díaz Rossello, onde integrou a equipe de pesquisa que, em 1991, publicou uma obra precursora no Uruguai: *La madre y su bebé: primeras interaciones*.[1] Prosseguiu suas atividades clínicas como psicólogo em jardins da infância, onde levou adiante seu trabalho de observação, de consultas pais-bebês e de acompanhamento aos profissionais.

Durante esse período, continuou e aprofundou suas primeiras investigações sobre os bebês e seus pais. Participou ativamente, durante muitos anos, do seminário coordenado por Vida Maberino de Prego, psicanalista de crianças no Uruguai e pioneira no interesse pelas primeiras formas de vida psíquica.

---

1 Díaz Rossello, J. L., Guerra, V., Strauch, M., Rodriguez Rega, C., e Bernardi, R. (1991). *La madre y su bebé: primeras interacciones*. Montevideo: Roca Viva.

Víctor Guerra trabalhou regularmente em instituições para crianças e com diferentes profissionais como psicólogos, fonoaudiólogos, educadores e psicomotricistas.

Progressivamente, foi solicitado a ministrar ensino e formação em outros países da América do Sul: na Argentina, no Chile e, sobretudo, no Brasil, onde é especialmente reconhecido e apreciado por seus dons pedagógicos e suas qualidades de transmissão. Torna-se então corresponsável na América do Sul pelo curso de graduação internacional sobre clínica da perinatalidade e dos transtornos nos vínculos primários, coordenado em conjunto por colegas do Brasil, da França e do Uruguai, sendo eu o responsável pela parte francesa do curso. Quando começamos essa colaboração, éramos colegas; ao concluir o curso, nos tornamos grandes amigos. A partir das suas apresentações durante a realização dessa graduação, seus trabalhos começaram a cruzar as fronteiras do seu continente natal. Em seguida, participou de palestras, seminários e colóquios na França, onde criou relações de amizade com colegas e em especial com Bernard Golse e com René Roussillon.

Paralelamente a esse interesse clínico, de formação e de investigação em perinatalidade, Víctor Guerra começa sua formação como psicanalista na Associação Psicanalítica do Uruguai (APU), onde encontra Marcelo Viñar, figura tutelar que o inspirará e o acompanhará até o final de seus dias. Durante seus últimos anos de vida, unindo suas funções de psicanalista com seu interesse pela infância, torna-se responsável pela Comissão de Crianças e Adolescentes da Federação Psicanalítica da América Latina (Fepal).

Víctor Guerra jamais parou de escrever, de publicar artigos e de apresentar comunicações em colóquios e congressos, especialmente sobre parentalidade, transtornos do sono, hiperatividade em crianças, violência nos vínculos primários, construção subjetiva, ritmo e experiência estética. Com a finalidade de colocar ao alcance de profissionais de todas as disciplinas os conhecimentos desenvolvidos por psicanalistas interessados nos primeiros vínculos, Víctor começa a construir uma grade de indicadores de intersubjetividade. Interessa-se especialmente pelo modo como as pulsões do bebê tomam forma por meio do encontro com o objeto-outro-sujeito.

Decide então começar a redigir uma tese que lhe permita fundamentar clínica e conceitualmente os indicadores de intersubjetividade. Não me é fácil dizer que era o orientador de sua tese, já que nossos intercâmbios eram recíprocos e equilibrados. Graças a ele pude acessar pontos de vista originais e inovadores. Víctor recebe nessa época um financiamento da comissão Outreach da Associação Psicanalítica Internacional (API) para produzir um documentário sobre essa temática. Com a colaboração do seu filho mais velho, Maximiliano, leva a cabo o vídeo chamado *Indicadores de Intersubjetividad*, que pode ser visto em: https://www.psynem.org/Perinatalite/Clinique_et_concepts/Indicateurs_intersubjectivite.

A partir do que Víctor Guerra denomina "complexo do arcaico", bem como de um estudo de muitos anos sobre a intersubjetividade e o ritmo, neste livro conceitua os indicadores de intersubjetividade como fundadores da subjetividade humana. Após haver apresentado detalhadamente cada um dos indicadores, Víctor Guerra expõe duas noções que são próprias dele: o *objeto tutor* e *falso self motor*. Ele conclui seu livro com uma reflexão profunda sobre o papel do complexo arcaico na abordagem das patologias contemporâneas, especialmente as encontradas no espectro dos transtornos autistas.

O livro está semeado e nutrido por observações de bebês e sequências clínicas com crianças e seus pais, em diálogo vivo e contínuo com pintores, poetas, escritores e dançarinos. Como Anne Brun destacou, em uma vibrante homenagem a Víctor Guerra certo dia em Montevidéu, ele possuía uma imensa cultura, uma curiosidade insaciável e uma infinita criatividade clínica e teórica. Unia de modo extraordinário rigor científico e linguagem poética.

Na fase em que estava terminando sua tese, Víctor foi surpreendido pela doença e arrasado pela morte. Não foi fácil reconstruir sua obra. Algumas partes da tese trazem os traços da batalha que ele enfrentou na doença. Em certas passagens, a revisão da bibliografia – à qual Victor dedicou-se especialmente – não pôde ser articulada e problematizada como ele gostaria. A falta de tempo não lhe permitiu terminar.

Procurando respeitar sempre o estilo de Víctor, a reconstrução deste texto foi fruto de um trabalho coletivo realizado com total gratidão, apreço e amizade por tudo que ele prodigalizou ao longo de sua vida. Os escritos que compõem o livro foram compilados, no Uruguai, por Maximiliano Guerra, Claudia Ravera e Patricia Singer e, no Brasil, por Carla Braz Metzner. Jacqueline Müllich, de Porto Alegre, efetuou uma compilação abrangente das referências bibliográficas.

Alberto Konicheckis
Psicólogo clínico, psicanalista, membro da SPP,
professor emérito de Psicologia Clínica e de
Psicopatologia na Universidade Paris Descartes

Prólogo – Contribuição sobre a vida psíquica do bebê

Eu poderia começar – como manda o protocolo – dizendo que Víctor Guerra recorreu a uma densa e vasta experiência como psicólogo e psicanalista para produzir o livro que constituiria sua tese de doutorado em Paris, na França, projeto que sua morte deixou incompleto.

Mas o que invade e irrompe em minha mente é destacar o que me parece sua singularidade excepcional: sua incansável curiosidade em saber, que – de brinde – era contagiante, e sua incansável liberdade de concordar ou discordar. Essas qualidades me vêm à mente ao evocá-lo.

Também admite-se comumente que a massa crítica de pesquisadores seja um catalisador para o surgimento de uma descoberta original. Essa premissa não se cumpre com Víctor. Ao iniciar sua vida acadêmica, nos anos cinzentos do poder militar, o Bacharelado em Psicologia havia sido encerrado pela ditadura. Ele então entrou pelo caminho lateral de um curso na instituição na época denominada "Escola de Tecnologia Médica" e conseguiu, com os doutores Díaz Rosselo e Ricardo Bernardi, acesso precoce e privilegiado a um serviço de pesquisa em ginecologia e perinatologia, onde puderam presenciar a relação entre mães e bebês no dia a dia. Concomitantemente, em tempos de expansão dos jardins de infância em virtude da crescente entrada das mulheres no mercado de trabalho, foi psicólogo consultor de uma creche-modelo cujo nome é merecido e eloquente: *Maternalito*. E um terceiro aspecto desse período inicial: as diferentes etapas de sua formação psicanalítica.

Capitalizando essa tríplice referência, constituiu-se rapidamente em referente nacional e regional do início da clínica psicanalítica, forjando um caminho ao qual fazia convergir também sua paixão pela literatura e pela poesia.

***

Nosso conhecimento dos primórdios da vida psíquica é tênue e pleno de conjecturas, a ignorância nos persegue, embora a psicologia evolucionista, a psicanálise e as neurociências tenham trabalhado arduamente por mais de um século.

Sabemos que os seres humanos nascem imaturos e prematuros, nada menos que tetraplégicos e afásicos. Por isso, Pierre Legendre postula que nascemos duas vezes: um nascimento biológico, que tem dia e hora fixos, e outro nascimento antropológico, gradual e paulatino, que leva anos.

A partir das neurociências, diz Luis Barbeito: "O cérebro é o órgão que regula a interação entre o organismo e o meio ambiente. Conecta-se e se desconecta (em humanos) por 2 ou 3 décadas. É o tempo que leva a construção da sua maturidade e a produção constante de neurônios e podas sinápticas, como no formigueiro se abrem e fecham diversos itinerários".

Ou, nas palavras de Víctor Guerra, a partir da tradição freudiana: "O enigma das origens é um colóquio de olhares, de sonoridades também recíprocas, que agem como sementes do ser falante; em que a narrativa funciona como uma segunda pele que nos permite discernir o território do corpo, da mente e do mundo. Diferenciação necessária e essencial (mas sempre incompleta) que funciona como abrigo das angústias de um corpo frágil, com momentos interativos e momentos de silêncio em que cresce o vínculo e também seus limites: os nãos da separação".

Há uma experiência do íntimo à qual a palavra – em seu sentido trivial ou conceitual – tem difícil acesso. A riqueza dos *infans* está no inefável das emoções ancoradas na sensorialidade e na ritmicidade do corpo. São experiências que nos revisitam na cena do amor e nos momentos de vulnerabilidade física ou psíquica.

Sabe-se que nessa linguagem primitiva o adulto modela a criança; Víctor Guerra insiste na bidirecionalidade do processo: não só há influência parental sobre a criança, mas também o que o bebê provoca com seus gestos, seus sorrisos e seus gritos, o conjunto de sinais, contribui para marcar a originalidade da relação parental com o bebê. Não há uma pulsionalidade fechada, mas baseada no compartilhamento assimétrico.

***

Podemos contestar com arrogância a primazia do que sabemos no território de cada campo do conhecimento ou reconhecer a fragilidade e a insuficiência de cada disciplina.

No campo da psicanálise, a descrição freudiana da *experiência de satisfação* (1895) pode ser considerada um marco fundante. Em seguida, vieram a *teoria das posições* de Melanie Klein e o *espelho* de Jacques Lacan e Donald Winnicott. Mais tarde, o *pictograma* de Piera Aulagnier. Todas essas valiosas contribuições foram obtidas por inferência da experiência regressiva na clínica freudiana e na análise de casos iniciais e graves. A tentativa de sistematização de Esther

Bick para a observação de bebês foi extremamente questionada e teve adeptos e opositores. Na abordagem de Bick, era indispensável a observação objetiva, neutra e distante. A observação proposta e realizada por Víctor Guerra contraria essa abordagem.

Torna-se pesquisador participante e incluído até as entranhas no que observa: o jogo entre mãe e filho nos primeiros quatro semestres de vida. Participação visual, sonora, tátil, olfativa. A mãe, ou o adulto que a substitui, geralmente verbaliza o que está acontecendo. Víctor, como pesquisador, faz isso com uma delicadeza e uma precisão que deliciam o leitor. A partir da multiplicação dessas experiências, ele cria uma grade que chama de "indicadores de intersubjetividade",[1] e que é levada às imagens de um documentário que acompanha este livro, após um árduo trabalho ao lado do filho mais velho como cinegrafista e coeditor.

Esses índices são, dizem os especialistas, ferramentas úteis para o diagnóstico e o tratamento precoce de transtornos do espectro autista. Mas, além disso, ao desenvolver e desobstruir a base dos processos de simbolização, constrói uma sustentação para a experiência clínica de todas as idades.

Portanto, a perspectiva de Víctor Guerra é radicalmente diferente e sugere um pesquisador ativo e participante, acrescentando seus ingredientes cognitivos e afetivos desde o início. Toma emprestado de Winnicott o axioma de que o bebê isolado não existe, não tem capacidades próprias para existir, exceto nas fábulas de Rômulo e Remo e nas cogitações do dr. Itard. O ponto de partida é a díade mãe-filho ou o pai e o meio ambiente em papel materno. A definição de humanidade exige pensar em um sujeito psíquico em relação. Se

---

1 A observação nas ciências naturais – cujos referentes são extradiscursivos – tem fundamentos distintos daqueles das ciência humanas, em que se estudam produtos da mente humana, ou seja, seus referentes são intradiscursivos. Nas ciências naturais o conhecimento é monológico, nas humanas é dialógico (M. Bakhtin).

sabíamos com José Bleger que o ser humano isolado é impensável, para o bebê a verdade dessa afirmação é ainda mais contundente.

A amnésia infantil bloqueia o acesso direto ao testemunho. Nossa primeira identidade nos é dada por outros – nosso ambiente materno –, que colocam palavras em nossos gestos, atitudes e comportamentos, enquanto a lenta maturação neurológica nos permite superar a tetraplegia e afasia até culminar, por volta dos 3 anos de idade, na possibilidade de nomearmos na primeira pessoa do singular: "Eu sou fulano", o que surge como garantia de certa individuação.

O termo *infans*, usado para os 3 primeiros anos de vida, é uma designação enganadora. *Infans* – literalmente, "sem linguagem" – não esclarece que a falta é apenas verbal, mas a linguagem gestual é eloquente e expressiva.

Com esse antecedente, a tão mencionada amnésia da infância só se mantém no nível das memórias conscientes, mas, como afirma Freud, "no nível do inconsciente, as experiências primitivas deixam rastros profundos e imperecíveis". Roubo uma metáfora da arquitetura: as fundações não são visíveis, mas têm impacto definitivo no formato do edifício.

Neste livro se observará que o significado literal de *infans* (sem linguagem) é questionado ou muda o cenário. Sem linguagem verbal, sim, mas Víctor conceitua que esta será precedida por um acervo pré-verbal – sensorial, motor – que prepara e modela o que será o pensamento simbólico típico da espécie humana. O território investigado são as experiências sensório-motoras do *infans* que operam efetivamente como protossimbolizações, combinando observação e reflexão. Desse modo, a noção de amnésia infantil permanece em vigor no plano consciente, mas faz as experiências primitivas originais se tornarem imperecíveis.

Os mais próximos sabíamos que Víctor era um investigador incansável da alma infantil, que fazia isso no consultório e no jardim de infância, mas também no elevador ou no transporte público. Este livro contém experiência, talento e erudição. Sintetiza de forma simples suas aulas, seus cursos e suas conferências, em que também na interação com o público construía seus capítulos sucessivos, alguns terminados, outros inacabados, o que é outra característica relevante da sua criatividade.

Marcelo Viñar
Membro honorário da Associação Psicanalítica do Uruguai
Prêmio por Contribuições Excepcionais ao Desenvolvimento e Difusão da Psicanálise na América Latina 2020

1. A intersubjetividade e as funções parentais no processo de subjetivação

> *Tecer um vínculo com os outros.*
> *Interagir, compartilhar, ouvir, responder.*
> *Entrar em diálogo.*
> *Nós partimos ao encontro dos outros, entramos em comunicação com os outros, aprendemos com os outros.*
> *Descobrimos o mundo através do seu olhar, seus gestos, sua maneira de viver.*
> *Nós compartilhamos o que parece a priori o mais incomunicável de nós – nosso mundo interior –, esta chama de vida mental que arde continuamente em nós durante toda a nossa existência.*
> *Nós entramos em ressonância com as intenções e as emoções dos outros.*
> *Colocamo-nos em seu lugar.*
> *Nós vivemos, em nós, o que eles vivem.*
>
> J.C.[1]

---

1 Ameisen (2014, p. 280).

Escolhi esta frase de abertura do pesquisador J.-C. Ameisen pela forma direta e sutil com que descreve algumas verdades, aquelas verdades que, no tecido constitutivo da subjetividade, que é o encontro com o outro, nos tornam humanos. É interessante como ele sugere que o vínculo com o outro se estabelece primeiro por meio de uma interação cada vez maior, que leva à troca dialógica e, a partir dela, algo do mundo interno pode ser compartilhado. Surpreendentemente, Ameisen fala de "chama mental" como metáfora para a vitalidade do mundo interno que é difícil de comunicar (incomunicável), o que a princípio me lembra o conceito de verdadeiro *self* de D. Winnicott. Núcleo silencioso do ser, fonte do gesto espontâneo e da criatividade, cujo resultado seria um contato mais genuíno com o outro, e não a mera adaptação às demandas (falso *self*).

Além disso, a frase de Ameisen destaca outro elemento: uma certa espessura poética. É escrita de tal forma que atinge certas barreiras discursivas e até sua própria musicalidade toca diretamente as emoções. Desse modo, arte e ciência parecem se reunir.

Gostaria de salientar especialmente este ponto, pois será o fio condutor deste livro.

Tentarei estabelecer minhas hipóteses de trabalho sobre o tema do ritmo, da intersubjetividade e de sua expressão nos processos de subjetivação dos bebês, e de seu fracasso em alguns casos. A teorização, a observação clínica e o diálogo com as artes vão andar de mãos dadas ao longo destas páginas. Tentarei mostrar que alguns poetas, pintores etc. estiveram "à nossa frente" e, ao serem questionados, nos esclarecerão um pouco melhor os "aspectos científicos" dos processos.

Demonstrarei como, na minha opinião, o processo de subjetivação do ser humano tem estreita relação com os processos de criação do artista, e como estes se correlacionam em um diálogo interminável.

Mas, voltando à frase de Ameisen, ele termina com a alusão ao contato com o outro. Entrar em ressonância com as intenções e as emoções dos outros... para mim, essa é uma bela definição de intersubjetividade. E o verbo usado por ele é muito sutil: *ressoar*, porque se abre para uma experiência sonora, musical, que valoriza a voz, o timbre, a prosódia, temas fundamentais que, ao longo da tese, mostrarei como se conectam em um diálogo interminável.

Gostaria de trazer agora as contribuições de Pascal Nouvel (2005) quando fala que investigar é: "Pegar a ideia e segui-la em todos os seus detalhes. Manter-se próximo da ideia, pensar e sentir o que dela emana". Se tomarmos a frase com certa liberdade de interpretação, poderíamos compará-la ao processo de criação de um artista. O pesquisador dialoga com a ideia e a deixa seguir seu curso, seu caminho. É outra forma de pensar a pesquisa qualitativa, com um estilo particular. Penso que, de certa forma, isso também estava presente no espírito de Freud quando se lançou nessa aventura investigativa, tentando ir além do que havia como conhecimento científico em seu tempo sobre a histeria. Ele embarcou em algo novo, manteve-se próximo de uma ideia e deixou que ela própria irradiasse e criasse conceitos relacionados entre si.

Também, curiosamente, encontramos esse conceito de "irradiação" em uma poetisa uruguaia que admiro muito: Circe Maia. Durante uma entrevista, quando Circe Maia (2010) é questionada sobre o que é poesia, ela responde:

> *Acredito que o gesto primário da vida é abrir-se para o exterior, comunicar-se com algo que não é ela mesma e assimilá-lo. Também ocorre no gesto elementar de olhar. Há a saída para fora, em direção ao mundo. A poesia é então também um olhar que nos remete para a realidade externa, sem deixar de irradiar a partir de um centro íntimo. (Entrevista, 2010)*

Circe Maia começa com uma definição da vida como gesto de abertura que na ritmicidade expressa pelo movimento se abre para a realidade externa (tanto no gesto como no olhar, ou o olhar como gesto), mas mantendo ao mesmo tempo essa irradiação de um centro íntimo. Centro que me faz pensar no conceito winnicottiano de verdadeiro *self*, que diríamos ser o centro de irradiação do gesto espontâneo, como expressão possível do genuíno no sujeito.

É significativo, portanto, que P. Nouvel e C. Maia, que obviamente não se conhecem e pertencem a diferentes latitudes culturais, usem o mesmo verbo: *irradiar*, seja de um centro íntimo ou de uma ideia.

O conceito de intersubjetividade que se desenvolveu nos últimos anos nos dá uma perspectiva muito interessante sobre a construção da vida psíquica de um bebê (Georgieff e Speranza, 2013).

Desde o início da psicanálise, o bebê era pensado como sujeito do "desamparo originário", com sua impotência, em absoluta dependência do outro para a "ação específica" (Freud, 1895). Sem a ação do outro ("complexo do semelhante") que possa sustentá-lo, o bebê seria oprimido pelas magnitudes de excitação de seu aparelho psíquico (Freud, 1925). Sem dúvida, as contribuições revolucionárias de Freud sobre a sexualidade infantil inconsciente, os conceitos de zona erógena e objeto sexual mudaram radicalmente a concepção do mundo subjetivo de um bebê.

Conceitos como "sentimento oceânico" e "ego do prazer purificado" nos permitem considerar que, em suas origens, o bebê estaria em uma forma de discriminação do objeto, daí seu *status* como "pessoa" com potencial para interagir com o meio; algo não contemplado até então. Claro que, em 1920, com a observação do neto de Freud e o jogo do *fort-da*, essa perspectiva mudou um pouco, pois ele descobre que já aos 18 meses o bebê é capaz de um jogo de elaboração da ausência materna.

Mas a postura inicial falaria de um bebê em absoluta dependência do meio ambiente e com certo grau de indiscriminação. Essa perspectiva influenciou autores como M. Mahler, que chegou a propor a existência de um período de "autismo normal" nos primeiros dois meses de vida:

> O recém-nascido e os bebês muito pequenos vivenciam com frequência estados mais próximos do sono que dos estados de vigília. Esses estados lembram o estado arcaico de distribuição libidinal predominante durante a vida intrauterina sob o modelo de sistema monádico fechado, autossuficiente em sua satisfação alucinatória do desejo... Predominam os fenômenos fisiológicos, e não os psicológicos, e a função desse período é mais bem compreendida em termos fisiológicos. (Mahler, Pine e Bergman, 1975, pp. 59-60)

Mais tarde, essa autora modificou parcialmente sua perspectiva, pela qual tinha sido muito criticada. Também sabemos que M. Klein (1952) e E. Bick (1967) tinham outra perspectiva sobre o bebê. Para elas, o bebê era capaz de vivenciar angústias, colocar em ação mecanismos de defesa e ter outro grau de progressão.

Mas, do ponto de vista histórico, como ressalta D. Widlöcher (2000), tivemos de esperar as contribuições dos anos 1940, principalmente do Middle Group de Londres, para poder pensar como o ambiente influencia o bebê e, num processo em espiral, também coparticipa de sua subjetivação.

Bernard Golse (2007) é outro autor que declara ter havido mudanças muito importantes na imagem do bebê na cultura após a Segunda Guerra Mundial. A partir das vivências de abandono sofridas e da necessidade de cuidar de bebês e crianças pequenas, começaram a ser observadas suas reações à perdas.

Um importante polo de teorização dessas experiências ocorreu na Inglaterra com as contribuições também de A. Freud, de pesquisadores como D. Winnicott, A. e M. Balint, do referido Middle Group e de J. Bowlby, criador da teoria do apego, que também trabalhou com crianças abandonadas e com problemas de integração social.

Enquanto isso, nos Estados Unidos, R. Spitz (1948) foi um dos primeiros a observar e filmar a interação face a face de um adulto com um bebê e comprovar que um bebê pode adoecer e até morrer de depressão, quando apresenta uma síndrome de depressão anaclítica e de marasmo. Esta pesquisa, juntamente com outras, trouxe como consequência a mudança da mentalidade coletiva sobre o bebê (representação cultural da criança), possibilitando que se passasse a pensar o bebê como pessoa em construção e não apenas como um "lactente".

Mas, de qualquer forma, tivemos de esperar pelas contribuições de diferentes pesquisadores do desenvolvimento da década de 1970 para demonstrar, no bebê, a presença de potencialidades interativas. E nos referimos especialmente às contribuições de D. Stern (1977), com sua sutil análise das interações face a face como primeiras manifestações lúdicas, e também de S. Fraiberg (1999), por exemplo, no campo das terapias psicanalíticas mãe-bebê.

Nessa perspectiva, foi gestado o conceito de intersubjetividade, que para alguns autores, como C. Trevarthen (2003), seria uma potencialidade primária, uma condição do encontro humano, a partir da qual o bebê, desde o início da vida, tem a potencialidade de interagir com o outro e de ter graus de consciência da separação.

Mas falar de intersubjetividade é falar de um processo de separação do objeto.

B. Golse (2011) nos traz a seguinte perspectiva:

> *Entre o modelo de uma intersubjetividade secundária adquirida de uma fase de indiferenciação inicial absoluta (Spitz, Mahler), e o de uma intersubjetividade primária própria do recém-nascido (Stern, Trevarthen), existe uma terceira via, mais dialética e que defendemos com interesse. Essa terceira via consiste em pensar que o acesso à intersubjetividade não se faz a partir de um tudo ou nada, mas ocorre de forma dinâmica entre momentos de intersubjetividade primária realmente possíveis, mas fugidios, e de prováveis momentos de indiferenciação. Todo o problema do bebê e de suas interações com o meio ambiente é estabelecer progressivamente os primeiros momentos de intersubjetividade e torná-los, passo a passo, mais estáveis e contínuos. (pp. 99-100)*

Seguindo R. Roussillon (2008), compreendemos que a intersubjetividade não está desvinculada da vida pulsional. Seria o "encontro de um sujeito, animado por pulsões e uma vida psíquica inconsciente, com um objeto, que é também um outro-sujeito, e também está animado por uma vida pulsional da qual uma parte é inconsciente".

Também pensamos nela como uma forma (assimétrica) de compartilhar estados afetivos com o outro, participando de suas intenções e seus desejos, por meio do recurso da empatia. Como diz o poeta A. Porchia (1992): "Estar em companhia não é estar 'com' o outro, mas estar 'no' outro". A diferença entre "com" e "em" implica um deslizamento para a vida subjetiva, uma viagem para a paisagem afetiva do outro, para sua vida pulsional e seus fantasmas.

As pesquisas atuais no campo psicanalítico, que também se baseiam nas observações de bebês em seu ambiente, têm fornecido dados suficientes para pensar que esses processos intersubjetivos tomam forma desde o início.

Como salientou P. Mazet (1992) há mais de vinte anos: "Atualmente, a relação pais-bebê é concebida como um processo bidirecional, em que o bebê não apenas é submetido às influências dos pais, como também produz modificações importantes neles".

Por seu sorriso, por seus gritos, pelo conjunto de sinais que dirige a eles, contribui intensamente para determinar suas vivências, suas satisfações, suas angústias, suas culpas, a imagem de si próprios como pais.

As pesquisas no campo da psicologia do desenvolvimento e do apego puderam ser úteis para nós, psicanalistas, para pensarmos o bebê não em um mundo fechado e solipsista, mas em um nível de coparticipação (assimétrica).

O período *in-fans* de 0 a 12 meses, então, provavelmente é um dos momentos mais revolucionários da vida do ser humano, e aquele no qual mais depende da participação do outro. A partir da fase fetal e do nascimento, estabelece-se uma dependência absoluta em relação ao meio ambiente, vai-se da falta de autonomia ao movimento autônomo -- em torno do primeiro ano de vida – e à descoberta dos objetos e do espaço. Aos 2 anos, a possibilidade de independência se estabelece com a função simbólica (função semiótica), o acesso à linguagem e às bases em andamento, para a aquisição aos 4 anos da capacidade de "mentalização" e da "teoria da mente" (P. Fonagy). Essa seria a possibilidade de vivenciar os afetos como estados mentais diferenciados do outro, podendo começar a pensar e compreender as emoções e as intenções, tanto de si como dos outros.

Inúmeros pesquisadores, como P. Fonagy (1990, 2000, 2005), mostraram que essa capacidade de mentalização é muito importante para a regulação afetiva e para a integração da impulsividade. Poderíamos dizer que, sem o outro para pensá-lo, o bebê por si só não consegue adquirir a capacidade simbólica da linguagem e do pensamento.

Mas isso nem sempre foi "pensado" dessa forma. Considero importante conhecer uma "pesquisa", realizada há muito tempo, que procurou explorar a relação entre os cuidados com o bebê e a aquisição da linguagem.

A *história de Frederico II*

Frederico II de Hohenstaufen foi imperador do Sacro Império Romano de 1212 a 1255. Seu nascimento em 1194 parece ter ocorrido em situações um pouco particulares. Segundo os cronistas da época, sua mãe, Constanza de Sicília, deu-o à luz na praça do mercado de Jesi, perto de Ancona, para que ninguém pudesse duvidar que, apesar de seus 40 anos, ela era a mãe e ele, o legítimo herdeiro do trono siciliano.

Frederico fica órfão de pai e mãe aos 4 anos de idade e, por testamento materno, o tutor é o Papa Inocêncio III. Mas o Papa, ocupado com suas questões políticas e teológicas, não cuida do menino, que passou de mão em mão como objeto precioso, porém indiferente, explorado pelos grandes, tratado como inimigo potencial pela maioria dos nobres. Muitas vezes ameaçado de morte, podemos supor que viveu momentos de muita incerteza e angústia.

O tempo passou e Frederico, aos 8 ou 9 anos, perambulava por ruas, mercados e jardins de Palermo, a capital "semiafricana", onde se misturava uma comunidade diversificada de povos, religiões e línguas. Lá conviviam mesquitas e sinagogas, igrejas normandas e catedrais bizantinas. Nos mercados havia uma mistura de raças: normandos, italianos, árabes, alemães, judeus, gregos e assim por diante. O menino não teve outro recurso a não ser estabelecer relações com todos eles e, com sua mente alerta, aprende muito rapidamente a se apossar das línguas e dos costumes de todas aquelas raças. Parece que essa experiência o marcou claramente na disposição para uma certa universalidade intelectual, já que Palermo foi ponto de encontro dos três grandes universos culturais da época: a Antiguidade, o Oriente e a Igreja. O menino se incorpora não só ao espírito e à atmosfera desses três mundos, mas também a suas várias línguas, seus ritos e seus costumes. Dessa maneira, Frederico aprendeu a falar nove línguas.

Assim, no ano de 1228, ele é obrigado pelo Papa Gregório IX a liderar uma nova cruzada e parte para reconquistar a terra santa de Jerusalém. Em vez de travar um combate sangrento, ele negocia em árabe diretamente com o sultão do Egito, Al-Khamil. Então, consegue recuperar Jerusalém, com exceção do distrito de Omar, e o sultão concede aos cristãos o direito de peregrinar em paz até o Santo Sepulcro. Essa capacidade de adaptação e negociação do imperador pode ter sido um dote natural, mas será que a experiência de infância no mercado, onde, para sobreviver, precisou aprender as línguas e os costumes dos estrangeiros, tornou-o especialista em contato intersubjetivo? Poderá ter tido uma influência positiva na maneira de se relacionar com os outros?

Mas o espírito inquieto e curioso de Frederico pelas línguas e pelos costumes humanos também tinha outros tons, outras cores não tão brilhantes.

A língua universal

Conta-se que Frederico, que conhecia tantas línguas, estava interessado em conhecer a "língua primitiva da humanidade". Por essa razão, teria ordenado que determinado número de bebês fosse separado de suas mães e criado por amas de leite, a quem ele teria proibido especificamente de falar ou mimar enquanto cuidassem deles. Desse modo, com seu "protocolo experimental", Frederico pensou que descobriria a língua que aqueles bebês naturalmente falariam. Falariam hebraico, ou então grego, latim ou árabe? Qual deles seria o idioma mais antigo?

A experiência fracassou: essa espécie de *jardim de infância artificial*, sem contato afetivo (intersubjetivo), não produziu nenhuma língua original, não havia palavras nem havia vida, porque todos os bebês morreram. O que Frederico não sabia é que não existe uma língua universal, que se existisse uma língua universal entre os seres humanos seria a da intersubjetividade (Houzel, 2005).

Essa língua, que se exprime no início da vida por meio de códigos de comunicação não verbal, inclui não só o conteúdo verbal da mensagem, mas suas envolturas, a prosódia, o ritmo, o tom de voz, o rosto e o olhar como espelho, a imitação, a empatia; assim, toda a semiologia da gestualidade humana entra em jogo quando existe a possibilidade de descobrir pouco a pouco os desejos no interior do ser humano.

E essa possibilidade especial de comunicação está na base do conceito de intersubjetividade, que poderíamos definir como:

- experiência de compartilhar estados emocionais com o outro;
- conjunto de experiências que se coconstroem quando duas pessoas se encontram;
- capacidade de participar "em" e de "conhecer da" experiência do outro.

Enfim, seria a experiência de se sentir acompanhado pelo outro. E acompanhar seria:

- juntar, ou agregar uma coisa à outra;
- participar dos sentimentos do outro;
- dar sustentação e auxílio harmonioso a uma melodia principal.

Interessa-me especialmente destacar esse último significado, pois implica a ideia de que a melodia principal da "música da parentalidade" deve ser criada e desenvolvida pelos próprios pais. Nossa tarefa será tentar identificá-la e afinar o instrumento que eles devem tocar, sem impor nossa própria música ao bebê nem à mãe.

Isso coloca no centro de nossas reflexões o papel do outro na constituição da intersubjetividade, bem como o papel das emoções compartilhadas, que, por sua vez, fundam no bebê (junto com todo o trabalho intrapsíquico realizado na ausência da mãe) o processo de diferenciação, etapa fundamental da subjetivação.

Subjetivação

Tomando as contribuições de S. Wainrib (2006), diríamos que a subjetivação se refere à experiência de fazer algo subjetivo, ou seja, dar sentido à experiência em relação a si mesmo. E não só em relação ao que o meio ambiente contribui, mas ao que vem de si mesmo.

E o segundo sentido se referiria ao *devir sujeito*, ou seja, à construção do *self* a partir da associação corpo-mente, com a passagem do funcionamento sensorial ao representacional e a necessidade de vincular pulsão e sexualidade a um outro desejante que possa também abri-lo aos outros (terceiridade).

Segundo Alberto Konicheckis (2006), a subjetivação se apresenta como um processo de apropriação que tenta tornar pessoal o que provavelmente continuará a ser externo e alheio ao psiquismo. Para o autor, o eu é o que o indivíduo é psiquicamente, um ser humano, vivendo com sua subjetividade própria e única. A referência ao eu supõe um estado, um ser, um movimento, um processo, um devir, um futuro, mas não necessariamente uma estrutura imutável e repetitiva. Para Winnicott (1960), o verdadeiro *self*, que traz o sentimento de ser e de existir, representa a parte mais viva, pessoal, autêntica e particular de um ser humano.

Em última análise, poderíamos dizer que é o processo pelo qual o bebê poderia ir coconstruindo "sua" perspectiva, "sua" maneira singular de investigar os objetos no "seu" ritmo, um modo singular de vivenciar "suas" experiências e expressá-las, por meio de recursos corporais e simbólicos.

Com isso queremos destacar a nuance processual, o processo em que se constrói como sujeito, no qual o que importa é poder abrir um espaço para que o bebê mostre "sua" perspectiva, "sua" maneira de investigar os objetos com seu tempo e seu ritmo.

Nesse processo, a experiência de ausência da mãe, por exemplo, tem enorme importância; inspirado por S. Freud, A. Ciccone o denomina *processo autoerótico*, a experiência fundamental na qual, após a interação libidinal com o outro, o bebê recria em seu próprio corpo e nos objetos os vestígios do encontro, fazendo todo um trabalho de protossimbolização, como postula G. Haag com seu conceito de *identificações intracorporais*.

Poder expressá-las de diferentes maneiras significa que, na "criança saudável", com recursos psíquicos, deveríamos encontrar uma flexibilidade de modos de expressão, seja por meio de recursos corporais, lúdicos ou linguísticos. Essa maleabilidade, como capacidade de expressão de suas vivências, implica uma lenta passagem na construção de sua vida psíquica, por meio de uma linguagem do corpo que se integra passo a passo ao valor da palavra e da metáfora.

Houve no início...

Ouçamos como um poeta, Alejandro Bekes (2010), nos transmite de maneira magistral uma suposta "ficção das origens" da constituição subjetiva. Isso também foi uma fonte pessoal de inspiração para o diálogo fecundo da poesia com a clínica da observação do bebê e seus vínculos. O texto diz assim:

> *Houve talvez, no início, um calado colóquio de olhares. Ou talvez música: o sussurro do vento entre as folhas, o ritmo de alguns passos no chão. Ou talvez um desenho, um jogo do sol entre os ramos, que criou o primeiro sinal de sombras móveis na areia. Finalmente – ninguém sabe como, nem por que, nem por quem – tornou-se palavra. Daí em diante, a palavra nos fez.*
>
> *A tribo nua que olha o céu teceu um abrigo de frases, para não sentir tão ao vivo a crueza de sua intempérie. A malha que a abrigava tornou-se inseparável de sua própria textura. Sua voz fez das sensações um mundo. Sobre o cego fundamento dos instintos, ergueu-se a casa da fala, a casa do homem.*

Nessa forma original e sutil de aproximação ao que supostamente era "uma possível origem" da condição humana, Bekes inicia esse périplo humanizante com um "calado colóquio de olhares". Metáfora impactante de um diálogo silencioso, porém significativo, impregnado de sentidos, de encontros e cotransformações. O início do contato humano e da subjetivação se refere a um encontro que parte do corpo, da experiência sensorial, e que se abre a uma música, a um ritmo, a um desenho, a um jogo: sinais significativos que abrem caminho para o surgimento da palavra.

Talvez sem saber, o poeta coincide com as propostas de muitos pesquisadores que se perguntam como se coconstrói o processo de subjetivação de um bebê. E autores como B. Golse (2007), por meio da pesquisa do projeto PILE,[2] mostram como o bebê tem especial

---

2   O programa internacional de pesquisa sobre a linguagem na criança (Programme International de recherche sur le Langage de l'Enfant, PILE), dirigido por B. Golse, estuda os precursores corporais e comportamentais de acesso da criança à linguagem verbal. Trata-se de uma pesquisa multiaxial, cujo objetivo

sensibilidade à música da voz [também o manifestam de outro modo M. C. Laznik (2013), M. C. Castarede (2005), M. Gratier (2007) etc.] e ao encontro de ritmos, que serão a base a partir da qual se estrutura a linguagem. B. Golse afirma que o bebê chega à linguagem por meio da música (e do ritmo) da voz.

É necessário insistir em como o poeta, em sua intuição, parece marcar um percurso subjetivante do bebê humano, já que é a partir do encontro inicial de olhares que se abrirá a experiência estruturante do rosto do outro como espelho das emoções e da vida do *self* (Winnicott). A isso se devem acrescentar a música e o ritmo, tanto do movimento do corpo no espaço como do encontro com o outro. A partir do colóquio de olhares, Bekes descreve a descoberta das experiências do sujeito no espaço circundante: vento, folhas, sol, ramos, areia, para que depois toda essa experiência heterogênea e policromática se faça palavra. O interessante é que, segundo o poeta, se daria quase ao mesmo tempo uma polifonia de origens, num "ou talvez", como o "era uma vez" do conto, que dá origem a toda essa forma de expressão corporal ancorada na palavra como passagem também fundante do ser. Isso abre caminho, por exemplo, para as grandes contribuições da experiência de E. Pikler, com atenção especial ao movimento livre do bebê, ao respeito pelo seu tempo e à descoberta do espaço por si mesmo, e a como isso amplia e sustenta a espessura psíquica (David e Appell, 2008; Szanto-Feder, 2012).

Mas Bekes nos ensina que "a palavra nos faz", cumprindo não só uma passagem da experiência corporal para a palavra, mas também ocupando um papel central na formação do sujeito. E a partir daí o poeta dá um salto qualitativo no encontro com o outro. Não basta nomear a coisa, é preciso que a palavra se transforme em corpo no

---

particular é analisar as produções verbais, o olhar e os movimentos do bebê quando confrontado com a palavra do adulto, em situação diádica ou triádica (Golse, 2005).

encontro com o outro, para que se possam "tecer abrigos de frases", para que se possa entrar no campo da metáfora e da narrativa, para que as histórias tecidas em conjunto (narratividade conjunta) se tornem como uma "segunda pele", um "envelope narrativo" que abrigue a alma diante da intempérie de suas angústias.

Ao longo de sua obra, J. Hochmann (1984) insistiu no valor da narratividade. Ele considera que a *rêverie* materna é sempre uma forma de narratividade. Desse modo, pode-se passar do funcionamento sensorial ao representacional, "fazendo das sensações um mundo" de palavras. Mas não qualquer palavra, e sim palavra que, impregnada de sensorialidade e carregada de emoções, possibilite a passagem do "instinto cego" à pulsão, construindo um continente, "uma casa" que abrigue o conjunto policromático de vivências a que chamamos subjetividade.

A viagem que o poeta descreve é também uma forma de nos revelar a jornada de um ser humano, um bebê em seu processo de devir sujeito.

Já ressaltamos (Guerra, 2007b, 2009, 2013a) que, em todo esse processo, o papel dos ritmos e da ritmicidade conjunta é fundamental. Mas, ao lado disso, devemos incorporar o papel da atenção conjunta e da narratividade, a verbalização das experiências do bebê. Então, nessa tríade de elementos: ritmicidade conjunta, atenção conjunta e narratividade conjunta, configura-se em grande medida o percurso de subjetivação do bebê, principalmente no primeiro ano de vida. Esses elementos são indissociáveis de um aspecto fundamental que norteia as características do encontro mãe-filho: a "maleabilidade lúdica" materna.

Tudo isso faz parte das funções que os pais vão desenvolvendo para possibilitar o processo de subjetivação, no qual o bebê também faz sua parte.

Funções simbólicas parentais

Tentemos descrever, ainda que resumidamente, as funções materna, paterna e do bebê na família, que fazem parte diretamente do encontro intersubjetivo, base da subjetivação do bebê.

Função materna

- Sustenta e unifica o corpo e a psique por meio do ritmo, da atenção e da narratividade;
- envolve o bebê em seus fantasmas;
- fornece um vínculo estimulante e agradável ao encontro da sexualidade adulta sublimada;
- fornece uma função de espelhamento, tradução e transformação das emoções do bebê;
- tolera seus mecanismos regulatórios e o estar só;
- frustra-o, decepciona-o e introduz a descontinuidade, abrindo espaço para a terceiridade.

Poderíamos então dizer que uma função primária da mãe (ou de quem cumpre a sua função) é sustentar e unificar corpo e psique (por meio do ritmo e da lei materna como elementos fundamentais, acompanhados de atenção e narratividade conjuntas).

Nesse sentido, a partir da influência de Winnicott, as funções de *handling*, de *holding* e de apresentação de objetos, que organizam determinada forma de unidade do *self* do bebê, adquirem grande relevância.

Por sua vez, a mãe o envolve com seus fantasmas (Anzieu-Premmereur, 2004). O bebê é objeto das fantasias que vêm do inconsciente de sua mãe, ele é fruto de seu mundo pulsional; ela fornece a ele um vínculo relacionado à sua própria sexualidade sublimada, um elemento que J. Laplanche (1987) desenvolverá claramente com seu conceito de "teoria da sedução generalizada". A erotização materna no encontro passa a ser a fonte da pulsão do bebê, e isso, sabemos, é também um dos pontos de partida possíveis da pulsão epistemofílica do desejo de conhecer o mundo.

Ela cumpre uma "função de espelho", já conceituada especialmente por D. Winnicott e retomada por outros autores como P. Fonagy. Também são colocados em jogo os mecanismos de imitação (Gaddini, 1969; Missonnier, 2004; Gergely et al., 2002; Nadel e Decety, 2002) tão fundamentais como base dos processos de introjeção do objeto, que também darão certa forma de continuidade ao eu incipiente do bebê. Por sua vez, ela também traduz (coloca em palavras) e transforma as emoções e as angústias do bebê.

Em virtude de sua função, a mãe vai tolerando os mecanismos regulatórios do bebê na interação, com os momentos necessários de afastamento antes da excitação do contato, como apontado por autores como A. Carel (1998) e A. Ciccone (2007). Nos momentos de interação face a face, D. Stern (1971) já descreveu os necessários momentos de pausa e como não respeitar essa experiência pode gerar algumas dificuldades, como no caso Mark e Fred, com seus "passos em falso na dança".

Nessa perspectiva, entendemos como, ao aceitar os momentos de afastamento, a mãe tolera certo silêncio interativo, reelaborador da experiência com o objeto na presença, que será uma das bases (junto com a experiência do autoerotismo) da futura "capacidade de ficar só" (Winnicott).

Outro elemento fundamental é a forma como a mãe consegue introduzir frustração, descontinuidade e decepção no vínculo com o bebê. Winnicott (1971) já nos dizia que a decepção continua sendo uma das tarefas fundamentais dos pais e educadores.

Esse "não" necessário da mãe também marcaria nela a presença de um "terceiro internalizado" que articula a diferença com o objeto e a necessária interdição pulsional, para que a subsequente ausência do objeto se torne processável para o trabalho de representação. Desse modo, a mãe abre caminho para o lugar do pai, concreto, de carne e osso (não apenas um terceiro simbólico), cujas contribuições também são fundamentais para o bebê.

Função paterna

- Sustentação: "É preciso três para que dois tenham a ilusão de ser um";
- introduzir a descontinuidade e a separação típicas do chamado "diálogo fásico" (Le Camus);
- marcar a diferença com a mãe, podendo representar um polo exploratório do desconhecido e do mundo exterior;
- terceiro que separa e transmite a proibição do incesto.

A função paterna, que tem sido objeto de estudo em diferentes perspectivas teóricas que não desenvolverei aqui, pode ser exercida muitas vezes pelo pai "real", implicando também a princípio uma função de apoio.

Para que a mãe possa se abrir para o universo sensorial primário do bebê e tolerar sua "doença materna primária", precisa de outro para sustentá-la. A ilusão de um encontro quase fusional não pode ser exercida sem outra pessoa que a narcise e, por sua vez, assuma o controle de alguns aspectos da vida que estão em suspenso. Às vezes, essa função pode ser desempenhada pela avó, mas em muitos casos atualmente é desempenhada pelo pai, que abre para o bebê esse universo de outro tipo de desejo e contato corporal.

Por sua vez, o pai (como outro que não é a mãe), por suas próprias características físicas e psíquicas diferentes, introduz lentamente a descontinuidade necessária à vida psíquica.

Como aponta D. Houzel (1995), o ser humano tem "apetite de continuidade". Isso se explica pela necessária previsibilidade dos macrorritmos de D. Marcelli (2000), que também aparece nas primeiras formas de organização temporal: "depois disso, vem aquilo". Portanto, a continuidade-previsibilidade do cuidado pode fazer parte dos primeiros rudimentos do ego.

Mas, por sua vez, o diálogo rítmico entre continuidade-descontinuidade pulsa os movimentos de subjetivação, para que o inesperado, o novo e a surpresa possam surgir (Marcelli, 2007).

Embora diferentes formas de descontinuidade estejam presentes praticamente desde o início na relação mãe-bebê, seria o pai, em suas interações corporais e lúdicas, que mais deixaria marcas nesse aspecto. J. Le Camus (2000) o afirma, com base no seu conceito de "diálogo fásico". Em sua dupla função de apoio e contato específico com o bebê, o pai transmite outra forma, outro modo de dialogar corporalmente e, tomando (ou retomando) a mãe como objeto de desejo sexual, enuncia em si uma interdição que diz respeito tanto ao bebê quanto à mãe. Dessa forma, ajuda a mãe a reconquistar seu espaço de mulher, articulando sua identidade materna com sua identidade feminina. O bebê perceberia que não satisfaz plenamente a mãe, pois seu desejo também está direcionado para o terceiro.

Função do bebê

- Perturbar a vida psíquica dos pais (o prazer e o desespero da parentalidade);
- ser suporte de projeções parentais;
- possibilitar uma reativação da comunicação primária, arcaica. Cocriar com seus cuidadores uma "língua intersubjetiva" que permita organizar de maneira rítmica e narrativa a polissensorialidade primária;

- sustentar parcialmente a ilusão de completude e continuidade (confirmação ou questionamento do narcisismo parental e especialmente materno);
- possibilitar o experimento de emoções estéticas [estética da (inter)subjetivação], a esperança de renovação e criatividade na vida.

Essas funções do bebê configuram o aspecto revolucionário de seu advento ao seio familiar. O bebê tem a potencialidade de maravilhar e de desesperar os pais. Entre os múltiplos motivos para isso, prestaremos agora atenção especial ao papel da reativação dessa comunicação primária corporal que, muitas vezes, vem da mão dos fantasmas do passado que ocupam seu berço (Fraiberg, 1999).

Entrar em relação com um bebê implica revisitar as próprias origens, dar a palavra ao *in-fans* que uma vez fomos e que nos habita nos interstícios da palavra (Pontalis, 2002). Dessa maneira, e coincidindo também com as sutis contribuições de E. Gómez Mango (2012), podemos dizer que todos nós somos parcialmente exilados da pátria originária da língua.

Ao nascer, falamos uma língua, a língua primeira do corpo, da sensorialidade, das intensidades sensoriais que, como uma catarata, podem nos arrasar ou fascinar. A partir do momento que somos sujeitos falantes (aos 2 anos), talvez vivamos uma primeira castração (Pontalis, 2008), que nos concede grandes benefícios e perdas significativas.

E. Gómez Mango (2012), analista e poeta, transmite de forma muito sensível esses elementos da vida psíquica.

Citarei em extenso pela riqueza conceitual:

> *Se é verdade que o homem vive na língua, também é verdade que, ao nascer, está excluído dela. O infans, o pequeno humano não sabe falar, ainda está sem linguagem,*

> *embora se banhe nela desde o nascimento. Mas não é apenas uma etapa cronológica e biológica cujos limites poderiam ser demarcados com nitidez. É o tempo primordial da infância em que predominam o sensual, o sensível, o transbordamento dos sentidos, a emoção e suas formas de expressão mais primitivas, que deixam marcas ou vestígios indeléveis na memória constituinte de cada sujeito. O* infans *acompanha o falante como uma nostalgia desse mundo ou pátria inevitavelmente perdida a qual ele habitou mudo, sem palavras. Não só é um "verde paraíso dos amores infantis" (Baudelaire), mas também a ameaça dos "tão temidos infernos" do desamparo, do abandono, da angústia de aniquilamento. Penetrar no universo da linguagem significa progresso, aquisição de um sistema de signos e formas que favoreçam a comunicação e o desenvolvimento do intelecto, o acesso ao tesouro da tradição e da história, memória coletiva, que se preserva e transmite em cada língua. Mas também pode ser compreendido como perda irremediável: entrar na linguagem é uma viagem sem retorno, uma ida sem volta, uma vez nela é impossível a abandonar, voltar atrás. Todos os falantes somos apátridas do reino dos* infans.

Esse autor, com sua sensibilidade especial, ilustra parte desse sentimento complexo que envolve o contato com a "língua primeira". Talvez estejamos acostumados a pensar no ganho simbólico que implica o acesso à palavra, mas ele também acarreta perdas importantes e, ao mesmo tempo, o risco de supor que o ser habite apenas na palavra.

Há uma vivência íntima, implícita, interna, à qual a palavra em seu sentido conceitual tem difícil acesso, e diz respeito à riqueza dos *in-fans*, ao inefável das emoções do sujeito, ancoradas na sensorialidade e na ritmicidade do corpo. Das quais, como ressaltam esses autores, muitas vezes ficamos exilados.

Quando e como retornamos desse exílio?

Em situações diversas: na cena amorosa, em momentos de vulnerabilidade física ou psíquica, em uma análise, em vivências relativas à arte, e também ao ter ou cuidar de um bebê (*in-fans*).

Lá, os pais revisitam a terra de sua in-fância e encontram paisagens que almejaram e evitaram. Por meio do próprio narcisismo, revisitam *Sua Majestade, o bebê* (Freud, 1914), mas muitas vezes essa zona não se torna tão luminosa, mas opaca, inundada de angústias ocultas pela névoa do tempo.

A partir dessa perspectiva, argumentamos que, para entrar em contato com seu bebê, a mãe também revisita seu narcisismo primário. O esforço psíquico regressivo que possibilita a existência da *rêverie* que Bion apresenta (e, com ela, a importante função alfa): momentos necessários que lhe permitem viver certo grau de ilusão de que forma uma unidade com seu bebê. Mas, ao mesmo tempo, toda regressão, como afirma S. Freud (1923), implica uma defusão pulsional e uma vulnerabilidade narcísica. Isso explica as mudanças nas representações que a mãe tem de si mesma, que oscilam entre momentos de sensação de completude e outros de vazio, insegurança, angústia e vulnerabilidade.

Por esse motivo, pensamos que, como compensação, ela volta a vivenciar o bebê como um "objeto sagrado" (Korff-Sausse, 2006), o que lhe permite viver uma experiência estética, de íntima comunhão com um objeto que lhe concede um prazer especial de criação e também de plenitude e beleza. Experiência a que denominamos "estética da subjetivação".

Este estado de funcionamento psíquico também possibilitará o desenvolvimento da empatia, necessária para poder suportar a violência do cuidado e "viajar" para conhecer esse misterioso continente que é a vida psíquica do seu bebê ("complexo do arcaico").

Complexo do arcaico na parentalidade e a estética da subjetivação

Complexo do arcaico na parentalidade

Cuidar de um bebê, principalmente nos dois primeiros anos, implica para a mãe uma revolução emocional na qual a ressignificação da sua própria infância assume múltiplas formas de expressão. Essa revolução implica o ressurgimento de uma forma arcaica de funcionamento que, no conjunto, denomino "complexo do arcaico" (Guerra, 2013b). Chamo de "complexo" no sentido de um conjunto de elementos subsidiários entre si que dão conta de uma espécie de estrutura que permite compreender as vivências e as condutas.

O conceito de arcaico designa em psicanálise os aspectos da psique organizados no passado mais remoto, que serão retomados e reorganizados durante toda a vida, e que incluem as formas primárias de simbolização. Como sublinha Anne Brun, trata-se de:

> *Escutar o arcaico no duplo sentido etimológico, "começo" e "princípio", visto que se trata de reatualizar a primeira relação entre a criança e o ambiente e colocá-la em funcionamento também como princípio. O arcaico então remete à construção do vínculo com o objeto e aos processos de diferenciação deste, mas o arcaico também permanece sempre presente em cada sujeito... Na*

perspectiva freudiana, o arcaico pode ser definido como a inscrição de traços mnêmicos perceptivos. (Brun, 2007, pp. 170, 121)

Seguindo Roussillon, os processos de constituição subjetiva dos começos in-fantis anteriores ao surgimento da linguagem explicariam a ideia do arcaico como algo antigo que ocorre primariamente. Aspectos que não devem colidir com o conceito do *après-coup*. O problema é pensar que toda a experiência emocional do sujeito é governada pela ressignificação, e poderíamos pensar que, em grande parte, é assim.

Gómez Mango (2011) afirma que o arcaico pode se referir ao que está além do tempo cronológico. Se pensarmos em *Los Peines del viento*, de Chillida, poderíamos relacioná-lo com algo do arcaico como um originário incessante que diz respeito a processos de criação. Isso em relação a uma obra de arte, mas acho que podemos estendê-lo à subjetivação humana... uma origem incessante que gera algo... uma forma do arcaico que se ressignifica quando se tem um bebê.

Minha interpretação é que o bebê, por meio do ritmo, da sensorialidade e a seguir da palavra, conecta-se com aquele "originário incessante que o engendra" em seu processo de subjetivação. Claro, não se trata de uma experiência solipsista; ele precisa da interação fundacional do outro que cuida (funções materna e paterna), que deve entrar em um ritmo comum com aquele bebê para que se relance esse "originário incessante". Tarefa parental que pode ser tanto prazerosa como angustiante e desorganizadora.

No entanto, podemos encontrar experiências que permanecem com determinado nível de fixidez, e que não passam por registros simbólicos comuns, mas se ancoram no corpo em um dizer silencioso que se orienta, entre outras coisas, pelo tom, pelo modo de comunicação e de estar consigo próprio e com o outro. Essa seria uma forma arcaica de comunicação que entra em vigor no relacionamento com um bebê. E, quando nos referimos ao tônus, queremos dizer o tom da voz e o tônus muscular. Sobre isso, o trabalho de H. Wallon é exemplar. Atualmente, sob múltiplas perspectivas, o tom de voz é objeto constante de estudo. Mas devemos lembrar que o bebê é um especialista tonal. Ele se forma a partir da voz do outro: a voz é música e a música é linguagem. A voz materna molda as primeiras trocas entre a criança e o mundo e arma sua vivência de ser contido no encontro a partir do "diálogo tônico", como dizia há anos Julián de Ajuriaguerra.

Desse modo, para o sujeito adulto, "o arcaico" também implica um deixar fluir emoções muito primárias, algumas sem representação de palavra associada, o que o deixa mudo diante de si, destituído de sua lógica habitual. O que pode ser tanto fonte de criação como de espanto.

Cuidar, criar um filho, um bebê, é tanto um espetáculo maravilhoso como uma experiência terrível e muito ambivalente. A mãe e o pai não se encontram apenas com seu bebê, mas com sua genealogia familiar e fantasmática, que renasce a cada nascimento. Metáfora que uma grande autora como S. Fraiberg (1999) denomina "fantasmas no quarto do bebê".

A língua portuguesa traz em sua polissemia um fato muito curioso e interessante. A palavra *criação* pode ser usada em sentido duplo. Descreve o processo de criação da obra de arte de um artista e o processo de criar e cuidar de um filho. Em ambos a espessura criativa está presente, é um ofício cheio de prazeres e, às vezes, de medos radicais.

Por isso insistimos na correspondência entre os processos de criação dos artistas e os processos de subjetivação do ser humano. Em grande parte, porque ambos implicam submergir no início de algo, em vivências do in-forme, e afundar suas raízes no corpo, na comunicação corporal, desalojando parâmetros racionais e ingressando em um mundo emocional repleto de contradições que desestabiliza o sujeito.

Muitas mães dizem que, no início do contato com o bebê, sentiram-se tanto encantadas como confusas, perdidas e incapazes de organizar suas ideias ou explicar claramente o que sentiam. Atitude que, como sabemos, Winnicott chama de "preocupação materna primária".

Do nosso ponto de vista, essa é uma reatualização do "arcaico" que, no caso da parentalidade, do cuidado de um bebê, chamamos de "complexo do arcaico".

Nossa noção de "complexo do arcaico" surge da leitura de vários autores, como D. Winnicott, D. Cupa, B. Cramer, T. Benedeck, B. Brazelton, Klaus e Kennell, e fundamentalmente da experiência de dezoito anos em um jardim de infância da cidade de Montevidéu, no qual pudemos desenvolver um trabalho de consultas terapêuticas de base psicanalítica com pais de crianças que frequentavam a instituição. Ali fomos observando, a partir das mais de mil consultas que fizemos (com uma média de quatro consultas por família, ou seja, mais de 4 ou 5 mil horas de escuta, e outras tantas de observação da criança em seu grupo ou em brincadeira livre), como se reiterava um fato significativo: os pais, principalmente as mães, falavam tanto do seu encantamento como de suas loucuras, e algo mudava na representação do filho e de si mesmos como pais na passagem do filho de *infans* para *enfans*.[3]

Ou seja, a partir do advento da linguagem verbal no filho (a partir dos 2 anos, muitas vezes junto com a aquisição do controle esfincteriano), algo se transformava na imagem e no funcionamento mental dos pais. O bebê entrava diretamente por si mesmo no campo da linguagem, e suas experiências poderiam começar a se expressar

---

3 Em francês, seria a passagem do *l'infans* à *l'enfance* (nota do tradutor espanhol).

em outro plano. Isso ajudava os pais a "saírem de um funcionamento arcaico", a pré-linguagem, que tem suas raízes na imediatez do corpo e em seu senso-ritmicidade, o que era vivido como um esforço físico e mental muito desgastante.

Poderíamos dizer, inspirados nisso, que a experiência de parentalidade é um desafio de integração das experiências subjetivas primárias e arcaicas. E isso, insisto, não pode ficar isolado como um único item, mas faria parte de um complexo de experiências psíquicas que se desenvolve mais plenamente nos primeiros dois anos de vida da criança. Seriam o advento da linguagem na criança e seu potencial de vínculo psíquico, a expressão de suas vivências (incluída logicamente a capacidade simbólica do brincar), a tolerância da ausência do objeto e a potencialidade de comunicação com os outros "que dariam o sinal" para sair do arcaico e entrar em um registro de funcionamento mais típico do processo secundário.

Não podemos esquecer que, embora para nós o processo primário seja fonte de fecundidade do inconsciente, é ao mesmo tempo uma forma de desajustamento para o sujeito que vive imerso nesse processo secundário em seu mundo habitual, o que em parte lhe dá a ilusão de segurança identitária.

Por isso, em minha experiência, escutei centenas de vezes o alívio que certas mães sentem quando a linguagem (e o controle esfincteriano) se instaura em seus filhos, e elas próprias sentem que saem de um estado de dependência radical que implicou uma importante transformação de seus ritmos de vida.

Também encontramos o oposto: em alguns casos, em lugar de alívio, observa-se um intenso sentimento de perda muitas vezes compensado por uma nova gravidez e/ou uma atitude de renovação da dependência do filho em relação a elas, impedindo a entrada do terceiro na vida psíquica da criança.

Mas, enfocando o peso do arcaico, foi a partir da experiência das consultas no jardim, bem como no meu consultório de psicanalista, que desenvolvi como hipótese estes pontos que constituiriam o "complexo do arcaico" na parentalidade:

- uma forma de comunicação primária, sensorial, rítmica;
- ressurgimento de identificações primárias;
- certa vulnerabilidade narcísica;
- ressurgimento de ansiedades e mecanismos de defesa primários;
- emergência da "violência fundamental";
- modificações na conformação de sua identidade;
- modificação na temporalidade e no "espaço psíquico" (a mãe diz que cuidar de seu bebê tira ou anula o seu próprio tempo);
- medo de ser objeto da pulsão do bebê, de que ele possa dominar a vida da mãe (e sua sexualidade);
- diminuição da violência do arcaico com a aquisição da linguagem e do controle esfincteriano.

A transformação temporária que cuidar do bebê implica tem um aspecto ambivalente e configura uma forma de violência. A etimologia do termo "violência" nos remete à noção de esforço para se manter vivo, presente em todo ser humano, constituindo-se no seu instinto de vida ou de sobrevivência. Tem o objetivo vital de atender às suas necessidades, mesmo sem levar em conta o outro. Trata-se do desejo de conquistar o seu lugar e, de certa forma, dominar a situação.

Algumas vezes, a experiência de não entender o que o bebê está pedindo gera no outro a vivência de uma violência. A mãe se pergunta: o que esse bebê quer de mim? Para ela, isso significa um enigma.

A violência do arcaico, que pode despertar ódio na mãe, pode se dar por diversos motivos:

- o bebê não é a própria concepção mental da mãe;
- o bebê constitui um perigo para o corpo da mãe durante a gravidez e o parto;
- o bebê interfere na vida privada da mãe, é um desafio que causa preocupação;
- o bebê às vezes é cruel, trata-a como escória, como serva gratuita, como escrava;
- seu amor excitado é um amor interessado, de tal maneira que, uma vez alcançado o que pretendia, ele a joga para longe de si como se fosse a casca de uma laranja;
- a princípio, o bebê deve dominar, precisa ser protegido, a vida deve se desenvolver em função do bebê, o que requer um cuidado contínuo e detalhado por parte da mãe;
- quando o bebê fica excessivamente exigente, faz a mãe sentir que sua temporalidade e, em parte, sua identidade pessoal estão sendo anuladas.

Tudo isso gera ambivalência intensa acompanhada de sentimentos de culpa e confusão a respeito do seu papel materno. A mãe perde parte do contato libidinal com o filho e surge uma representação hostil. Sente-se muito limitada e perde seu potencial criativo para se comunicar com seu bebê. Sente que perde sua "capacidade de tradutora", capacidade de criar uma neo-linguagem com seu bebê. Este já não é mais uma esperança de renovação, criatividade e descoberta estética.

Estética da subjetivação

Algo que ajuda os pais diante dessas vivências tão difíceis e angustiantes é poder viver o bebê, e o vínculo com ele, como uma estética da subjetivação. A palavra *estética* designa a ciência dos sentidos, das sensações. Vem do grego *aisthesis*, que significa percepção e se relaciona com as experiências corpo-sensoriais que se ancoram em um sistema de comunicação não verbal.

Cabanellas (Cabanellas et al., 2007) afirma que: "A estética é um tipo de conhecimento global, sincrético, sensorial e rítmico que predomina na primeira infância e vai sendo ocultado pelo pensamento analítico diferenciador, predominante nos adultos, deixando os primeiros ao serviço de criatividade" (p. 181).

Então, essa estética inicial, não racional, pode continuar no sujeito como germe da criatividade para a vida toda.

Pessoalmente, considero *estética* um termo polissêmico que implica um contato primário com a experiência sensorial, o limite do desamparo, diante do qual a vivência de se maravilhar parece um recurso. A estética da subjetivação seria moldada pela experiência da sensorialidade e da ritmicidade como forma de criação "pré-linguagem", ancorada na experiência corporal e emocional. A experiência nos mostra que, em seu vínculo necessariamente ambivalente, a mãe modifica alternadamente a imagem de seu filho entre um ser insuportável e um ser divino. Ou seja, entre demônio e ser estético. Poderíamos interpretar isso a partir do ângulo da proposta freudiana de *Sua Majestade, o bebê*, que será o portador das ilusões, dos limites e das frustrações que a vida impôs à mãe.

Acrescentamos que a estética da subjetivação pode compensar um pouco o bebê arcaico dos primórdios. Talvez por isso as mães festejem, exaltem os movimentos subjetivos do bebê e a precocidade na aquisição de algumas funções e atitudes, celebrando isso como algo divino. Em geral, os pais estão muito atentos aos marcos do desenvolvimento e, em especial, identificam-se intensamente com o bebê descobridor do mundo, que está aberto ao inusitado, à surpresa e à criação. O bebê estético é aquele que carrega a beleza de redescobrir o mundo e os pais se identificam com ele para compensar a violência do arcaico. Observa-se cada vez mais que, quando o bebê dá mostras de desenvolvimento precoce, os pais celebram e se confirmam narcisicamente em sua imagem parental. Significaria a saída do bebê do lugar de desamparo e vulnerabilidade, mas também, insisto, seria como uma identificação parental com a possibilidade de redescobrir o mundo sensorial e corporalmente, revivendo o acesso à linguagem como criação pessoal.

O acesso à linguagem verbal maravilha os pais: quando o bebê começa a falar e a dizer as primeiras palavras, os pais muitas vezes se surpreendem com o modo dele de inventar e montar as palavras (deformar, que é também dar nova forma).

Algumas palavras sobre empatia

O que segue neste item é resultado do trabalho dos compiladores, uma vez que encontramos notas inacabadas. Victor morreu trabalhando nesses aspectos.

Tudo isso determinará a possibilidade de uma atitude empática na mãe, que é uma das bases do encontro, permitindo-lhe tolerar a violência do cuidado e, assim, "viajar" ao misterioso continente que é a vida psíquica do seu bebê. Empatia é a receptividade à experiência emocional do outro. É deixar outras lógicas nos habitarem e visitar e ser visitados por outras sensibilidades. Sair, habitar, visitar: todos verbos que implicam uma forma de abertura, uma forma de dispor do que já se sabe para viver na posição de descobridor – a característica *princeps* do infantil.

O conceito de empatia vem dos filósofos da arte estética. O termo *empatia* – em alemão, *Einfühlung* – foi usado por R. Vischer (1873) como uma forma de sensibilidade estética na qual projetaríamos nossos estados afetivos sobre os objetos.

J. Hochmann (2012) cita as contribuições do filósofo Victor Basch: "No ato de prolongar-se nos objetos externos, projetar-se, fundir-se neles... durante a contemplação estética, acreditamos verdadeiramente nos haver tornado linha, ritmo, som, nuvem, vento, rocha e riacho" (p. 42).

E Hochmann marca o ponto interessante da passagem da estética para a psicologia do sujeito ao dizer:

> *[Vischer] anuncia a transição da estética para a psicologia, ao sentir um dos traços característicos da posição empática: o fato de ser capaz de mergulhar na consciência dos outros enquanto permanece consciente de si mesmo.*

Seria a situação particular de participação "no" outro em que o sujeito se identifica e se projeta a ponto de compartilhar os estados de ânimo do outro e senti-los como seus. É também a capacidade de sentir e compreender as emoções dos outros como se fossem suas. Seria uma disposição ativa, não consciente, de incorporar elementos verbais e não verbais para captar a vida emocional do outro e deslizar até o envolvimento emocional da vida psíquica.

Essa disposição já está presente no bebê, pois, quando um recém-nascido escuta o choro de outro bebê, em geral isso o leva a fazer o mesmo. Esse "despertar empático" é descrito na neurobiologia como competência neonatal. Nessa perspectiva, a empatia é um requisito no qual se baseia a intersubjetividade, fundando suas raízes na evolução dos mecanismos que nos permitem sentir o estado emocional do outro.

Assim, as pesquisas atuais em neurociências mostram que usamos as mesmas fontes neurais para agir, representar uma ação e apreender o outro. Haveria, portanto, "uma sobreposição parcial entre as regiões corticais ativadas no curso da geração de uma ação intencional, sua simulação mental e o reconhecimento visual das ações realizadas por outro".

Como isso se expressaria no relacionamento da mãe com o bebê? Desde os primeiros dias, a mãe devolve no seu próprio rosto os gestos que seu bebê realiza. Em outras palavras, a mãe imita as expressões faciais do bebê, em particular, os esboços de mímica que podem dar apoio à emoção. Como ressalta a psicomotricista C. Ravera (2008), deve colocar-se em jogo uma forma de "empatia tônico-emocional".

Como diz Cyrulnik (2013), nossos neurônios-espelho entram em ressonância com o gesto do outro que nos toca. Assim, na empatia neural, a visão do movimento de alguém estimula em espelho os neurônios motores do outro. Mas esse outro deve ser significativo.

Enactment *ou empatia metaforizante de S. Lebovici*

Recentemente, esse conceito teve uma relativa difusão no campo terapêutico. Refere-se a um aspecto da contratransferência, quando esta se torna um ato, quase uma passagem ao ato, em que o terapeuta se sente compelido a agir de alguma forma, ao ser tomado pela projeção de aspectos arcaicos da mente do paciente.

Neste momento, proponho assumir esse conceito como o faz Lebovici (1998), ao considerá-lo diferente da passagem ao ato, ressaltando que implica uma experiência interna que define uma ação repentina durante a sessão terapêutica. Com esse termo encontrou uma referência útil para dar apoio aos "momentos sagrados" que marcam intervenções paradoxais e, portanto, eficazes. Lebovici mantém a paternidade do conceito, que posteriormente foi tema de um número especial da *Revista Internacional de Psicoanálisis*. Lebovici postula que a *encenação empática* constitui um instrumento essencial da consulta terapêutica, uma ferramenta que lhe confere poder metaforizante.

Ele extraiu do *Dicionário Harraps* o significado de *enactment* [encenação]. *Enact*: 1. em termos legais, significa promulgar uma lei, ordenar, decidir, decretar e 2. na literatura, significa: jogar, representar, proceder a uma cerimônia, desempenhar um papel. *Enactment*: promulgação de uma lei. Com esse conceito, Lebovici tenta dar conta de certas intervenções repentinas e inesperadas de sua parte, que revelariam certos "momentos sagrados" (Winnicott) da consulta que marcam uma mudança na dinâmica. Lebovici observa, em um bebê com distúrbios do sono, como a mãe o sustenta, deixando sua cabeça para cima. Aí ele intervém, pousa a cabeça no braço da mãe para o bebê olhá-la nos olhos e diz: "assim permite que o bebê a faça mãe dele mesmo". Nesse momento, Lebovici "atua", desempenha um papel, procede a uma ação e ordena, promulga uma lei. Podemos pensar também que nessa intervenção haveria uma rede de funções maternas e paternas, pois sustenta e marca um limite, demarca o território próprio de cada um dos membros da díade, em uma reciprocidade concomitante que lhe confere um estatuto de identidade (a mãe se torna mãe se permitir que o bebê olhe para ela e o bebê se torna filho se a mãe lhe der sustentação e puder olhar para ele).

A empatia metaforizante é um estado de ligação perceptiva e emocional com o sofrimento da família, que até o momento não pôde ser nomeado, mas que, se trabalhado com o analista, pode ser vivido como uma nova experiência do que não era possível no início do desenvolvimento.

Nós, como psicanalistas, entramos em ressonância com as intenções e as emoções dos outros. Colocamo-nos no lugar deles e vivemos, em nós, o que eles vivem.

Acredito que o trabalho analítico busca despertar a chama da vida psíquica, tão necessária e variada para cada caso e para cada família.

A cada vez, para mim, trabalhar com a parentalidade e a infância não é apenas o trabalho com a perspectiva metapsicológica da pulsão, mas também a de uma tópica intersubjetiva que busca proporcionar uma experiência de subjetivação diferente, de transformação subjetiva que provoca novas descobertas no sujeito. Muitos autores já falaram a esse respeito, como Winnicott e também, claro, A. Alvarez e a companhia viva.

Assim, apoiado em tudo isto, considero que o arcaico não se refere apenas a um eixo temporal, aquele que começou primeiro, mas que o seu aspecto fundamental é dar forma a um originário incessante, fonte de criação e descoberta do mundo e da novidade para o bebê, sempre e quando contar com um encontro intersubjetivo adequado, pautado (entre outras coisas) pela coconstrução de um ritmo em comum com o outro.

2. A propósito do ritmo: diferentes versões da música da vida psíquica

Era verão de 1993 e eu estava de volta a Sarajevo. Havia sido convidada há três meses por um produtor de teatro local para encenar uma peça em um dos corredores destruídos da cidade sitiada. Tínhamos nos encontrado durante a minha visita em abril, ele me perguntou se eu tinha interesse em voltar como diretora, respondi que sim, claro, com prazer. Todos, tanto ele quanto as outras pessoas no teatro que eu conhecia, receberam com entusiasmo a peça que escolhi representar: "Esperando Godot", de Becket.

Seria supérfluo acrescentar que a peça seria encenada em servo-croata: nem me ocorreu que os atores selecionados poderiam ou deveriam fazer o contrário. É verdade que a maioria conhecia um pouco de inglês, como parte dos habitantes cultos de Sarajevo que viriam ver nossa produção.

Mas o talento de um ator está inextricavelmente ligado aos ritmos e sons da linguagem na qual ele desenvolveu esse talento; e o servo-croata era o único idioma fluente que todo o público dominava. Aos que talvez pensem que parece presunção ousar dirigir numa língua desconhecida, só posso responder que o teatro de repertório opera atualmente com tantos circuitos internacionais como o repertório da ópera desde sempre.

Quando Arthur Miller aceitou o convite para dirigir uma performance de "Morte de um Caixeiro Viajante" em Xangai, há alguns anos, ele sabia tanto de chinês quanto eu de servo-croata. Em qualquer caso, não é tão difícil quanto parece. Além de suas próprias capacidades teatrais, é necessário um ouvido musical e um bom intérprete.

Susan Sontag, 1993

Lembro-me de uma história que se conecta com o tema do intérprete e do ritmo. Evoco um personagem de minha infância. Fui criado em um bairro comum da cidade de Montevidéu, chamado de A Comercial. Tinha esse nome pela quantidade de comércios, armazéns e bares que formavam sua geografia humana. Era um bairro de boliches, quadras de futebol, murgas e tablados.

Quando eu era menino, era comum que algumas pessoas aposentadas ficassem na esquina conversando, perto do boliche de meu pai; ali se reuniam imigrantes, velhos imigrantes italianos e espanhóis. Havia um que se chamava Carmelo, de quem eu zombava, em minha adolescência, porque não falava espanhol direito. Ele falava misturando seu dialeto do sul da Itália e, para zombar dele, eu o chamava de "Lu Carmelu". Mais de uma vez o critiquei junto a outros aposentados: "Mas Carmelo, quando é que você vai

> *falar espanhol direito? Já tem um bocado de tempo que você está aqui, e continua falando desse jeito!".*
>
> *Lembro que às vezes, diante da minha insistência, ele me olhava em silêncio com certo ar de resignação e me dizia: "Mas Vittorio, é a música, Vittorio, a música!". E ia embora para um lado, lentamente cantando uma canção de sua terra. Quando fazia isso cruzava os braços no peito, como se abraçasse a si mesmo. Naquele momento, eu não o entendia e pensava: "Esse Carmelo está maluco!".*
>
> Carmelo e a música, Víctor Guerra

Com o tempo, aprende-se que o que às vezes parece loucura pode ser parte de uma sabedoria. Carmelo, na sua "ignorância", ensinava-me que há algo além do conteúdo da linguagem: a música, a melodia, o ritmo, que podem se tornar uma forma de sustentação do ser.

A resposta que me dava Carmelo em meu bairro de infância sem saber tinha um ponto de encontro com a experiência que, anos depois, S. Sontag viveu em Sarajevo. Há um "talento" que está em relação com o ritmo e o som da língua materna, que faz parte do itinerário existencial do ser humano e, por sua vez, é sinal de identidade de cada migrante.

E esse talento do ritmo é um dos elementos fundamentais da experiência artística na música. M. Gratier (2007), por exemplo, mostra-nos os diferentes graus de correlação possível entre a experiência criativa dos músicos de jazz e a experiência sensorial-emocional de um bebê.

Podemos pensar que o universo rítmico, musical, significante, faz parte essencial das bases primeiras da constituição do ser humano, das suas marcas arcaicas de subjetivação e, muitas vezes, "dialogar" com alguma forma de expressão artística também é uma forma de revisitar os processos de subjetivação de um bebê.

As pesquisas realizadas por B. Golse no programa PILE mostram como o bebê entra na linguagem por meio da música da voz. E o psicanalista americano G. Rose (2006), estudando essa mesma situação do ângulo oposto, ou seja, de como o elemento rítmico e criativo de um músico tem relação com a experiência arcaica, primária, pergunta-se de onde surge a receptividade estética. Afirma que pode bem ser que a compenetração e a empatia emocional não verbal, que caracterizam o interjogo entre o *infans* e os pais, constituam seu protótipo. Dentro dessa matriz, também se encontram o som e a silabas rítmicas que formam as bases universais da música e das palavras.

Vemos, assim, como diferentes cenários congregam o tema dos vínculos, do ritmo, da música, e da palavra. Temas que se unem nos diferentes protagonistas das novelas que escreve a vida.

Neste trabalho, tentarei desenvolver algumas dessas ligações.

Comecemos então olhando com certa atenção para o modo como o ritmo e seus "talentos" fazem parte do início da história subjetiva do ser humano.

Vínculo inicial e ritmo

A construção do vínculo entre uma mãe e seu bebê pode ser vista como uma história de encontros e desencontros, de claridades e opacidades, de harmonias e desarmonias.

Inúmeros trabalhos dão conta das vicissitudes dessas histórias repletas de variações e diferentes tonalidades musicais à maneira de uma sinfonia inacabada, que sempre se reescreve a cada vez, com cada novo filho.

Entre as múltiplas vertentes que a compõem, o tema do ritmo parece um elemento fundamental.

Mas o ritmo parece fazer parte de um elemento fundamental e fundante da condição do ser humano como sujeito de comunicação com o outro.

Pesquisas atuais sobre a origem da linguagem trazem elementos muito importantes em relação ao ritmo.

Assim, J.-C. Ameisen (2014) afirma que o relatório da Academia de Ciências dos Estados Unidos por Asif Ghazanfar, seus colegas da Universidade de Princeton e pesquisadores da Alemanha e da Escócia indica que as mímicas labiais feitas pelos macacos-rhesus envolvem oscilações nos movimentos dos lábios de ritmo semelhante às envolvidas na língua humana, aproximadamente seis movimentos labiais por segundo.

Nesse trabalho, os investigadores sugerem que é sobre o ritmo ancestral de oscilações de mímicas labiais de primatas não humanos, sobre o ritmo ancestral de expressões faciais, que poderiam se sobrepor as vocalizações humanas, fazendo surgir o ritmo clássico da alternância de vogais e consoantes das línguas orais humanas.

Essa experiência se repete nos estudos realizados em bebês de 4 meses, que são especialmente sensíveis a um ritmo periódico de seis movimentos por segundo. Outros trabalhos sugerem que esse ritmo de seis oscilações por segundo poderia, em nosso cérebro, como no dos primatas não humanos e na maioria dos mamíferos, ser um dos ritmos espontâneos percorrendo a superfície do cérebro, o córtex cerebral.

Então, Ameisen conclui: "É possível que a evolução tenha favorecido uma ressonância entre o ritmo de algumas das nossas modalidades de comunicação e certos ritmos ancestrais de funcionamento do nosso cérebro".

Isso mostraria que o ritmo é um organizador fundamental da vida psíquica e do desenvolvimento da linguagem e do pensamento, a partir do encontro rítmico com o outro?

Os aspectos interativos da experiência rítmica subjetivante são constatados desde o início da vida nos acoplamentos próprios da experiência com o seio, na forma como a mãe o toca, o acaricia (Díaz Rossello et al., 1991), lhe fala, entra em sincronia (Bernardi, 1986), tolera a retirada do bebê nos jogos face a face (Stern, 1971), e na apresentação dos objetos que captam a atenção do bebê.

D. Stern (2000) defende que o tempo seria um sexto sentido no bebê e que, desde o início, ele tem uma potencialidade surpreendente de cálculo temporal. Aos 2 ou 3 meses, os bebês podem estimar certas durações temporais e distinguir o "estilo rítmico" da sua parceira interativa. Esse autor afirma que a primeira distinção entre o *self* e os outros está baseada nessa capacidade temporal.

Como interpretamos isso? O bebê provavelmente pode diferenciar os outros por seu estilo rítmico, por como estabelecem o contato e a estimulação no tempo. Stern diz: "É o tempo que dá o caráter qualitativo à sensação, à experiência sensorial: no gesto de tocar, por exemplo, pode haver uma aceleração marcada no final. O gesto começa lentamente e se acelera brutalmente" (p. 31).

E isso configura para nós um "estilo rítmico" capaz de definir que um vínculo seja gratificante ou o seu oposto. Essa modificação temporal do gesto cria um ritmo que o bebê incorporará como libidinal, gratificante, ou como "hostil", frustrante...

É tal a importância disso que D. Stern (2000) chega a afirmar que: "A vida com os seres humanos é um espetáculo de luzes que se realiza em tempo real" (p. 31).

Por sua vez, diversos autores, de múltiplas origens, trouxeram e trazem elementos diferentes, mas muito concordantes a respeito da temática do ritmo. Refiro-me a autores que "provocam" em mim, há anos, um diálogo interior muito fecundo que marca meu pensamento e meu trabalho clínico com bebês e pais. Por exemplo, na França: B. Golse (2006), R. Roussillon (2010), D. Marcelli (2000), A. Ciccone (2005), G. Haag (2005), H. Maldiney (1973), R. Prat (2007), D. Thouret (2004), S. Missonnier (2007), A. Brun (2007), M. Goldbeter (2010), N. Abraham e M. Torok (1987), I. Fónagy (1983), M. Gratier (2001) etc. No Reino Unido: F. Tustin (1996), C. Trevarthen e M. Gratier (2005); na Espanha: Pérez Sanchez, I. Cabanellas et al. (2007).

Ao longo dos anos, ao refletir sobre o desenvolvimento de suas ideias, meu diálogo interno com seus pensamentos participa de uma melodia executada em meu foro íntimo.

De minha parte, entendo o ritmo em relação a sete perspectivas:

- o ritmo e a previsibilidade;
- o ritmo e a organização temporal;
- o ritmo e a continuidade psíquica;
- o ritmo e a integração das polaridades;
- o ritmo e a integração das polissensorialidades;
- o ritmo e a lei materna;
- o ritmo e a criação artística como metáfora da subjetivação.

O ritmo e a previsibilidade

O ritmo implica a repetição de uma experiência de forma cíclica e com certo coeficiente de previsibilidade (que coincide com a contribuição de Marcelli sobre os macrorritmos).

> *Ritmo vem de rei, da palavra grega* ruthmos, *abstraído do verbo ressignificando correr, que traduz o ato de fluir. Primitivamente assimilado a uma repetição, uma pulsação corresponderia à ordem cósmica ou biológica,*

> *marcada pelo retorno, o ritmo é então o que volta ou faz voltar. (Marcelli, 2000)*

M. Grammont (1967) define que o ritmo é "constituído pelo retorno dos tempos marcados em intervalos teoricamente iguais". Mas essa definição, que parece unilateralmente contínua, não deve deixar de lado a ideia de que também a partir do ritmo se introduz a descontinuidade, como afirma Marcelli (2000) com o conceito de microrritmos, com a introdução da surpresa e do inesperado por meio da brincadeira de cócegas.

E este autor acrescenta:

> *Ligar e desligar, é no que se diferencia da cadência: o ritmo é essencialmente um vínculo. O ritmo é o que liga e religa, através do tempo, continuidade e corte/cisão, uma temporalidade realizada, não apenas de repetições, mas também de surpresas, de cadência e de ruptura de cadência. A essência do ritmo reside nessa tensão indefinível entre uma necessidade de regularidade/repetição e uma espera de surpresa/assombro... (Marcelli, 2007, p. 124)*

Neste ponto, é interessante ter em conta as contribuições de J. Laplanche em relação ao ritmo. Por exemplo, tomando como referência a quase única citação de Freud sobre o tema do ritmo, esse autor assinala que:

> *É necessário que o tempo linear se redobre em sua derivada (no sentido matemático do termo), que se reduplique materialmente em ritmo, esse ritmo justamente da interrupção e da ligação, do instantâneo e da escuridão, para tornar-se consciência de tempo. (1987, p. 113)*

J. Laplanche (1987), refletindo sobre a citação de Freud em "O problema econômico do masoquismo" (1924), afirma:

> *Quando Freud se interroga sobre o significado energético do princípio do prazer, já não pode sustentar a concepção, sustentada pela experiência, segundo a qual qualquer desprazer corresponderia ao aumento de tensão e todo prazer, à diminuição... e que o fator decisivo a respeito da sensação é, provavelmente, a medida do aumento ou redução em um período... Talvez seja o ritmo, o ciclo temporal das alterações, subidas e quedas da quantidade de excitação. (p. 70)*

A reflexão de Freud, escassa, é limitada e não retomada; abre para nós um campo muito fértil, pois contempla uma modificação da sua teoria e confere valor central às oscilações temporárias organizadas na vida psíquica de maneira rítmica. E, finalmente, Laplanche (1987) sustenta que "o elemento essencial na percepção externa (sensorialidade) ou interna (prazer-desprazer) é o de um ritmo" (p. 71).

M. Gratier (2001) também destaca que o ritmo: "Compreende a repetição, mas é pautado pelo que chamamos de 'ritmo expressivo', como dois músicos em processo de improviso".

Essa autora fala também dos "ritmos da intimidade" (Gratier, 2007a), baseada em parte na musicalidade comunicativa do bebê, estudada por autores como C. Trevarthen e S. Malloch, que demonstrariam as competências perceptivas "musicais" notáveis do bebê.

> *Admite-se hoje em dia que o bebê possui predisposições comunicativas e "protomusicais" que sustentam simultaneamente os vínculos de apego biológicos com a mãe e*

> os laços com a cultura de origem, transmitida por meio das palavras, dos cantos e das técnicas do corpo da mãe e dos cuidadores. (Gratier, 2007, p. 72)
>
> A musicalidade comunicativa se definirá por três dimensões importantes: 1) a pulsação, que é a sucessão regular de unidades comportamentais no tempo e representa um processo de criação do "futuro", permitindo que o sujeito antecipe os eventos que virão, 2) a qualidade, constituída pelos contornos de gestos vocais e corporais, que molda o tempo no movimento, 3) a narratividade da experiência individual do "estar com", constituída a partir de unidades da pulsação e da qualidade que se encontram nos gestos cocriados e no modo como se inserem para dar forma às sequências afetivas e expressivas. (Gratier, 2007, p. 75)

Como ressalta a autora, essa articulação entre "ritmos de intimidade" e "musicalidade comunicativa" se encontra no cerne da constituição subjetiva do bebê, tanto no plano normal como no patológico. Para este, seria necessário revisitar, por exemplo, a experiência das canções de ninar e sua musicalidade desenvolvida por M. Altmann e colaboradores, e a investigação de M. C. Laznik e o projeto Preaut, sobre a detecção e o tratamento de bebês com risco de autismo.

O ritmo e a organização temporal

O ritmo envolve uma forma de organização temporal da experiência ("Tenho meu ritmo para fazer as coisas") que possui estreita relação com a intensidade ("afetos vitais" de acordo com D. Stern, 1985).

O ritmo é, sem dúvida, um elemento fundamental para a organização temporal da experiência, já que a repetição previsível do vínculo e do estilo interativo marca para o bebê uma forma de previsibilidade e antecipação que lhe concederia uma organização temporal primária, o que D. Marcelli (2000) desenvolveu amplamente com o conceito de "macrorritmo".

Essa vivência subjetiva de suma importância provavelmente se inaugura nesses primeiros tempos de vida e continua ao longo da existência, a ponto de um dos grandes temas do encontro mãe-bebê e da relação com o outro ser justamente a articulação dessa forma de temporalidade interna (que o sujeito enuncia como "ritmo próprio" de fazer as coisas) com o ritmo ou temporalidade do outro.

Devemos recordar (e voltaremos a isso) que uma das maiores "violências" que vive uma mãe na dedicação de cuidado ao seu bebê é que deve "sacrificar" sua própria temporalidade (externa e interna) para se adequar ao ritmo temporal do seu bebê. Isso se exemplifica na frase que muitas vezes escutamos nas consultas, em que a mãe pode comentar: "já não tenho tempo para mim... o bebê transformou meu ritmo de vida".

Sobre a relação entre ritmo e intensidade, Trevarthen (citado por A. Alvarez, 1997) ressalta:

> *Como poderia a mente infantil identificar fisicamente as pessoas? Que características de seu comportamento funcionam como diagnóstico para elas? A conduta intencional tem certo número de características que não partilha com os seres inanimados... O movimento inanimado marcha para baixo, oscila, ricocheteia, mas não se estende em impulsos autogerados. Qualquer coisa que tenda para explosões rítmicas sem aparente motivação, como o reflexo de uma mancha de luz solar, parece estar*

viva. Essa vitalidade rítmica do movimento é a primeira identificação de estar na companhia de seres vivos.

A proposição de Trevarthen com certeza é muito interessante, uma vez que aponta para um tema fundamental da vida psíquica, que é o interesse que um bebê pode ter em relação ao animado e ao inanimado. O autor fala de explosões rítmicas e de uma mancha de luz solar, o que me remete às contribuições de D. Stern em relação ao conceito de "afetos de vitalidade". Esse autor indica que existe toda uma gama de experiências do bebê e do ser humano que é vivenciada fora da linguagem discursiva, expressando-se em termos dinâmicos, cinéticos, como "agitação", "desvanecimento progressivo", "fugaz", "explosivo", "crescendo", "decrescendo", "estourado", "dilatado" etc. No que diz respeito ao vínculo mãe-bebê, expressam-se por meio da forma como o contato se estabelece, por exemplo, a forma como a mãe levanta o bebê, troca as fraldas, oferece a mamadeira; o bebê capta os afetos de vitalidade com que se realiza a ação.

Stern (1985) assinala:

> *Cada categoria de afeto é experimentada em ao menos duas dimensões sobre o que há acordo: a ativação e o tom hedonista. A ativação se refere à intensidade ou urgência do sentimento, enquanto o tom hedonista designa a extensão em que o sentimento é agradável ou desagradável. (p. 76)*

Ele dá como exemplo um ataque de cólera ou de alegria, a percepção de uma torrente de luz, uma onda de sentimentos evocados pela música etc., e diz: "a qualidade sentida de qualquer uma dessas mudanças semelhantes é o que eu denomino afeto da vitalidade" (p. 77).

O musicólogo F. Scampinato (2007) cita M. Imberty (filósofo, musicólogo e psicólogo), que estudou as bases corporais da expressividade musical, integrando a contribuição de Stern sobre afetos de vitalidade, e escreve:

> *Os afetos de vitalidade consistem em variações do perfil de ativação ao longo do tempo, seriam mudanças esquematizadas dentro do tempo . . . o estilo musical de um autor não seria mais do que uma arquitetura de afetos de vitalidade. (p. 91)*

Então, poderíamos dizer que o bebê, como o músico, tem desde o nascimento uma sensibilidade especial para se adequar ou não à forma como são apresentados os afetos de vitalidade a partir do encontro rítmico com o outro? E talvez esse seja também um dos pontos de interrogação sobre o interesse de alguns "bebês com risco de autismo" que atendem e olham muito mais para objetos inanimados que animados.

O ritmo e a continuidade psíquica

O ritmo seria, então, uma das primeiras formas de inscrição da continuidade psíquica, um núcleo primário de identidade (identidade rítmica).

A. Ciccone (2003, 2007) fala de várias funções do ritmo, em particular a de ser base de segurança. Ele rastreia esse conceito desde a etapa fetal, apoiando-se nas investigações de S. Maiello sobre os "audiogramas", de natureza eminentemente rítmica.

S. Maiello (2013) sustenta que, com base em diferentes investigações e na experiência de observação de bebês pelo método Esther

Bick, é possível postular a hipótese de que as experiências pré-natais auditivas de caráter rítmico não ficariam inscritas na memória como algo neutro, mas estariam ligadas a emoções. Ela afirma que esses ritmos pré-natais formariam um proto-objeto interno percebido como bom, ou seja, confiável em sua continuidade. Afirma que, diferentemente dos sons corporais rítmicos, que são contínuos e impessoais, a voz materna percebida pelo bebê é descontínua e inconfundivelmente pessoal.

"Enquanto pessoa, a mãe comunica à criança, por meio do volume, do timbre, da cadência e do ritmo de voz, não só os aspectos da sua personalidade, mas também as flutuações dos seus estados emotivos". E ela postula sua hipótese fundamental:

> Minha hipótese é que a voz materna representa o principal "estímulo externo" para o desenvolvimento protomental do bebê pré-natal. A verdadeira e própria matéria-prima em torno da qual se forma o proto-objeto interno que denominei "objeto sonoro". (Maiello, 2013, p. 8)

Todas essas experiências estão inseridas no que um autor como S. Missonnier (2007) denominou "o primeiro capítulo da vida", com a necessária nidificação fetal, bem como parental.

Em relação ao papel da voz materna (como o formulou D. Anzieu, que fala de uma espécie de envelope sonoro), M. Imberty (2007) assinala que a voz surge como mediadora dos momentos de encontro e descoberta do bebê: "graças à sua melodia, ela tece uma primeira unidade; graças à sua entonação, ela organiza uma primeira narratividade" (p. 17).

Essa forma de comunicação primária, por sua vez, é uma das primeiras formas constitutivas da experiência de ser contido. Há anos, G. Haag (1986) elaborou sua hipótese sobre "a estrutura rítmica do primeiro continente". "Na substância primitiva comum e na identificação continente/contido dos primeiros estados psíquicos, parece que uma estrutura rítmica oscilante de natureza quase biológica mantém o estado primitivo de autossensação".

A falha desse primeiro continente rítmico, por exemplo, pode levar algumas crianças autistas a defesas muito peculiares.

> *Nesses estados primitivos, o último recurso, além dos apegos sensoriais ou muitas vezes combinado a eles, é a manutenção de uma cinestesia por meio de balanceios do corpo ou da cabeça, ou da agitação rítmica do próprio objeto que procura a sensação de sobrevivência. (Haag, 1986, p. 3)*

O ritmo e a integração das polaridades

A possibilidade de vivenciar a experiência rítmica intersubjetiva como um continente, que gera a sensação de continuidade psíquica estruturante, depende de múltiplos fatores que desenvolveremos aos poucos. Um deles, fundamental, é a possibilidade de integrar experiências aparentemente opostas. Devemos recordar, junto com as contribuições de A. Ciccone (2007), que uma das primeiras formas de ritmicidade no encontro com o outro é a alternância entre a busca do objeto e a retirada narcisista. O bebê sai de si mesmo em busca de interação, depois se retrai sobre si mesmo como forma de metabolização da experiência.

Mas esse fenômeno de ida e volta, de alternância, se enraíza na experiência corporal. Então, o ritmo é uma forma de integrar alternâncias e opostos, o que implica também o valor fundante da descontinuidade.

F. Tustin (1996) fala do ritmo (de segurança) como um "movimento ou estrutura com uma sucessão regulada de elementos fortes e fracos, de estados opostos ou diferentes". Aparentemente, um ritmo regulado – ou seja, um ritmo compartilhado que ultrapasse os limites das práticas restritivas exclusivamente autocentradas – assegura a possibilidade de os contrários se experimentarem em conjunto com segurança, porque podem se modificar e transformar entre si. Assim nasce um intercâmbio criador.

Essa perspectiva interessante de Tustin retoma caminhos diferentes que interrogam a clínica e a própria vida. De sua conceituação do ritmo, tomarei dois elementos: a superação do ritmo autocentrado e a possibilidade de que os contrários se experimentem juntos com segurança.

Essa autora sugere então que parece necessário o ritmo superar a experiência autocentrada (encerramento narcisista) e se abrir em um ritmo compartilhado. Portanto, poderíamos supor que, em parte, esse ritmo compartilhado seja uma condição para a instauração de uma relação objetal, bem como de um acesso à intersubjetividade? E, também, essa ideia da possibilidade de que os contrários se experimentem juntos poderia implicar, em termos freudianos, uma forma de intricação pulsional?

É muito interessante constatar a concordância que pode existir entre diferentes perspectivas teóricas, já que, por exemplo, N. Abraham (1987) afirma que há um ritmo que caracteriza a "fusão" com a mãe, e que a busca de um ritmo regular com repetição da mesma estrutura corresponderia ao desejo de fusão total, mas de maneira letal.

Isso nos leva a pensar nas contribuições de Freud (1920) em relação à pulsão de morte como "eterno retorno do igual", ou seja, um ritmo que não se abre ao outro, que não se abre ao novo, à surpresa do encontro, levaria o sujeito a uma forma de "narcisismo tanático" (Garbarino, 1986).

Os riscos de um ritmo idêntico

K. Nassikas (2011) evoca um exemplo histórico do ritmo idêntico como experiência humana dessubjetivizante com o ritmo do tambor por V. Klemperer em *A língua do III Reich*. Segundo esse autor, os nazistas criaram uma "língua", para abolir a experiência social anterior ao nazismo e, assim, pautar uma subjetivação baseada na aniquilação da diferença.

K. Nassikas (2011) cita V. Klemperer, que descreve a experiência de observar um desfile militar nazista em 1932 com o passo militar rítmico, idêntico, ao ritmo do tambor:

> *A tropa inteira dava a impressão de ausência de vida individual. Não podia entender o mistério dessa cena, porque só formava um suporte sobre o qual se desdobrava a única figura que dominava e que me dominava: o ritmo do tambor... a língua do III Reich se impunha a todos nós presentes. (p. 7)*

O tambor e o ritmo que emitia mostrariam a terrível transformação de todos os sujeitos da tropa em elementos de uma máquina sem alma, em expressão de uma língua: a do totalitarismo do III Reich.

> *A língua do III Reich busca fazer o indivíduo perder sua essência individual, anestesiar sua personalidade, transformá-lo em algo sem pensamento próprio, sem vontade, que se sinta apenas um átomo em um bloco de pedra que rola... Pareceria que a massificação do idêntico, a partir do ritmo repetitivo do tambor e do desfile da tropa, tinha o objetivo de limitar, ou antes, de*

> *destruir as capacidades mentais de ligação dominadas por vínculos linguísticos. (p. 8)*

Em oposição a tudo isso, N. Abraham asseverava que a importância de pensar um ritmo "ímpar" poderia responder ao desejo de separação, de discriminação. Tratar-se-ia, então, de um jogo permanente e estruturante entre o "mesmo" e o "diferente", entre o conhecido e o surpreendente (inédito), no qual o papel do outro é parte fundamental da experiência subjetivante, na medida em que possa respeitar o ritmo próprio do bebê.

Como diz M. Imberty (2007), "a relação entre os bebês e suas mães se ritma sobre a regularidade da pulsação repetitiva e sobre a novidade da variação" (p. 17).

Por isso, é importante voltar à definição de ritmo, segundo a qual a variação e a descontinuidade surgem como essenciais. V. Beldent (2014) se questiona: o que é o ritmo ? O tique-taque do pêndulo, tão monótono que o convertemos em um tique-taque? O um, dois, três da valsa ou de um poema? Chega à conclusão de que sim, sem dúvida, mas se trata de ritmos mecânicos ou de medidas. Um único ritmo dissipado que introduza a irregularidade, a diferença na repetição, que se oponha à medida, consegue incentivar e gerar movimento. E os ritmos vivos ligados às batidas do nosso coração, à nossa respiração, à nossa marcha, esses primeiros ritmos que nos põem em movimento, são feitos de irregularidades e superposições. Sobre o ritmo, Pierre Sauvanet identifica uma centena de definições. Um *leitmotiv* retorna, insistindo: movimento ao qual se acrescenta estrutura (nosso ritmo ternário) e periodicidade (o ritmo cardíaco).

C. Athanassiou (1998) assinala algo muito interessante: o paradoxo de todo ritmo é constituir uma linha de continuidade através da descontinuidade repetitiva que o constitui. Na verdade, a inserção de uma descontinuidade suscita um estado de ruptura que afeta em nós os fundamentos de um sentido de continuidade identitária. Desde já, observamos aqui que a aliança entre a divisão e a ruptura, entre dois opostos dessa ordem, provoca uma nova criação: um vínculo ou um efeito de relação. O bebê se apega a esse vínculo ao perceber o surgimento de seus ritmos internos bem como os de seu objeto, herdeiros de suas percepções uterinas. A autora se pergunta: é necessário se instalar uma descontinuidade para o ser vivo perceber a continuidade?

O comentário dessa autora é muito rico e aberto, uma vez que nesse par dialético, sem a articulação da descontinuidade, a vivência da continuidade estruturante não existe. Mas a questão que quero ressaltar é que se refere a uma forma de estruturar triádica. Não se trata de continuidade-descontinuidade, mas do papel do "entre-dois". Surge dentro do "entre-dois" uma nova criação que ela chama de efeito de ligação, e é aí que o bebê vai se agarrar. C. Athanassiou abre o conceito do "entre-dois" como experiência criativa, que se relaciona evidentemente com o espaço transicional. Podemos pensar, por exemplo, que esse "entre-dois" se prefigura pelas diferenças, pelas ausências de resposta, já presentes dentro da continuidade das primeiras formas do outro maternal e que permitem ao bebê viver a experiência criativa de criação do objeto.

O ritmo e a integração das polissensorialidades

Na atualidade, poderíamos dizer que há certo acordo entre teóricos de diferentes perspectivas que pensam que o bebê vem ao mundo com a potencialidade de interação comunicativa com o outro. Provavelmente, isso tem alguma forma de relação com toda uma série de descobertas no campo da psicologia do desenvolvimento (em particular, a partir de B. Brazelton) sobre a disposição do bebê para interagir. Essa potencialidade comunicativa do bebê, como uma forma de "apetite de sociabilidade", como disse Trevarthen, se encena no teatro de seu próprio corpo, em sua sensibilidade rítmica e na importância das polissensorialidades.

A partir da perspectiva psicanalítica, a experiência de observação de bebês pelo método Esther Bick (1964) é uma contribuição fundamental para podermos pesquisar esse campo das polissensorialidades. Em seu trabalho pioneiro de 1967, Bick mostrou a importância de observar as preferências sensoriais dos bebês observados.

A partir das contribuições pós-kleinianas, a sensorialidade vem cobrando um papel de preponderância, com autores como D. Meltzer e F. Tustin, no campo do trabalho com crianças autistas, e também graças a T. Ogden e suas contribuições sobre o que ele denomina "posição autista-contígua", em que a articulação da sensorialidade e o ritmo são fatores prioritários de construção subjetiva e abordagem analítica.

B. Golse contribuiu com uma série de ideias em relação à sensorialidade, a partir da alternância do mantelamento-desmantelamento e de sua relação com os processos de cuidado ao bebê. Ele ressalta que, a partir da experiência que Meltzer já descrevera de "atração consensual máxima", durante a alimentação ao seio, o bebê teria a oportunidade de viver uma experiência de integração das polissensorialidades que se organizam a partir do ato da amamentação, dos cuidados e do ritmo que estabelece com a mãe.

E B. Golse (2006) insiste na importância dos precursores corporais da linguagem, porque: "cada modalidade sensorial reconhece uma organização rítmica compatível com outras modalidades sensoriais, compatibilidade que deveria resultar de uma harmonização, ou sintonização progressiva das interações (é essa noção de compatibilidade rítmica que nos permite, numa escuta musical, compreender os diferentes instrumentos simultaneamente e distingui-los dos outros)".

O próprio Golse correlaciona a relação existente entre o bebê e as modalidades sensoriais com a escuta musical.

Como temos asseverado neste trabalho, muitas vezes os artistas nos fornecem pistas sobre essas mesmas experiências no que diz respeito aos processos de criação. É por isso que afirmamos que há uma fertilidade mútua e variados níveis de correspondência entre o que a observação e a teorização da subjetivação do bebê nos dão e os processos de criação dos artistas.

Por exemplo, o poeta Amado Alonso (1986) nos ofereceu uma frase muito interessante sobre a função do ritmo na poesia em relação à polissensorialidade.

> *O ritmo é de natureza emocional e há de se considerá-lo um produtor. Mas o ritmo não é mera descarga e desague da emoção, é estrutura. Diríamos que o ritmo é o prazer de ir organizando pouco a pouco no tempo elementos sensíveis sensorialmente perceptíveis. O prazer de criar uma estrutura. (p. 122)*

Poderíamos fazer dialogar essa frase sobre o papel do ritmo na criação de um poema com a subjetivação do bebê: como no poema, o ritmo que cocriam a mãe e o bebê faz parte do prazer de ir organizando a temporalidade e as polissensorialidades do bebê e, dessa forma, se coconstrói parte da estrutura psíquica do bebê.

Devemos recordar as contribuições de autores como D. Houzel (2011), B. Golse (2011a) e J. Larban Vera (2013), no que diz respeito a uma das tarefas fundamentais do bebê, que é organizar e coordenar seus diferentes fluxos sensoriais e, para isso, é fundamental o encontro rítmico, de atenção e narrativo com o outro.

Partimos da base de uma sensorialidade inata do bebê que une o interior e o exterior por intermédio dos órgãos sensoriais e das excitações que recebem e geram sensações nele (Granjon, 1990). Essa sensorialidade primitiva configuraria fluxos sensoriais (Houzel, 2011) a princípio indiferenciados. As excitações se tornarão diferenciadas, coordenadas e integradas, entre outras coisas, por meio do papel do outro subjetivante, que, ao refleti-las, espelhá-las e traduzi-las, possibilitará que se gere uma "ritmicidade conjunta" no vínculo. Ritmo que funcionará como organizador das ditas polissensorialidades (Golse, 2011a).

Segundo essa perspectiva, a ritmicidade do encontro com o outro (intersubjetividade) seria um dos fatores que possibilitaria, juntamente com os recursos próprios, a vivência de integração do *self* (subjetivação).

Por sua vez, G. Haag (1990) fez contribuições notáveis sobre este ponto em relação às crianças autistas:

> *Como podemos compreender que os extremos se juntam no autismo em relação ao vaivém apoiado nas trocas rítmicas que permitem modular todos os registros sensoriais, inclusive a cinestesia, portanto, incluindo o tom e a motricidade? A hipótese que postulo e que não foi formulada tão enfaticamente por Tustin é que frequentemente, em virtude de experiências pré-natais, para muitas crianças futuramente autistas, as ritmicidades, especialmente as motoras e, entre elas, as de canto e dança, foram perturbadas inicialmente, e alguns bebês futuramente autistas, em especial, por exemplo, os que nasceram anoréxicos, ficaram tensionados e aprisionados, perdendo sua primeira ritmicidade. (p. 89)*

Essa autora nos mostra em sua vasta experiência de trabalho com crianças autistas que, para ela, uma função possível do ritmo é modular todos os registros sensoriais, e que uma falha na instauração da ritmicidade (quer concordemos ou não sobre a causa desta) marca uma forma de disritmia potencialmente patogênica.

O ritmo e a lei materna

O ritmo, como o vimos progressivamente concebendo, seria um dos primeiros organizadores do encontro intersubjetivo, base do advento do bebê como ser humano. Mãe-bebê, pai-bebê formam paulatinamente um ritmo em comum, como música necessária e fundante da dança da subjetivação. Dança que tem como instrumento central a comunicação e a linguagem corporal.

H. Meschonnic (2009) nos lembra o papel decisivo do corpo: "É o corpo que fala. Um gesto, uma postura, uma expressão particular, uma mímica, uma voz, uma entonação, sejam quais forem as variáveis. Falamos com as mãos, com o rosto".

E essa comunicação básica, parte do necessário "compartilhar estético e emocional" (Roussillon, 2004), habilitará as primeiras formas de "simbolização em presença" (Roussillon, 2010). Experiência fundante que possibilitará a elaboração da ausência e o acesso à representação do objeto.

Mas essa experiência rítmica subjetivante é também a possibilidade de criar uma língua própria. Uma língua primária, território do *in-fans* que Pontalis (1979) relatara e que precede a "tirania das palavras", da qual somos exilados (Gómez Mango) e à qual retornamos, por exemplo, na experiência do amor, da paixão, da arte, da análise e do contato com um bebê.

Esse ritmo em comum que chamamos de "ritmicidade conjunta" pulsará os pares dialéticos presença-ausência, continuidade-descontinuidade, articulados com a palavra, como o expressa a escritora

S. Hustvedt (2001, p. 124): "Não se pode ter presença sem ausência e a própria linguagem nasce desse ritmo. As palavras podem interpelar o que falta. Onde habitam as palavras senão numa zona situada entre presença e ausência? Uma zona de 'entre-idade'".

A palavra aparece como companheira inseparável do ritmo no processo de subjetivação. "Nascemos para a vida psíquica" (Ciccone, 2007) em um encontro de ritmos que se abre para a significação nascente da palavra.

Dessa forma, a função de cocriação de um ritmo seria uma função materna fundamental, base dos processos de subjetivação. Poderíamos englobar isso sob o conceito de lei materna, que seria o quarto elemento do ritmo? A mãe, ao colocar em jogo seus recursos rítmicos, transforma a angústia do bebê por meio da cocriação (simbolização) de um novo ritmo com o bebê.

Ao falar de lei materna, não me refiro à ancoragem de uma perspectiva estruturalista, mas à ideia de princípios organizadores do encontro com consequências na estruturação psíquica do *infans*.

Mas gostaria também de sublinhar o papel de René Roussillon (1991), já que foi o primeiro a falar do conceito de "lei materna": no seu livro *Paradoxos e situações limites da psicanálise*, ao dedicar a sua elaboração aos conceitos de ritmo e ritmo compatível, transmite o conceito de que, se houvesse uma lei materna, ela seria a do respeito pelo ritmo do sujeito (bebê).

Nessa obra, ele realiza uma análise notável do ritmo na vida psíquica e na obra de Freud, especialmente no "Projeto de uma psicologia para neurologistas", com o conceito de "período". Ao falar do trauma psíquico, diz que "o traumatismo psíquico, a dor, será pensável como fracasso dessa solução de socorro. Sua figura típica é a disritmia". Assim, evoca uma possível "lei do ritmo biológico" e escreve o seguinte: "Poderíamos antecipar que se trata da lei materna, lei do respeito ao ritmo próprio tão ausente nas patologias narcisistas".

E insiste em pensar: "o traumatismo como efeito de uma disritmia, do não respeito à lei biológica, ao ritmo próprio do sujeito".

O próprio Roussillon (1991) nos dá uma pista ao falar da apropriação egoica por parte da criança e afirma que o ritmo próprio da criança, o respeito ao seu tempo, é o que vem sustentar essa apropriação egoica. Diante de um ritmo rápido demais, a criança se sentirá despossuída, liquefeita, inconsistente, confrontada com a angústia de esvaziamento, de evacuação, poderia então transtorná-la sobre si numa defesa paradoxal, em vez de pensá-la. Diante de um ritmo lento demais, a experiência perderá sentido, valor e vida, e o objeto intermediário se perderá na noite do tempo, mobilizando as angústias de perda de objeto e de abandono.

Sei que falar de lei materna é uma questão polêmica, mas considero que uma forma de fazê-lo seja pela via de processos empáticos, de regulação (como toda lei faz) de algum aspecto do funcionamento do sujeito, para possibilitar a convivência com os outros. E a "lei materna do encontro", para mim, é um princípio organizador da vida afetiva, com o bebê como sujeito nascente que, muitas vezes, encontra-se gravemente distorcido nas patologias precoces.

Por isso, retomando esses conceitos como ponto de inspiração, proponho a hipótese segundo a qual a "lei materna" se forma por ao menos três elementos:

- respeito pelo ritmo próprio do sujeito (adequação aos tempos do bebê) e cocriação de um ritmo comum;
- espelhamento, tradução e transformação das suas vivências afetivas;
- abertura à palavra, ao jogo e à terceiridade.

Esses três elementos, junto a outros, estariam na dinâmica de um encontro estruturante, fonte também da gestação dos processos de simbolização, a partir de uma perspectiva intersubjetiva. Eles seriam parte do que poderíamos denominar "trabalho em presença".

O "respeito ao ritmo próprio do sujeito" seria o que permitiria um segundo ponto essencial: a "cocriação" de um ritmo em comum.

Pouco a pouco, mãe-bebê, pai-bebê formam um ritmo em comum, como uma música necessária e fundadora da dança da subjetivação, dança em que o ponto de partida se encontra igualmente na comunicação corporal.

Tudo isso se encontra em diálogo e ressignificação permanente com o que se tem apresentado classicamente como a lei paterna (transmissão da proibição do incesto e da diferença entre as gerações e os sexos.). Proibições estruturantes, geradoras do trabalho de representação e deslocamento próprio do devir subjetivo.

Isso nos leva a nos interrogarmos sobre um aspecto muito importante da subjetivação do bebê, que é o lugar do terceiro e a função do pai. Diferentes autores se ocuparam disso em relação às triangulações precoces, mas um aspecto fundamental é o que queremos transmitir a partir do conceito de lei materna. Ou seja, como a mãe tem incorporado o lugar do terceiro em sua mente, em relação ao desejo com seu bebê. Embora a participação direta do pai no mundo pulsional do bebê seja algo de suma importância, queremos destacar aqui o lugar do terceiro no desejo da mãe. Como ela abre o horizonte libidinal do filho para um espaço terceiro, representado pelo pai.

"Espelhamento, tradução e transformação das vivências" são condições essenciais e fundantes da constituição subjetiva. Sobre o "espelhamento" não me alongarei, pois já conhecemos as grandes contribuições de Winnicott (1971) a esse respeito. Gostaria de dizer algumas palavras em relação à tradução, ou "função de tradução".

Podemos pensar que quem se encarrega do cuidado de um bebê, desde a alvorada da subjetivação, na medida em que possa estabelecer uma ligação libidinal com ele, tentará dar um sentido aos gestos corporais que o bebê emite. Ali se instala tanto a "violência da interpretação" (Aulagnier, 1975) como o "prazer de tradução". Afirmo que a mãe, ao se encontrar com seu bebê, tem necessidade de construir uma língua própria, exclusiva, que depois deve abrir aos outros e abandonar (Bollas, 1991).

Por outro lado, esse prazer do "trabalho de tradução" possibilitará tecer o prazer de contato, uma verdadeira "estética da subjetivação" que lhe permita tolerar a "violência do arcaico" (Guerra, 2013b). Violência compreendida em relação ao fato de que a mãe (ou a pessoa que desempenha a sua função), para poder instaurar o vínculo com o bebê, deve "desalojar" seu *self* adulto, abandonar seu ritmo de vida comum e revisitar suas experiências infantis, sua forma de comunicação primária, *infans* que a expõe a diversas sensações de fragilidade, incerteza, vulnerabilidade (que podemos nomear de "regressão de ligação").

O prazer de tradução a confirmaria como a pessoa que pode conhecer, compreender, ter a ilusão de um "saber único" que detém, junto ao pai (no melhor dos casos), em relação ao seu bebê.

Mas por que traduzir? O que se procura com isso? Que efeito pode ter no bebê? Para tentar responder, buscaremos as palavras de Susan Sontag (1993):

> *Em sua origem (ao menos em inglês), a tradução ("translation") versava sobre a maior diferença de todas: a diferença entre estar vivo e morto. Traduzir é, no sentido etimológico, transferir, deslocar, transportar. Com que fim? Com o de ser resgatado da morte ou extinção.*

Dessa maneira, podemos pensar que o bebê precisa ser traduzido para fazer a passagem, o deslocamento do corpo biológico à significação erógena da vida psíquica e, assim, compartilhar códigos de intercâmbio simbólico com os outros.

O "estilo de tradução" de cada mãe nos falará da sua própria história e do lugar que esse bebê ocupa em seu mundo fantasmático.

J. Hochmann (1994) tem contribuições muito interessantes a esse respeito, ao sugerir que a *rêverie* materna é uma instância metaforizante e que a mãe faz um trabalho de metaforizar as produções vocais, gestuais ou excretórias de seu bebê para incluí-las em sua fantasmática pessoal, seja qual for. Creio que esse trabalho tem três características: organiza-se em um relato, está destinado a um terceiro, é fonte de um prazer específico.

Assim: as palavras que a mãe coloca nas ações do bebê não são um simples léxico, uma decodificação termo a termo. Estão ligadas por uma sintaxe, formam a trama de um relato.

O relato da mãe se dirige a uma pessoa. Assinala que o destinatário do relato não é apenas o bebê, mas um terceiro, mesmo que não esteja presente na cena.

Sem dúvida, o prazer que a mãe produz, especialmente quando o seu relato traduzido gera o efeito de acalmar o bebê, é um prazer de ordem libidinal. Mas, como diz Hochmann: "O relato interior da *rêverie* entre a criança e a mãe interpõe um filtro protetor, uma sublimação originária que se exerce em desconhecimento da natureza sexual dessa experiência" (p. 44).

E esse aspecto da suspensão do prazer direto, enquadrado na produção de um relato, e o prazer que lhe outorga Hochmann denominou "autoerotismo mental". E define-o como: "Por autoerotismo mental entendo algo da ordem do que Evelyn Kestemberg chamava de prazer de funcionamento, um prazer tomado pelo aparelho psíquico em processo de produzir pensamentos" (p. 44).

Tratar-se-ia de um prazer calmo e tranquilo que também surge à medida que se experimenta a capacidade de consolo do bebê.

Essa experiência, que é uma das bases do processo de pensamento no bebê, seria por sua vez baseada na capacidade materna de metaforização no seu sentido polissêmico, uma vez que *metáfora* em grego significa transporte, movimento, transferência. Dessa forma, por meio do uso de metáforas, a mãe "transporta" o bebê, coloca-o noutro lugar. Por meio da sua capacidade de traduzir, de pôr em palavras as experiências emocionais, move o bebê e ela própria para outro espaço, o espaço transicional. Ou seja, a mãe que metaforiza é a mãe que transicionaliza o bebê e, para isso, conta com a experiência da sintonia afetiva, da linguagem e do brincar.

Por sua vez, todo esse "trabalho de tradução" seria implicitamente uma experiência de transformação, no sentido que nos proporciona C. Bollas (1991):

> *A mãe é experimentada como um processo de transformação, e esse aspecto da existência humana permanece em certas formas de busca de objeto na vida adulta, em que este é requerido por sua função de significante de transformação. (p. 30)*

E Bollas coloca dois argumentos para demonstrar que a mãe é experimentada como "objeto de transformação":

> *Em primeiro lugar, ela toma para si a função do objeto transformador porque altera continuamente o ambiente do infante para ir ao encontro de suas necessidades... Em segundo lugar, também as emergentes capacidades do eu do infante – em motilidade, percepção e integração – transformam seu mundo. Talvez a aquisição da linguagem seja a transformação mais significativa, mas aprender a manejar objetos e diferenciá-los e lembrar objetos que não estão presentes são realizações transformadoras porque seu resultado é uma mudança do eu, que altera a natureza do mundo interior do infante. (p. 31)*

Então, a partir dessa perspectiva, a capacidade de transformação é condição *sine qua non* para a construção dos processos de simbolização do próprio bebê. Ele conta com a contribuição subjetivante materna, que, ao traduzir e dar significado a seus gestos e necessidades, vai transformando o mundo interno do bebê e a representação nascente de si mesmo e do mundo.

Tudo isso mostra o valor da palavra e do movimento representacional na constituição subjetiva e nos abre campo ao terceiro elemento da "lei materna do encontro", que é a abertura ao terceiro.

Abertura à palavra, ao brincar e ao terceiro

Este aspecto de abertura ao terceiro não implica apenas uma forma de expressão do cenário do desejo materno e do modo como a castração o atravessa, mas que ela permita concretamente que o pai e outros ocupem o espaço do bebê e aceite sua incompletude.

Mas, junto a isso, incide um aspecto fundamental, que seria a presença de "objetos terceiros" que prenunciem a presença e a função do pai. E me refiro ao papel do brincar, com a introdução de diferentes objetos, a que chamo "objetos tutores", que se tornam depositários e "testemunhas" da evolução pulsional do bebê e dela mesma (Guerra, 2010b).

O corpo materno já não é a zona privilegiada de contenção e prazer com o bebê, tampouco o próprio corpo do bebê por meio de seu autoerotismo, mas o deslocamento da libido busca no espaço, nos objetos, nos brinquedos o espaço transicional, que une e separa a mãe e o bebê.

Além disso, a disposição lúdica materna já constitui uma forma de interdição. Ao introduzir brinquedos e/ou elaborar jogos compartilhados como a "brincadeira de esconder", a mãe transmite ao bebê que ela já não é tudo para ele, e que há um horizonte libidinal além do seu corpo e da sua presença.

Denomino essa gama de experiências fundantes de "interludicidade, ou a disponibilidade para compartilhar uma experiência lúdica cocriada pelo bebê e sua mãe, a partir da qual se entrelaçam estreitamente: encontro intersubjetivo (compartilhamento afetivo), prazer libidinal, criação e interdição (Guerra, 2014).

E é a partir desse território que se gesta também a entrada do terceiro (pai). Essa abertura à subjetivação com a entrada do pai poderia também, como em um ritmo (entre a ciência e a arte), ser representada pelo desenho do artista Milton Mattos, acompanhado de um poema que escrevi a respeito.

Três linhas em ritmo

Três linhas apenas
ondulantes
ascendentes
descendentes.
Três linhas dançando no universo da folha em branco.
O círculo da folha envolve a figura, enquanto

esta viaja pelo papel inaugurando vida.
Inaugura traço, marca, sentido.

Pode apenas uma linha vestir de sentido um espaço vazio?

Em três linhas
    duas vidas,
        uma mãe que olha para um bebê
que dorme ou olha para outro espaço.
Na verdade não importa
se dorme ou olha,
importa que unidos se estão separando.

Porque entre a mãe e o bebê
há um espaço em branco.
Porque entre a mãe e o bebê
pulsa um pequeno vazio:

separação,
    distância,
        ponte,
            respiração,
                ritmo.
O que os une na imagem...?
O gesto do rosto que olha, que envolve?
A mão que guia
e continua na curva do corpo?

Continuidade na descontinuidade.
Além do buraco em branco,
algo da mãe continua:
a ondulação de um ritmo,
aberto ao outro que espera desejante,
fora do quadro:
O Pai?

A *disritmia*

A hipótese de uma lei materna na subjetivação do bebê, fundada no acordo-desacordo rítmico, leva-nos a pensar que a possível sintomatologia do bebê com frequência se relacionaria com as diferentes formas de disritmia, como ressaltaram autores como B. Golse ao longo de toda sua obra, R. Roussillon (1991), M. Boubli (2012), entre outros.

Vejamos agora em uma vinheta clínica como se encena uma forma de disritmia. Por meio de uma consulta de uma mãe com sua bebê de 6 meses, tentarei exemplificar alguns dos aspectos assinalados. O motivo da consulta reside nos distúrbios de sono da bebê, acompanhados por uma sensação de desassossego da mãe e pela presença de uma tonalidade persecutória no seu discurso.

"Não posso mais, estou esgotada, L. acorda várias vezes à noite, há meses. No início, acreditávamos que fosse algo adaptativo porque era pequena, mas com o passar dos dias com meu marido *levantávamos* um ou outro porque é insuportável."

O relato é acompanhado por um olhar de tonalidade depressiva e uma postura física "caída", vulnerável e com uma sensação de desconsolo. A bebê, no entanto, parece calma em seu carrinho e olha com atenção para a mãe e para mim. Mais tarde, o relato da mãe se centrou em um aspecto fundamental: o ritmo.

"Eu não sei como foi, mas eu tenho a sensação de que perdi algo importante para mim... [olho com interesse] tive que deixar de fazer minhas coisas... perdi meu ritmo, perdi meu tempo, meu jeito de fazer as coisas... quando estava grávida, pensava que tudo ia ser mais fácil, *mas é como uma reclamação constante, com isto de dar o seio conforme a demanda como diz o pediatra...* L. reclama teta ou atenção e *eu às vezes fico exausta*!

Analista: Esgotamento e perda do seu ritmo, como seria?

Mãe: Sim, o ritmo!... não tinha me dado conta de que era algo tão importante para mim, meu ritmo, meu tempo, eu tinha meu tempo para ler um livro ou tomar um café quando eu queria... e era... como... não sei... como um refúgio para mim, era algo meu...

A: Algo muito próprio, muito íntimo...?

M: Sim, isso. Nunca tinha pensado nisso.

A: Aqui você está tirando um tempo para pensar nisso, no seu ritmo e no que você sente sobre essa novidade que está vivendo.

A sessão continuou sobre diferentes aspectos de sua fantasmática, mas a temática da "disritmia" emergia como uma música de fundo.

Durante algumas sessões, continuou falando "em seu ritmo", com seu estilo, e pouco a pouco seus ritmos e os do bebê foram se acoplando, freando a disritmia e a fantasmática de "inquietante estranheza" que, segundo a minha experiência, constitui um dos elementos psíquicos mais importantes nos distúrbios do sono em pais e bebês (Guerra, 2010a).

Mas há uma pergunta que me intriga: a que se referiria a mãe ao falar em perda do seu ritmo?

Às vezes, parecia que o alcance semântico do termo se estendia ao conceito de identidade, já que "soavam" semelhantes um e outro. Isso abriu outra pergunta: qual é o laço entre esse aspecto "íntimo" do ritmo e a sensação de um reconhecimento de *self*? Podemos pensar então em um núcleo primário do *self*, como uma certa identidade rítmica?

Enquanto refletia, me veio à mente um comentário lido durante uma pesquisa sobre a tortura em prisioneiros políticos uruguaios, em que uma das formas aplicadas é alterar seus ritmos de vida interrompendo seu sono de modo imprevisto, para serem interrogados ou torturados. E não por acaso, em alguns casos graves de bebês com distúrbios do sono que tratei, os pais descrevem o sintoma da criança que não os deixa dormir quase como uma tortura que ataca algo do íntimo: o retraimento narcísico do sono e o jogo da sexualidade.

Esta breve reflexão servirá como ponte para executar outra melodia.

O ritmo e a cocriação artística como metáfora da subjetivação

Ritmo e literatura

O poeta português Eugenio de Andrade (1979) diz:

> *Porque no princípio é o ritmo; um ritmo surdo, espesso, do coração ou do cosmos, quem sabe onde um começa ou o outro acaba? Desprendidas não sei de que limbo, as primeiras sílabas surgem, trêmulas, inseguras, tateando no escuro, como procurando um tênue, difícil amanhecer.*
>
> *Uma palavra de súbito brilha, e outra, e mais outra. Como se umas às outras se chamassem, começam a se*

> *aproximar, dóceis: o ritmo é o seu leito; ali se fundem num encontro nupcial, ou mal se tocam no intercâmbio de uma breve confidência, quando não se repelem, crispadas de ódio ou aversão, para regressar à noite mais opaca. (p. 159)*

E aqui E. de Andrade nos traz sua própria versão das origens. Poderíamos brincar com a ambiguidade da ideia... De que princípio se trata? Do começo da escrita? Da inspiração do escritor? Ou do princípio da vida psíquica? Do alvorecer da subjetivação? Uma e outra dialogam, uma e outra se fertilizam mutuamente.

Se tomarmos o caminho da criação, o poeta nos fala que a escrita nasce de um ritmo de base que provém do interior ou do exterior, e não importa especificar a origem. Ou na verdade nasceram de um "entre-dois"?

Ele sugere que as primeiras sílabas surgem de um "limbo", e isso me evoca essa palavra tão querida de J.-B. Pontalis (1998), que tentou fazê-la trabalhar em seu livro *L'enfant des limbes*. O limbo seria esse espaço intermediário entre a vida e a morte, indefinível, inabalável, que é para ele a metáfora do que nunca termina de nascer.

Então, para E. de Andrade as sílabas se buscam, se encontram, instaura-se uma ligação libidinal e se fundem em um encontro nupcial, dando a entender o valor sexual do encontro e da palavra. Mas pode acontecer também o seu contrário, o desencontro, o repelir-se e o retorno à noite opaca do que não pôde acontecer.

Isso marca tanto o desencontro do poeta com as palavras como o que poderia ser também o desencontro de um bebê com seu ambiente quando, por efeito de uma disritmia, o ritmo não ocorre como "leito sustentador" do encontro, e isso implicaria um risco na subjetivação...

Mudemos de cena. Voltemos agora quarenta anos atrás e pensemos na situação do meu país, em plena ditadura militar.

Um dos numerosos presos políticos, chamado Carlos Liscano, é hoje um escritor que testemunha parte de sua experiência vivida na prisão.

Em seu livro *El furgón de los locos* (Liscano, 2001), descreve a situação de um preso que volta à cela em comum depois de estar muito tempo isolado como castigo.

> *Uma tarde trazem um companheiro que esteve meses isolado. Oferece-se comida, leitura, o que quiser. Nada, não lhe interessa nada... Começa a escurecer e dois ou três se põem a tocar tambor em frascos de plástico, em uma caixa. O recém-chegado se incorpora, ensaia uns passos de dança. Gritos, aplausos. Continua dançando, mais um instante. E logo não para, segue. Movimenta-se, o corpo busca o ritmo, o encontra. Faz-se um espaço no meio da cela, lentamente se forma um coro de homens sentados no chão, nos colchões, ao redor do dançarino.*
>
> *E o recém-chegado, dança, dança. Com os olhos fechados gira, levanta os braços, move o quadril, os ombros, requebra o corpo, para, gira no outro sentido. Os músicos se cansam, se aborrecem, mas a música não pode parar, outros recolhem o tambor, o frasco de plástico abandonado. A música deve continuar, para que o homem continue voando, viajando, em sua dança, em sua coisa, em sua felicidade. Está feliz, feliz, vê-se em seu rosto, nos olhos fechados, nas mãos, no corpo liberado. Há meses está sozinho, seu corpo não sente o calor de outro corpo amigo próximo. E dança, o corpo dança, uma hora, hora*

e meia. Não estará doente? Em todo caso, doente e feliz. Quando finalmente para, sorri, olha para nós. Começa a falar. Há algo para comer?

É outro, já se esqueceu de que nos teve mais de uma hora expectantes, alegres, preocupados. Já visitou o lugar que precisava visitar, vá saber onde, com quem. Agora é outro e está aqui. Quer comer.

Esta é uma história de um fato social, de um fato humano, e, ao mesmo tempo, é metáfora, tecido de significações abertas. Por que não pensar neste conto tão comovente como uma metáfora da "ficção das origens"?

Há um "recém-chegado" que, antes de falar, se comunica com seu corpo, que executa uma "coreografia em presença" do olhar de outros que "concedem a certeza de existir" (Pontalis, 1980) e que insistentemente procura um ritmo, "seu" ritmo, que por sua vez é encontro, harmonização com o ritmo dos outros que o recebem.

De quem falam todos estes conceitos? Do preso adulto ou de um bebê "recém-chegado" ao mundo (dos outros)?

R. Roussillon (1991) nos ajuda a esclarecer, quando se pergunta se não há implicitamente a ideia de uma adaptação e de uma harmonização suficiente de ritmos internos e externos durante a experiência de satisfação. Dito de outro modo, não será necessária uma harmonização suficiente dos ritmos (da sucção, da pressão das duas mãos, da continuidade/descontinuidade do fluxo de leite, da respiração etc.) para que a satisfação ocorra verdadeiramente como algo encontrado/criado?

E essa "harmonização suficiente de ritmos", não poderíamos pensá-la como uma forma de "ritmicidade conjunta", que vai gestando um sentido muito primário da identidade como sensação de continuidade psíquica?

A experiência narrada por Liscano nos fala do valor do ritmo no encontro humano e também do valor do olhar, da a-tenção psíquica como investimento ativo do outro (Houzel, 1995). Poderíamos pensar que em sua dança, em seu ritmo, estabelece-se um reencontro com ele mesmo por meio da colocação em jogo no corpo de uma "narrativa corporal"? Estaria por sua vez "narrando" uma escrita feita no seu corpo, do traço, do ritmo que os outros criaram "em e por" ele?

Por ocasião das *Jornadas de Literatura e Psicanálise* (2009), C. Liscano fez um comentário pessoal: ao presenciar a cena narrada no livro, em seu momento, dava a impressão de que o sujeito estava abraçando ritmicamente seu corpo como se fosse abraçado por outro, como se reencontrasse alguém e, no mesmo momento, fosse "quem abraçava e o abraçado".

Experiências rítmicas não verbais, que falam de uma história escrita no corpo, de uma in-fância da língua? Reatualização de marcas primárias, das representações de coisa em relação ao objeto?

Mas também é um texto que, no aqui e agora da relação com o grupo, é reescrito e editado como algo novo, não apenas como uma busca por uma marca do passado. Por isso a inclusão do termo "reencontro", já que para mim é tanto sinal de uma marca que vem do passado como edição de algo novo que a partir do presente ressignifica o anterior, e é nesse paradoxo suspenso no tempo que emerge o efeito subjetivante, renovador, que dá uma espessura criativa à experiência.

Ritmo e dança

Deteremo-nos um pouco mais nas contribuições da filósofa S. Langer (1990) sobre a relação entre a dança e o ritmo. Para essa autora, a dança seria "uma projeção de forças em interação" (p. 14).

Uma dança, como qualquer outra obra de arte, é uma forma perceptível que expressa a natureza do sentimento humano, ou seja, os ritmos e as conexões, as crises e as rupturas, a complexidade e a riqueza do que às vezes é chamado de "vida interior" do ser humano, a corrente de experiência direta, a vida como sentem os que vivem. (p.16)

E ela assinala que: "O que chamamos de 'vida interior' de uma pessoa é o relato interno de sua própria história; o modo como sente seu viver no mundo".

Não podemos deixar de ler essas reflexões sob o olhar do que pode ser a constituição de um vínculo subjetivante com um bebê, e devemos nos lembrar das grandes contribuições de D. Stern, que foi um dos primeiros a metaforizar a relação mãe-bebê como uma forma de dança rítmica e musical. Pensar então na dança como o desenvolvimento de forças em interação, no qual se inclui um processo de tensões, equilíbrios-desequilíbrios e ritmos, não será uma forma interessante de se referir ao encontro-desencontro de uma díade?

S. Langer associa diretamente a dança a uma forma de expressão dos sentimentos, da natureza emocional de suas vivências, que implicariam uma "vida interior" entendida como relato. Tomando essa perspectiva original, poderíamos dizer então que o movimento da dança implica implicitamente a narração de uma história e, se esta fosse uma metáfora do encontro mãe-bebê, encontraríamos uma articulação dos movimentos da díade como uma dança narrativa cocriada.

S. Langer (1990) acrescenta:

Uma obra de arte é uma composição de tensões e resoluções, de equilíbrio e desequilíbrio, de coerência rítmica, uma unidade precária, mas contínua. A vida é um processo natural de tais tensões, equilíbrios e ritmos; . . . em repouso ou sob emoção, sentimos o pulso de nossa própria vida. (p. 17)

Continuando com as contribuições de S. Langer, vejamos como ela entende a noção de ritmo: "Em geral, as pessoas concebem o ritmo como uma sucessão de atos similares em intervalos de tempo bastante curtos e uniformes, ou seja, concebem o tempo como sucessão periódica" (p. 57).

Mas, para essa autora, esse não seria o ponto central do ritmo, mas este se caracterizaria fundamentalmente pelo fato de que "uma pauta rítmica se produz sempre que a culminação de um evento determinado aparece como o começo do outro" (p. 57).

E o exemplo que ela emprega é o da onda em uma praia, na qual há uma forma de repetição, mas de maneira alguma uniforme, e para Langer o ritmo seria definido da seguinte forma: "a culminação de cada onda que quebra já é o início da seguinte".

Podemos então interpretar deste modo: o que conta no ritmo seria esse movimento permanente de início-fim-reinício? Será que ela se refere ao fato de o ritmo ser, por si só, garantia de uma sensação de continuidade?

V. Nijinsky revolucionou parcialmente a arte da dança no início de 1900, quando seguiu o método de Jaques-Dalcroze, que assegurava que "o ritmo do corpo é o ponto de partida de qualquer configuração no ballet e no teatro, e também em todos os processos do movimento humano".

Nijinsky, no papel de "Fauno" e de "Arlequim" em *Petruschka*, executava uma "pérola de imaginação rítmica".

Ritmo e pintura

Vejamos agora outro exemplo sobre a importância do ritmo no processo de criação de um pintor e na sua articulação das polissensorialidades.

Marie-Pierre Lassus (2008), em seu artigo "La Musicalité des sens" (A musicalidade dos sentidos), fala da polissensorialidade na arte. A autora expressa que, ao pintarmos, não devemos integrar apenas o aspecto visual da paisagem, mas também os sons que essas imagens emitem (o ruído de um trovão, de uma onda etc.), suas qualidades táteis e olfativas, sentidas no momento da contemplação e depois recriadas pela imaginação sensorial. Existe uma palavra em chinês que designa esse aspecto: trata-se da palavra *woyou*, que significa "passear" na imaginação. Como diz o pintor do século XVII Zheng Rikiu:

> *Eis aqui um passeio que não pude fazer com os meus pés: fiz com meus olhos. Logo, soprou uma brisa fresca... eu passeava com meu nariz... a água estava deliciosa... eu passeava com meu nariz... o barqueiro respondeu às minhas perguntas... eu passeava com minhas orelhas. Depois de um tempo os picos deixaram de ser visíveis mesmo de longe. Entrei na cabine do barco traçando em minha memória os reflexos das montanhas e as curvas dos caminhos. Foi assim que eu passeei com o espírito.*

E esse passeio pelas paisagens sensoriais como base do processo criativo não terá, de certa maneira, um eco distante (e, por sua vez, próximo) com o que pode experimentar um ser humano no alvorecer de seu processo de subjetivação?

M.-P. Lassus afirma que essa criação do artista se relaciona também com o contato com um ritmo e que, para ouvir o seu ritmo interior, a sua tonalidade vibrante, à noite deve descer de sua própria subjetividade para descobrir uma tenebrosa e profunda unidade, vasta como a noite e como a claridade, essa que, precisamente, funda as famosas correspondências baudelairianas. Essa polissensorialidade não é diferente da do músico.

Pintura, música, criação, "regressão", contato com um ritmo interior que se articula com as correspondências sensoriais transmodais. Provavelmente algumas das ferramentas que se entrelaçam em algo como a "função materna"?

Para finalizar esse aspecto da polissensorialidade e do ritmo, apresentarei o comentário da poeta D. Bellessi (2012), que, em relato autobiográfico, traz também sua versão, sua ficção das origens do nascimento à poesia, articulada com a função materna (a partir de um lugar terceiro) de uma "apresentação polissensorial do mundo por meio do ritmo e da palavra":

> *Esta é uma lembrança suntuosa: teria uns dois anos, é uma manhã de setembro e brilha o sol sobre as coisas. Minha mãe me acorda e me leva nos braços aos fundos da casa; eu sinto seu cheiro, seu calor; lá diz-me docemente: "Vou mostrar-te o que é a primavera". Aponta para mim as flores do paraíso e faz-me sentir o seu perfume, o calor do sol, o frescor da sombra, e dançamos apertadas uma na outra sob o céu da primavera. Sobre uma árvore que ainda não tinha brotado, pousavam dezenas de pintassilgos. Fui feliz, o momento mais feliz da minha vida, e no ritmo e no silêncio do amor da minha mãe selou-se meu destino de poeta, cantei em meu coração.*

Essa menina que Bellesi relata (que foi ela própria) recebe em contato libidinal com sua mãe uma apresentação do mundo por meio de visão, olfato, tato, audição, com base na sustentação de um ritmo e da palavra que articula a experiência. Supomos que, além de marcar seu destino como poeta, foi sendo marcado um destino de subjetivação.

Ritmo, escrita e estética

Finalmente, veremos como um autor como J. Cortázar parece fazer uma ponte entre o processo de criação do artista e o processo de subjetivação do ser humano.

J. Cortázar (1990), em *O jogo da amarelinha*, interroga-se:

> *Por que escrevo isso? Não tenho ideais claras, sequer tenho ideias. Há fragmentos, impulsos, blocos e tudo busca uma forma, então entra em jogo o ritmo e eu escrevo dentro desse ritmo, eu escrevo por ele, movido por ele e não por isso que chamam de pensamento e que faz a prosa, literária ou outra. Há primeiro uma situação confusa que só pode definir-se na palavra; dessa penumbra parto, e se o que quero dizer (se o que quer dizer-se) tem força suficiente, imediatamente se inicia o suingue, um balanço rítmico que me tira da superfície, que ilumina tudo, conjuga essa matéria confusa e o que a padece numa terceira instância clara e fatal: a frase, o parágrafo, a página, o capítulo, o livro. Esse balanço, esse suingue em que se vai informando a matéria confusa, é para mim a única certeza de sua necessidade, porque apenas compreendo que não tenho mais nada para dizer.*

> *E também é a única recompensa de meu trabalho: sentir que o que eu escrevi é como um lombo de gato debaixo da carícia, com faíscas e um arquear cadenciado. Assim, pela escrita sob o vulcão, aproximo-me das Mães, conecto-me com o Centro, seja o que seja. (p. 330)*

Podemos apreciar a sutileza de Cortázar, que assinala, a partir de um território informe, caótico, que é o ritmo que o envolve e lhe dá certo grau de organização, tira-o da superfície e o encaminha para uma terceira instância: o texto escrito.

O filósofo H. Maldiney (1973) também afirma a relação especial entre caos e ritmo, e toma para isso as contribuições de P. Klee:

> *Em uma das suas aulas básicas na Bauhaus, P. Klee nomeia o caos como um "não conceito"... O caos é o ponto cinza que não tem nem branco nem preto, nem quente nem frio, nem acima nem abaixo, "ponto não dimensional" perdido nas dimensões. (p. 151)*

E, em relação ao ritmo, Maldiney insiste no conceito de caos ilustrado por P. Klee: "E o esplendor do espaço a partir de uma origem instaurada num salto, não há outra coisa senão o Ritmo. É por meio dele que se opera a passagem do caos à ordem. No início, era o ritmo". Esse conceito de caos e vertigem também é evocado pelo psicanalista S. Resnik (2009), que afirma que o ritmo implica a ordem em movimento. Dá a ideia de que "o ritmo é o elemento fundamental de um tempo e um espaço que vivem em estado permanente de transformação criativa" (p. 41).

Saímos do caos por meio do ritmo, que é em si uma experiência "estética" no seu sentido mais primitivo. Maldiney (1973) insiste: "Não há estética além do ritmo, não há ritmo além do estético".

Essas duas propostas não são o inverso uma da outra. Porque a palavra estética se refere ao grego *aisthesis* (sensação) e cobre todo o campo da receptividade sensível. Dizer que todo ritmo é estético é dizer que a experiência do ritmo – na qual o encontramos onde e como "teve lugar" – é da ordem do sentir e da comunicação no sentir (p. 208).

E esse aspecto do ritmo, de receptividade sensível, sensorial, por acaso não é condição básica do encontro rítmico mãe-bebê?

Parece que nisso Cortázar "se aproxima das mães", que ajudam os seus bebês a passar da angústia, da confusão, apelando ao ritmo, transformando a sua angústia, a caminho de uma terceiridade: produção simbólica, lúdica, território da linguagem, da alteridade, de um espaço diferente, de um âmbito terceiro...

Esses aspectos configuram uma vertente regressiva, paradoxal e criativa da mãe com seu bebê, que torna sua presença previsível e sua ausência antecipável, e é um verdadeiro motor da vida psíquica junto com o trabalho psíquico em relação ao desejo.

Mas podemos pensar que o momento de criação, de inspiração, é também um momento de reavivação de um "funcionamento arcaico", de um arcaico que seria parte de um "originário incessante", como diz Gómez Mango. Vejamos nesse sentido o que diz F. Nietzsche em relação à inspiração. Em *Ecce Homo* (1908),

> *pergunta-se se existe alguém neste fim de século que possua uma ideia clara do que os poetas das épocas fortes chamavam de inspiração e se entendemos pela noção de revelação algo que de repente, com uma segurança e uma fineza indescritíveis, torna-se visível, audível, algo que nos faz estremecer no mais íntimo de nós mesmos. Escuta-se, não se busca, um pensamento te ilumina como*

> *um relâmpago com uma força premente, sem vacilação na forma, aparece como um instinto das relações rítmicas que recupera intensas extensões de formas, a duração, a necessidade de um ritmo amplo, existe quase o critério do poder da inspiração que compensa, de algum modo, a tensão e a pressão que ela inflige.*

É muito interessante como Nietzsche marca a importância do ritmo na inspiração-criação, como algo prévio e, diríamos, complementar à experiência discursiva da linguagem, já que ele não descreve aqui que a inspiração tenha nesse momento relação direta com a palavra, mas com algo de outra ordem, de um "estremecimento interior rítmico" que abrirá campo à escrita... como o ritmo abre caminho para a linguagem no bebê?

E aqui creio que seja importante transmitir outra visão original do ritmo, nesse caso articulando: des-subjetivação, desejo de conhecimento e criação.

Refiro-me a uma experiência pedagógica que tem como eixo o ritmo, realizada na Espanha por Maria Isabel Cabanellas e sua equipe. Eles registraram o trabalho com bebês entre 9 e 15 meses, em particular a maneira como exploram o ambiente e os objetos... Partem de uma forma diferente de pensar o ritmo, pela qual a curva do tempo das ações infantis vive o diálogo entre mente e corpo como uma polifonia temporária das experiências. Redes abertas de acontecimentos temporais, variações internas de um gesto ou de um movimento corporal. Experiências que estão envolvidas no fluir temporal dos processos que dirigem as intenções para a ação sensorial, a cognição, a criação, as relações sociais e as ações criadoras de símbolos.

Segundo Cabanellas (Cabanellas et al., 2007), a observação e a análise dos ritmos infantis partem da base de uma atitude estética:

"A estética é um tipo de conhecimento global, sincrético, que predomina na primeira infância e vai sendo ocultado pelo pensamento analítico diferenciador predominante no adulto, ficando o primeiro a serviço da criatividade".

Vemos aqui outro exemplo no qual se articulam subjetivação, modalidade sensorial de apropriação do mundo e criatividade, em que a integração e o respeito aos ritmos parecem ser parte fundamental.

Ritmo, palavra e trabalho psicanalítico

"Harmonização de ritmos", "ritmicidade conjunta", "compatibilidade rítmica" são diferentes formas de nomear uma forma de encontro não verbal que pareceria ser fundante de um núcleo primário do *self* (identidade rítmica), que, como vemos, mantém-se vigente ao longo da vida e se revive *après-coup* em momentos importantes, nos quais às vezes a palavra não basta como forma de elaboração psíquica.

Há formas de encontro e captação da experiência emocional que contornam a palavra e adquirem valor de linguagem, num "mudo ancoradouro" corporal. D. Stern (2003) teoriza isso como a experiência do "momento presente", no qual se dá um encontro intersubjetivo inédito, na maioria das vezes em nível de comunicação implícita.

Mas, neste momento, gostaria de me deter em uma experiência diferente, proveniente da vida cotidiana. Acredito que seja dessa ordem a experiência que narra o psicanalista E. Pavlovsky (2007) em sua reflexão *Sobre o pudor, o silêncio, o ritmo e o acontecimento puro*. Nela, ele relata a vivência de um passeio por um parque, em que, logo depois de começar a andar, tem a sensação de que alguém o acompanha em silêncio, intui que é sua esposa e diz:

> *Reconheci Susy, que sequer tinha notado meu olhar. Caminhava olhando para frente com um ritmo que*

reconhecia de outros tempos. Não havia fissuras em nossos movimentos nem perguntas a serem feitas. Eram só nossos passos, nosso ritmo, a certeza infinita de nossos corpos. Reconhecia o ritmo, eu... minhas pernas, as suas... Alguma vez perguntei: houve um antes, digo, aquela vez antes dos passos e das longas caminhadas? E ela respondeu: quando dissolvíamos as perguntas e todo o mundo se fundia em nossos ritmos. . . . Só nos tornamos casal no caminho da vida. No decorrer dos anos. E ambos desconfiamos das explicações. Geralmente, quando tentamos falar para esclarecer algo "entre" nós, tudo termina em conflito maior. Sofremos de uma mesma cena temida, "a reprovação". E preferimos que o devir do casal em movimento, que o devir no mesmo ritmo da vida volte a nos encontrar. E descobrimos ambos que, se não esclarecemos nada, a situação se dissolve no novo ritmo e o conflito é o desgastado e o novo é o acontecimento do novo devir.

Esse encontro do casal que narra Pavlosky marca um território da troca com o outro que parece não ser regido pela palavra; ou melhor, de sua perspectiva, seria algo que impediria a aproximação. O encontro entre ambos cobra um valor significativo na medida em que se instala a partir de uma construção do instante, com uma aura de surpresa presidindo a experiência. Se esse casal parece ter um fio em comum, este parece ser regido "por e a partir" do ritmo.

Fala-nos do devir do casal em movimento, de deixar-se imbuir de um ritmo da vida que produz encontros, desencontros e aberturas a novos ritmos. Silêncio da palavra, que permite uma caligrafia do corpo. Experiências que evitam o primado da busca de um sentido verbal da experiência, que nesse caso, segundo o autor, pareceria estéril e redundante.

De que tipo de experiência emocional se trata? Que valor isso pode ter, por exemplo, num trabalho analítico?

T. Bedó (1988) aprofundou-se nesses territórios e pergunta se pode haver um "*insight* emocional" puro, definindo-o como a apreensão afetiva de conhecimento, sem compreensão sintática. Segundo o autor, há *insights* que são perguntas sem resposta naquele lugar privilegiado que é o espaço analítico, em que, sob o disfarce do cotidiano, fazem-se as grandes perguntas impossíveis de responder, em que tampouco se esperam respostas, mas há alguém que escuta, em que se adquirem "*insights* viscerais" às vezes responsáveis pelas grandes mudanças não formuláveis em palavras. As limitações do verbal são conhecidas. Não é novidade que a melodia, o ritmo, a palavra cantada ou a poesia têm capacidade de perfurar a barreira prosaica da linguagem discursiva.

Pareceria que pedir ajuda aos músicos e aos poetas que trabalham no limite da palavra nos oferece modalidades sutis de compreensão emocional dessas experiências, que podem ser de grande ajuda em nossa escuta analítica.

Continuemos a escutar T. Bedó: "Será que a experiência estética pura consegue contatar de forma não mediata o processo primário? A emoção estética surge do triunfo de superar as barreiras do pensamento verbal e vislumbrar verdades inefáveis. O conteúdo emocional é sempre mais profundo que qualquer experiência intelectual. Pré-racional, pertencente aos ritmos do corpo e da própria vida. A experiência estética proporciona um *insight* maciço que as palavras apenas desvirtuariam".

As reflexões de T. Bedó abrem caminhos e perguntas sumamente interessantes, uma vez que nos fala a partir de uma experiência estética primária, não dependente da palavra, em que inclusive parece que o pensamento verbal foi um obstáculo, e o analista pareceria estar atento a outra dimensão da linguagem, ancorado no corpo, na sensorialidade, na prosódia, no ritmo etc.

Esse terreno constitui um desafio para compreender não só as modalidades de comunicação primária, como salienta Trevarthen, mas também sua incidência nos processos de mudança de um paciente em tratamento analítico (R. Roussillon).

Será que um paciente em tratamento não deve também "buscar seu ritmo", seu tempo, sua forma de transmitir suas vivências? E não é por acaso parte das ferramentas analíticas intuir a necessidade tanto de harmonizar o ritmo do paciente com o do analista, como de desconstruí-lo em certos momentos?

Ferramentas que, em alguns momentos privilegiados de uma análise, expressam-se mais pela melodia da voz que pelo conteúdo, como assinala Winnicott (1966) ao expressar a importância da forma de o analista utilizar as palavras e, consequentemente, da atitude subjacente à interpretação; ainda que a psicanálise de pacientes adequados se baseie na verbalização, qualquer analista sabe que, além do conteúdo das interpretações, a atitude subjacente à verbalização tem a sua importância e que essa atitude se reflete nas nuances, na escolha da oportunidade e em milhares de formas comparáveis à infinita variedade da poesia.

E não será o ritmo uma dessas variedades...?

3. Indicadores de intersubjetividade de 0-12 meses: do encontro de olhares ao prazer de brincar juntos[1]

Indicadores de intersubjetividade de 0-6 meses: do encontro de olhares à dança das mãos

Neste capítulo, tento elaborar uma grade de observação qualitativa sobre o desenvolvimento da intersubjetividade no bebê desde o nascimento até 1 ano de vida. Essa hipótese surge do ponto de vista pessoal após muitos anos de trabalho com pais, educadoras e bebês no jardim de infância e em consultas terapêuticas particulares realizadas pelos pais diante da dificuldade de desenvolvimento de seu bebê e/ou de sua parentalidade. Assim, o trabalho se nutre das interrogações que acompanham toda pessoa que trabalha e é trabalhada por um bebê, e eu digo "é trabalhada" pois é importante destacar que quem se ocupa de uma criança pequena sente se agitando dentro de si a criança que foi ou quis ser. Com um bebê trabalhamos com nosso ser adulto, e nosso "ser bebê" está lá

---

1 Trabalho baseado no filme de mesmo nome realizado com fundos do Comite Outreach da IPA. Projeto original de Víctor Guerra. Realização audiovisual: Maximiliano Guerra, 2014.

também nos dando uma mão ou, às vezes, complicando a tarefa. Em virtude da angústia que, por exemplo, pode nos gerar uma mãe que não consegue cuidar bem de seu filho, tendemos a nos identificar com o bebê e a rejeitar, ou a criticar excessivamente, tentação da qual nunca nos libertamos totalmente.

A ideia de uma intersubjetividade, de um vínculo de inter-relação, implica a noção de dois sujeitos ou de dois sujeitos potenciais, pensando o bebê como um sujeito que poderia coparticipar de uma experiência emocional. Há anos ela tem sido fonte de múltiplas pesquisas no campo das teorias do apego e do desenvolvimento da criança. A partir dessa coparticipação, o bebê vai construindo seu *self*, sua relação com o mundo e o seu desenvolvimento.

Nesse ponto, sou influenciado por M. Milner (1979) e seu conceito de "ambiente maleável", como base para os processos de simbolização. M. Milner e D. Winnicott (1971) concordam nessa ideia: sem maleabilidade psíquica e corporal, não haveria a criação do espaço transicional.

Também gostaria de inventar minha língua própria, e prefiro nomear como "interludicidade" o encontro gratificante (lúdico) mãe (e/ou pai)-bebê: um dos objetivos fundamentais do bebê e da criança pequena seria encontrar no outro uma maleabilidade lúdica que também lhe permita coconstruir sua vida psíquica: expressar seus desejos, integrar as vivências da mente e do corpo, explorar e tolerar a sua "adaptação" à realidade, e elaborar situações potencialmente angustiantes.

A respeito do valor do brincar na criança, Winnicott realizou enormes contribuições nesse campo, bem como muitos analistas, mas, na atualidade, C. Trevarthen (2013) também ressalta algo muito interessante. Dirá que o bebê possui desde o início uma vitalidade psíquica e uma apetência lúdica para a sociabilidade que organizam a sua vida no mundo.

Por isso, também no campo das consultas terapêuticas, tão desenvolvido nos últimos vinte anos, temos múltiplos casos que demonstrariam como a disritmia, o funcionamento operatório e a ausência de terceiridade e de maleabilidade lúdica contribuem para a gestação de diferentes sintomas no bebê.

Tudo isso nos leva a nos interrogar: como se coconstroem as ditas formas de interação? Poderíamos pensar que haveria uma necessária passagem da intersubjetividade para a interludicidade? Como se daria o dito processo no primeiro ano de vida? O que também seria tentar descrever como age a presença do outro para que o bebê possa depois tolerar sua ausência por meio de recursos simbólicos.

Para isso, elaboramos uma "grade de indicadores de intersubjetividade"[2] que procura dar conta da viagem que o bebê realiza no primeiro ano de vida em seu processo de subjetivação. Também pensamos que poderia ter valor diagnóstico para o processo de subjetivação do bebê. Essa ideia foi desenvolvida em um filme cujo título é: *Indicadores de Intersubjetividad 0-12 meses. Del encuentro de miradas al placer de jugar juntos*.[3]

Grade de indicadores de intersubjetividade (0-12 meses): "do encontro de olhares ao prazer de brincar juntos"
1. Encontro de olhares (sustentação corporal) (0-2 meses)
2. Protoconversações (brincadeiras face a face) (2 meses)
3. Papel da imitação
4. Brincadeira de cócegas e de suspense (3-5 meses)

---

2 Ouvi pela primeira vez a hipótese de pensar em "indicadores de intersubjetividade" do psicanalista Albert Ciccone durante os seminários que ministrou em Montevidéu em 2007; meu agradecimento a este autor. Isso coincidiu com o que vinha sendo minha forma de conceitualizar o papel do outro na subjetivação do bebê. Eu elaborei e publiquei minhas próprias hipóteses a respeito (Guerra, 2009).
3 Filme realizado com o apoio do Comitê Outreach da IPA Montevideo em 2014, que pode ser visto no site do Psynem (http://www.psynem.org/Perinatalité/Clinique-et-Concepts/indicateurs-intersubjectivité).

5. Vocativos atencionais (5-12 meses)
6. Deslocamento no espaço e olhar referencial (5-7 meses)
7. Atenção conjunta e objeto tutor (6-9 meses)
8. Brincadeira de esconde-esconde (8 meses)
9. Sintonia afetiva (9-12 meses)
10. Interludicidade (8-12 meses)
11. Sinalização protodeclarativa e narratividade conjunta (12 meses)

Primeira Parte: Do encontro de olhares à dança das mãos

Primeiro indicador: encontro de olhares na sustentação corporal (0-2 meses)

Na sustentação corporal necessária ao bebê durante a amamentação, realiza-se também um encontro fundamental de olhares. Esse encontro implicará uma busca, uma descoberta potencial entre ambos para iniciar o processo de subjetivação. Busca de um encontro que será o *leitmotiv* de todo o primeiro ano de vida (e mais tarde também).

Na nossa cultura, a partir de diferentes perspectivas, toma-se a troca de olhares como um dos primeiros sinais de encontro afetivo entre as pessoas. Por isso, um primeiro sinal fundamental a observar é a qualidade da interação visual. Se o bebê busca com o olhar ou não, ou se o evita, uma vez que é um dos primeiros sintomas da chamada "evitação", que em muitos casos pode ser um dos sinais precoces de autismo (Picco e Carel, 2002). Em geral, em um ambiente libidinal, existe um fascínio visual como sinal de apego entre um bebê e sua mãe. Também é geralmente uma das primeiras "cartas de apresentação" do bebê no contato com seu ambiente. E, por sua vez, é uma das condições básicas da constituição subjetiva, tanto na normalidade como na patologia, na infância como durante toda a vida.

Citemos um exemplo numa situação patológica como a que relata S. Resnik (1973), a propósito da síndrome de Cotard em uma paciente que não conseguia se ver no espelho, dizendo:

> *Ninguém consegue me ver, nem eu. Eu não existo, não sou uma pessoa. Uma pessoa é alguém que os outros podem ver e que pode olhar para um espelho, então ser uma pessoa significa se ver e ser visto e, portanto, existir... (p. 47)*

Esse fenômeno nos revela que algo da condição humana emerge em e a partir do olhar do outro, que, como já disse Winnicott (1971), funciona como um espelho do *self*.

Nos primeiros tempos, quando o bebê pode ter a iniciativa de manter o olhar no contato com o adulto, essa troca de olhares traz acoplada uma sensação de embelezamento, de experiência próxima a uma emoção estética. Tal fascínio, que implica o orgulho e o desejo de que o bebê reconheça o contato afetivo com sua mãe, poderia ser uma forma de compensar uma das angústias maiores da mãe: o temor de desconhecer seu filho, que este deixe de ser familiar (*unheimlich*, Freud, 1919). É que todo bebê e também todo ser humano têm sempre uma margem de incógnita, de mistério a descobrir, e parte da arte da vida é esse movimento de querer encontrar, descobrir o outro e também respeitar algo desse mistério que o constitui.

Mas, desde o momento do nascimento, há coisas que se dão de forma diferente. Os pais se encontram com seu bebê, que, em parte, é um desconhecido, e precisam ter a ilusão de um saber sobre seu filho. Que ninguém o conhece como eles, já que foram eles que o criaram. Nisso, muitas vezes a mãe toma a primazia do cuidado, desse saber ilusório.

Em grande parte, tudo isso se estabelece a partir de um diálogo no nível corporal que, seguindo as contribuições de J. De Ajuriaguerra, é conhecido como "diálogo tônico" ou "diálogo tônico-emocional" (Ravera, 2008).

No documentário observamos um bebê, Santiago, de 1 mês e meio. Durante o momento da amamentação, procura também o rosto da mãe com seu olhar, e ela está continuamente atenta tanto ao ato de alimentação como a qualquer esboço de comunicação do seu bebê. Contempla-se uma atenção especial da mãe, que, com uma espécie de embelezamento, procura o olhar de seu filho e o acaricia de maneira suave e rítmica na mãozinha e na boca, enquanto diz palavras em um tom muito suave e doce.

Assim transcorre a cena da alimentação até que a mãe, no momento que muda de seio, primeiro pergunta ao filho se tem fome; foi suficiente um sinal sonoro para que ela o tomasse como confirmação da parte do bebê para reiniciar a alimentação, montando assim um diálogo imaginário. Já se dá ao bebê um lugar de interlocutor e protagonista, pois bastou um gesto sonoro para produzir uma mudança no ambiente, que é a mãe.

Após a alimentação, ocorre um momento muito interessante em que ela tenta fazer seu bebê sorrir e, nesse diálogo imaginário, emite uma pergunta e enuncia a resposta imaginária que seu filho lhe diria. A mãe lhe disse: "pequeninho, mostre que já sabe rir", e, mudando de voz, respondeu no lugar dele: "Não, tô cheio, não tenho vontade de brincar!". E ela insiste: "siiim, um pouco sim... bom... esse sorriso sim".

Em um segundo momento, vemos que ela insiste mais, e que o bebê faz um gesto levantando a cabeça para a direita e abrindo os olhos um pouco mais intensamente. Ela o capta como um sinal de regulação, deixa de insistir, e traduz o gesto do filho dizendo: "tá, estou ocupado, estou ocupado". Franze a testa imitando o gesto do filho, como se ele dissesse que não é momento para sorrir.

Essa observação é muito útil para pensar que, muitas vezes, as mães em funcionamento "suficientemente bom" passam do acoplamento rítmico harmonioso, quase sincrônico, com uma sensação de embelezamento, para outro momento em que forçam um pouco o encontro, insistem demais, não se adequando totalmente ao que o bebê precisa. A impressão que poderíamos ter desse momento de interação é que o bebê não tinha desejo de rir, de interagir dessa forma. A mãe parece insistir demais, quase provocando uma situação de hiperestimulação. Mas, nesse encontro, acontece um fato fundamental: o bebê, com um gesto corporal, marca algo diferente a partir do seu lugar. O gesto de movimentar a cabeça e levantar o olhar é traduzido pela mãe como um gesto de regulação. Ela retoma dizendo "Tá, estou ocupado, estou ocupado..." e, como relatamos, realiza uma imitação inconsciente do mal-estar do filho.

Este ponto é muito importante, porque nos mostra que não existe relação perfeita, harmônica. A mãe está errada, pode estimular demais ou de menos o bebê (por conseguinte, é "suficientemente boa" e "suficientemente má"), mas verdadeiramente importante é a presença da "maleabilidade psíquica" para se adaptar à circunstância (R. Roussillon). E isso não apenas pelo fato de que a falha seria inevitável, mas também porque o bebê necessita de um nível mínimo de angústia, adequado e reparável, para poder se separar do objeto. A frustração-desilusão é tão necessária quanto a ilusão de que tudo coincide em seus desejos.

Tronick, em suas pesquisas, mostra que mais de 70% das interações mãe-bebê se tratam de ajuste, de reparação das interações (Tronick e Waimberg, 1997). Assim, demonstrou que, em uma interação normal, os processos de reparação ocupam mais tempo que o restante: "O elemento maior da normalidade das interações é a reparação de erros interativos. Com a acumulação de sucessivas experiências de reparação e a transformação de afetos negativos em positivos, o bebê estabelece um 'nó afetivo positivo'".

Mas às vezes essa reparação não ocorre por diferentes motivos, e essa forma específica de desencontro, que já se observa tão cedo, marca o início de um caminho interativo difícil que pode trazer consequências negativas para o desenvolvimento do bebê.

No capítulo chamado "Passos em falso na dança", D. Stern (1971) mostra, no caso dos gêmeos Mark e Fred, uma situação de desencontro da mãe nas brincadeiras face a face com um dos filhos e como isso teve consequências negativas depois, no processo de separação mãe-filho.

Massie e Rosenthal (1984) também realizaram uma pesquisa em que pediam aos pais de crianças diagnosticadas como psicóticas ou autistas filmes caseiros de situações diárias, para observar como a criança era, por exemplo, três anos antes, quando bebê. Pode-se observar a análise feita de um caso que chamam de Joan, de 3 anos, diagnosticada como autista. Nas brincadeiras face a face dos primeiros meses de vida, já se observavam desencontros importantes; no final da brincadeira havia tal tensão e desarmonia que Joan terminava isolada, confusa, babando, sem prazer nem sorriso em seu rosto. Um elemento importante que consignam os autores é que quem primeiro captou as dificuldades da menina foi a professora do jardim de infância e, a partir da sua insistência, realizou-se a consulta e depois o tratamento. Isso nos fala da importância do jardim na prevenção e na detecção precoce de dificuldades de desenvolvimento, na medida em que se possa fazer um trabalho de equipe.

É evidente que um dos primeiros elementos que desempenham papel diagnóstico é essa semiologia do olhar, que é a base das brincadeiras face a face e das protoconversações.

Segundo indicador: protoconversações e brincadeiras face a face (2 meses)

> *As protoformas dos processos mentais, matéria-prima para Pensar, são essencialmente de qualidade sonora, com um lugar privilegiado a essa voz primeira, matriz da vida do mundo.*
>
> Anastasia Nakov (2004, p. 232)

Protoconversações seriam a experiência pela qual o bebê começa a trocar sons com intenção de se comunicar. Geralmente aparecem nos momentos das brincadeiras face a face, quando a mãe coloca seu bebê perto de seu rosto para poder trocar diferentes formas de comunicação. Descritas por C. Trevarthen (2013), estão presentes nas "brincadeiras face a face" (Stern, 1977) e nas condutas de "controle intersubjetivo" após os 3 meses, em que o bebê atua e observa para ver o efeito produzido, desenvolvendo uma "consciência comum".

Juana Canosa (2008) assim assinala:

> *Muito antes de entender a língua de seu ambiente, o bebê interpreta o adulto utilizando indicadores como a quantidade de fala que dirigem a ele, a entoação e o volume. Sabendo então se quer iniciar um diálogo, se você está aborrecido ou se deseja terminar rapidamente a interação. Os sons produzidos pela criança estão ligados ao sorriso, primeiro indício de comunicação social. Desde o terceiro mês, o bebê imita as melodias e os sons se estes entram em seu repertório de possibilidades. Os pais estimulam a imitação vocal e a recompensam afetivamente quando o bebê a consegue.*

Tudo isso é possível porque o adulto usa uma forma de comunicação verbal primária, regressiva, que chamamos de "regressão de ligação" (Díaz Rossello et al., 1991), já que reativa canais de comunicação primários para "conectar-se" com o bebê e levá-lo para o campo da linguagem intersubjetiva. É um item fundamental porque, por assim dizer, "inicia" a relação fundante (Bekes, 2010) do ser humano com a palavra. Ainda que o bebê descritivamente se encontre em posição de *in-fans* (em latim, "que não fala"), ele está imerso no campo da linguagem, e, quando as mães conseguem estar em consonância (empatia mediante) com os desejos incipientes do seu bebê, elas estão alertas para as emissões vocais do bebê como sinal de vitalidade comunicativa e de "proto"passagem da expressão de emoções do corpo para a palavra.

Muitas vezes, essa forma de interação das protoconversaçoes ocorre no momento das brincadeiras chamadas de face a face. D. Stern (1977) foi um dos precursores em analisar este tipo de interação entre a mãe e seu bebê. Consiste em momentos de encontro prazeroso a partir dos 2 meses em que a mãe, colocando o bebê na frente de seu rosto, começa a falar e brincar com ele por meio dos movimentos de seu rosto e de variações da sua voz. Esse autor as define assim: "Série de episódios de atenção mútua durante os quais o adulto utiliza de maneira repetitiva um conjunto de comportamentos, apenas com variações mínimas de um episódio de atenção mútua para o outro".

Assinalamos a seguir as principais características do que denominamos etapas lúdicas do bebê com sua mãe:

- primeiros olhares mútuos;
- manutenção do olhar como sinal de interação;
- a mãe muda a expressão facial;
- o bebê responde no mesmo sentido e sorri;
- mantém-se e reafirma-se a posição face a face;

- em ritmo próprio e a intervalos regulares, a mãe proporciona comportamentos limitados;
- possuem uma variabilidade limitada para conseguir manter o interesse e fixar a atenção;
- alterna-se com episódios de pausa, sinal de regulação (silêncio comportamental relativo, em que há tanto silêncio vocal como cessação relativa de comportamentos);
- retoma-se a troca com mudanças de ritmo na interação (olhar,
- movimentos de cabeça, vocalizações especiais e tom musical etc.).

Dada a importância desse item, apresentaremos três exemplos diferentes desta experiência.

Filmagem de Emília, de 3 meses, com sua mãe

Emília, com sua mãe, Valentina, começa uma brincadeira face a face como forma de protoconversação. É o típico jogo do Achôo. No momento da troca de fraldas, a mãe tenta fazer sua bebê imitar sua vocalização e repete lentamente as vogais, especialmente o *a*, ao vocalizar AAAACHÔO ... vamos ver ... AAAAACHÔO. Espera a resposta da sua bebê como confirmação de que ela pode entrar nessa estrutura de comunicação, que está pautada pelo encontro de olhares.

A bebê balbucia em um longo gesto sonoro e a mãe o recolhe por meio de um Aaah simmm!... Quando Emília retira sua atenção do rosto da mãe, esta se aproxima uma única vez para dar-lhe um beijinho na barriga, assim consegue que Emília novamente a atenda para continuar o diálogo dessa comunicação compartilhada, intersubjetiva. Podemos então observar como a mãe está muito atenta a qualquer gesto de sua bebê, para incorporá-lo a uma forma de comunicação compartilhada, intersubjetiva.

Filmagem de Vicente, de 2 meses, com sua mãe

Depois da alimentação, Vicente, que se mostra atento e contente, está na cadeira de bebê e a mãe interage com ele. Eles estabelecem uma brincadeira em que a mãe tenta fazê-lo dizer Achôo! O bebê sorri extasiado e começa a "babar". A mãe, com um paninho na mão, passa-o muito suavemente por sua boquinha, ao mesmo tempo que repete ritmicamente e mudando os tons de voz: "baba, baba, baba, ba... ba... ba", estabelecendo uma sincronia entre suas verbalizações e a forma como toca e percorre com o paninho a boca de seu filho. Este gesticula, vocaliza, e a mãe repete em espelho suas emissões vocais. A interação transmite um clima de encontro lúdico e libidinal. Ao finalizar, a mãe acaricia o rosto dele e fala da baba.

Observa-se que a mãe nessa situação usa uma sintaxe simplificada, realçando as vogais, com o uso de um tempo verbal lento, e com picos prosódicos no momento que parece que seu bebê responde. Mas, nesse encontro prazeroso, queremos destacar como a mãe toma a baba do bebê (produção oral) como tema de sua narrativa e a articula de forma brincalhona, porque repete ao menos 20 vezes a palavra baba.

Não só a repete, como muitas vezes a acompanha com uma carícia suave do pano. Assim, a palavra, o gesto do rosto, o tom da voz e a ação motriz se reúnem para celebrar um clima lúdico no encontro.

Destacaremos dois aspectos desse breve encontro: o ritmo e o estilo lúdico de comunicação.

Entre as características da comunicação com um bebê pequeno, encontramos: sintaxe simplificada; parágrafos curtos; sons desprovidos de sentido; deformação de sons; tom de voz invariavelmente acentuado (em falsete); alterações do tom da voz (como se estivesse preparando o bebê para a variedade de sons que o ser humano pode emitir); realce mais intenso das vogais; uso de tempo verbal mais lento (duração mais prolongada das vogais); diálogo vocal imaginário; momentos de vocalização em uníssono, como forma de sincronia.

O ritmo

Assim, praticamente desde o início, consideramos a possibilidade da colocação em jogo de uma "ritmicidade" conjunta mãe-bebê. Nesse caso, a mamãe cria com seu bebê uma estrutura primária rítmico-lúdica, em que a repetição da palavra "baba" contém em si múltiplas variações de tom e da velocidade com a qual acaricia com o pano a boca do seu filho.

Contudo, também é muito importante declarar que o que estamos desenvolvendo não implica deixar de lado que o encontro mãe-bebê forma um "par dialético" com o necessário e fundante "des-encontro". A mãe nem sempre está disponível, nem sempre pode sincronizar de maneira criativa com seu bebê. É absolutamente fundamental que a mãe possa falhar ("ser suficientemente má"), desencontrar-se de forma tolerável para o bebê e para ela própria. Dessa forma, a frustração, o vazio, a falta de completude gerarão também um hiato, um espaço em branco que permitirá ao bebê pôr em jogo seus recursos e também fazer da ausência um eixo fundamental do processo de simbolização.

Experiência lúdica

Esse processo de compartilhar vivências afetivas por meio do corpo e da palavra constitui uma das bases fundamentais para a construção dos processos de simbolização do bebê. E isso também tem uma parceria fundamental do encontro, que é a experiência lúdica. A mãe (ou quem cuida de um bebê), para entrar em relação, modifica radicalmente sua forma de sentir e se comportar. Está exposta à reativação de sua própria história infantil, com seus aspectos conscientes e inconscientes. Vive uma experiência que pode ser maravilhosa (pelo aspecto da criação) e terrível ao mesmo tempo, edificante e cansativa.

Muitas vezes, configura a ilusão de inaugurar uma nova vida, mas que a faz sentir momentos de vulnerabilidade, insegurança, e possível repetição de conflitos e traumas vivenciados no seu passado in-fantil (S. Fraiberg, 1999; Lebovici e Stoleru, 1983; Bydlowski, 1997; Missonnier, 2010, entre outros).

Dentre os múltiplos elementos de mudança, um elemento fundamental é tornar-se mais lúdica. Intui e experimenta que, se modificar seus padrões verbais, corporais e rítmicos, o bebê vai responder e interagir alegremente. E já há muitos anos contamos com a descoberta de S. Freud do valor da brincadeira para o bebê como uma forma de integração das experiências afetivas e de elaboração de situações que ainda precocemente podem gerar angústia.

A brincadeira é um motor de comunicação, de subjetivação e de descoberta de si mesmo e do mundo.

Filmagem de uma bebê "cantando" com a mãe

Nessa filmagem, vemos uma terceira variação das "protoconversações". Nesse caso, as trocas sonoras mãe-bebê são as que ganham prioridade no encontro.

Observa-se na filmagem uma bebê no primeiro semestre de vida, que está mamando, enquanto seu olhar parece estar "preso" no rosto da mãe, que fala com ela. A bebezinha está unida no encontro com sua mãe por meio da boca que mama ao seio materno, sua mão esquerda toca a pele da mãe e seu olhar, sua atenção está presa intensamente ao olhar materno e a suas vocalizações.

A mãe lhe fala docemente e pergunta repetidamente: A teta está boa? Está boa? Siiiim? Após deixar esse espaço em branco, parece que a bebê capta que é seu turno na conversa e emite um prolongado

Ahhhh!, enquanto retira a boca do seio e a mão da pele. Parecem estar unidas agora pela atenção recíproca e pelas vocalizações que vão de uma para a outra. A mãe retoma as vocalizações de sua filhinha, e as imita ou as amplia, configurando uma espécie de canto em dueto.

Num momento, a mãe faz uma variação nessa "conversa", já que repete várias vezes: "he, he, he, he, he, heee... he, he, he, he, he, heeeee". A bebê faz um movimento com o rosto, levanta as sobrancelhas e a mãe lhe diz: "Ah, que surpresa! Que surpreeeeesa! Encontrei uma bebê divina no meio do camiiiiinho". A bebê se afasta um pouco e parece responder movendo para frente seu braço esquerdo, a mãe parece captá-lo porque lhe diz: "Siiiim, encontrei uma bebê diviiiina!". Logo a bebê responde com um prolongado Ahhhh!, e a mãe também, redobrando um encontro impactante cujo cenário agora é a paisagem vocal que coconstroem.

O que chama a atenção inicialmente são as variações sonoras impactantes que, sob a forma de diálogo musical, mostram a espessura afetiva dessa relação. A bebê parece unida a sua mãe inicialmente por três elementos: seu olhar (com atenção concentrada), sua boca pela alimentação e sua mão que toca o seio. Pareceria que a ancoragem ao corpo materno é feita dessa forma para dar início à jornada da interação.

Em um momento, a mãe começa a repetir ritmicamente uma frase pulsante, como o refrão de uma canção: "a teta está bem". Reitera ritmicamente de diferentes maneiras sua frase-melodia e isso parece cativar sua bebê, que, de maneira surpreendente e criativa, deixa de se alimentar, retira a boca do seio e, olhando fascinada para a mãe, passa a interagir em uma brincadeira sonora que cocria com ela. A união deixa de ter uma raiz intensamente corporal, e passam a estar unidas pelo som de suas vozes, que parecem se tocar na superfície do encontro.

O ato nutridor da alimentação biológica dá um salto qualitativo; a nutrição agora é psíquica, intersubjetiva e mútua. As vocalizações da bebê viajam e dialogam com a mãe e, a partir desse encontro, surge a melodia rítmica da díade, com margens de repetição e improvisação como um duelo de músicos de jazz (Gratier, 2001). Esse salto qualitativo, expressão de um encontro intersubjetivo, funcionará como uma das bases dos processos de pensamento. A bebê se descola do concreto e cria outra forma de experiência a partir da voz, prólogo da palavra como ferramenta de encontro simbólico entre os seres humanos.

Isso confirmaria algo que dissemos no início do material, citando B. Golse: "uma das formas que o ser humano tem para nascer para a intersubjetividade é por meio da música do encontro e do diálogo dos ritmos".

Esse ritmo que se estabelece, segundo esse autor, leva a pensar nas trocas afetivas de forma dinâmica e porosa, como representado na pintura de P. Klee *A Virgem e o Menino*.

B. Golse (2010) afirma que, ao olhar a pintura, chama a atenção que:

> *Os traços que parecem construir o corpo do bebê envolvem também o corpo da Virgem. Podemos imaginar que esses traços circulam tanto no exterior como no interior dos dois corpos. Essa pintura seria a metáfora da comunicação no início da vida... O bebê é pensado com uma abertura mais ou menos ampla e complexa ao mundo, na qual o contato não é o invólucro corporal, mas um movimento incessante dos traços que reúnem o exterior e o interior. Essa ideia nos afasta de um invólucro imóvel que protege como paraexcitação.*

Essa análise sutil de B. Golse sobre a pintura como metáfora da interação mãe-bebê nos serve também para pensar a interação que descrevíamos entre a bebê e sua mãe, que se "encontrariam" nos alinhamentos sonoros de suas vozes, como um movimento incessante de abertura para o outro, base da subjetivação.

Isso abrirá espaço para o valor da linguagem tanto como ferramenta de comunicação como de simbolização.

Terceiro indicador: o papel da imitação

Existem elementos que nos fazem pensar que o bebê nasce com uma capacidade inata de preferir o rosto humano como ponto de atenção, a fim de imitar alguns gestos. Como diz Trevarthen (2013), o ser humano e o bebê têm paixão pela companhia, como uma busca especial de contato. Isso permite tirar o bebê do desamparo radical em que se encontra ao nascer, o que Freud chamaria de "desamparo originário" (vivência inscrita no humano e que nos acompanha sempre). A capacidade de imitação do ser humano como tendência inata, que surge cedo, seguiria ao longo da vida e se desenvolverá especialmente nos primeiros anos de vida, para conduzir até os 2 ou 3 anos nas brincadeiras "como se" e aos 4 anos no que se chama de "teoria da mente".

Meltzoff e Moore (1992) demonstraram que existe alguma forma rudimentar de imitação. A idade mais precoce já testada é aos 42 minutos do nascimento. Aos 42 minutos, o bebê observa um modelo enquanto suga um bico não nutritivo. O modelo faz um gesto, como abrir a boca ou mostrar a língua, e o bebê imita. Durante os próximos dois minutos e meio, o infante faz gestos cada vez mais parecidos com os do modelo.

J. Nadel (Nadel e Decety, 2002) afirma que a imitação a partir do nascimento se limita aos movimentos faciais e podem se observar quatro formas: 1. abrir e fechar a boca; 2. protrusão da língua; 3. fechar os olhos; 4. expressões faciais primárias.

Filmagem de Rocío, de 4 meses, com sua mãe

Vemos Rocío interagindo com sua mãe, Florencia. A bebê está apoiada confortavelmente nas pernas da mãe, que oferecem apoio para suas costas, de modo que seus rostos estão simetricamente face a face... Observamos que, em um momento de atenção e relaxamento, ambas se imitam reciprocamente, tanto na abertura da boca como na posição da cabeça e no movimento de encontro. As imagens são impactantes pelos breves momentos de sincronia que executam mutuamente.

Essa experiência, que dura alguns segundos, transmite forte impacto, como se fosse uma dança recíproca; tal como descreveu Daniel Stern. Elas parecem dizer: "É possível estarmos juntas, dançarmos sincronicamente, mas ao mesmo tempo estando a distância, já que quase não nos tocamos...".

Elas se "tocam" com o ato imitativo, que é uma forma de in-corporar o outro, deixá-lo se alojar em seu corpo, em um movimento de aproximação que, em seguida, levará a uma introjeção da experiência e a uma possível separação, uma vez que a experiência é muito breve e a mãe vai dar lugar depois para que sua bebê oriente sua atenção, seu desejo para outro objeto ou espaço.

A imitação poderia ser uma das primeiras formas de figuração de um eu a partir do espelho do rosto do outro. É assim que o rosto materno se torna um espelho dos afetos do bebê, como observou Winnicott (1971), já que assinalava que o bebê reconhece a si mesmo no rosto da mãe como um espelho. Poderíamos então pensar que, no cenário do rosto e do olhar materno, desfilam os afetos como personagens desconhecidos do teatro interno do bebê.

Vemos, desse modo, que esse é um aspecto fundamental para dois elementos centrais do desenvolvimento da subjetivação: a construção do verdadeiro *self* e a regulação dos afetos.

Assim, o poeta O. Paz (1990) dizia que o espelho poderia ser "um asilo seguro da imagem". Como se Rocío dissesse: "há outro fora de mim e o gesto e a emoção que saem de mim são recebidos por você e não se perdem. Quando me são devolvidos, sinto que existo".

Quarto indicador: a brincadeira de cócegas e de suspense.
A dança das mãos (3-5 meses)

Em geral, a partir dos 4 meses, o bebê começa a se divertir com a brincadeira de cócegas. Atividade realizada geralmente no momento da troca de fraldas ou no banho. Veremos a importância dessa atividade e o valor que as tarefas que envolvem o contato com o corpo podem ter para o bebê, o que representa uma revalorização do papel da "auxiliar" do jardim de infância, que, em geral, é quem se ocupa dessas tarefas, muitas vezes considerada de "segundo plano". Ao contrário dessa visão, entendemos que a "auxiliar" deveria ser uma "especialista em linguagem corporal", de forma a dosar a gama de estímulos que o bebê precisa nessas circunstâncias.

Na brincadeira de cócegas, embora no início haja uma repetição previsível, em algum momento a mãe introduz uma mudança. Vamos tomar por exemplo a brincadeira "Vou te comer!".

A pessoa que interage com o bebê geralmente começa com uma proposição verbal: "Vou te comer!". Olha intensamente para o bebê para repetir seu convite, aumenta o tom e a intensidade da voz e finalmente aproxima a boca da barriga do bebê e o beija ou "finge que come". Se o bebê rir com intensidade, essa é sua resposta para continuar a brincadeira. A mãe repete a cena 2, 3 ou 4 vezes. Então, na próxima oportunidade, anuncia verbalmente sua intenção, mas ocorre uma mudança: toca ou morde o bebê numa parte do corpo diferente da série anterior ou "fora de prazo", ou seja, a mudança pode ser de forma, tempo ou espaço.

Se o bebê estiver preparado, esse é um momento de intenso prazer. O que é que emerge? A surpresa, experiência que D. Marcelli (2000) chamou de "microrritmos" em oposição e complementaridade aos "macrorritmos", ou seja, as atividades de cuidado e brincadeira que são repetitivas, previsíveis e que formam a base de continuidade, de segurança do bebê. Essa série lúdica foi analisada magistralmente por D. Marcelli, que afirma que a brincadeira de cócegas inaugura o papel do assombro e da surpresa na vida psíquica do bebê. A mãe introduziria a surpresa nas brincadeiras e, por meio de microrritmos aleatórios e incertos, o bebê pode começar a investir a incerteza de modo que a espera se torne excitante: "a espera dessa surpresa permite o investimento libidinal da tensão crescente que se liga, em seguida, à distensão do riso na brincadeira".

Essa teoria também tem consequências no plano cognitivo, porque essa experiência seria uma das primeiras em que o bebê deve comparar hipóteses temporais e adaptar-se mental e corporalmente ao suspense crescente, ao inesperado, ao que irrompe surpreendentemente. Seria um prólogo do "brincar como se".

Essa experiência aparentemente tão simples tem outros aspectos interessantes para se pensar, por exemplo: a confiabilidade e o suspense.

A confiabilidade no sentido de que um adulto que acabou de conhecer um bebê não vai fazer imediatamente uma brincadeira de cócegas. Ao indagar o tema junto a mães e educadoras, elas nos dizem intuitivamente que não poderiam fazê-lo, pois sentem que o bebê se assustaria ou começaria a chorar, já que ainda não há confiança. Será que isso significa que essa brincadeira marca uma proximidade física e uma forma de intimidade e que, para violar certas regras da brincadeira, o bebê precisa ter certeza da confiabilidade da pessoa?

O suspense no sentido que traz A. Philips (1990), tomado do *Oxford English Dictionary*, que, entre dezenove definições da palavra "tickle" (cócegas), cita: "Em equilíbrio instável, facilmente perturbado ou abatido, inseguro, hesitante, louco, agradavelmente em suspense".

Tomamos esse ponto de que o bebê pode ter uma experiência de estar agradavelmente suspenso, que implica uma "preparação" para a espera e para tolerar a incerteza do que virá, que torna o inesperado menos inseguro ou persecutório.

A brincadeira da mão que faz cócegas

Tomaremos agora outro exemplo interessante do uso das mãos no encontro lúdico, por meio da interação entre Juan, de 5 meses, e sua mãe.

Juan está deitado de costas e sua mãe, na lateral, apresenta sua mão esquerda e brinca de abrir e fechar os dedos enquanto o filho toma a mão da mãe e presta intensa atenção ao espetáculo do movimento. A mãe brinca com variações de intensidade ao abrir e fechar as mãos dele, enquanto vocaliza cada vez que abre um dedo. Então, desliza suas mãos pelo corpo do bebê enquanto canta para ele a canção das mãos. Observa-se como Juan ri e gosta da interação.

Depois a mãe varia o jogo e lhe apresenta um novo tipo de brincadeira, a da "mão das cosquinhas".

Ela coloca sua mão esquerda acima da cabeça, fora do alcance do filho; anuncia em tom lúdico: "Aí vem a mão das cosquinhas... aí vem a mão das cosquinhas!". E sua voz mostra um suspense crescente que é acompanhado por risos e pela atenção intensa de Juan... Abaixa sua mão em direção ao pescoço e à barriga do filho nesse suspense crescente para fazer cócegas nele, que responde com uma risada. Isso se repete várias vezes, com pequenas variações de intensidade; evidentemente há intenso prazer partilhado.

Esses tipos de brincadeira descritos pelo psicanalista Daniel Marcelli (2000) possuem essa característica de "suspense em movimento", de certo grau de descontinuidade que permite brincar com as variações da intensidade (microrritmos).

Devemos recordar que também é uma das tarefas fundamentais do aparelho psíquico do bebê metabolizar os diferentes estímulos que chegam e suas variações de intensidade, bem como "preparar-se" para o advento do novo, do inesperado. Pareceria que esse tipo de brincadeira ajuda o bebê a processar parcialmente esses aspectos da sua vida psíquica e relacional.

Essas brincadeiras seriam um modo de introduzir algo inesperado e torná-lo mais tolerável. A brincadeira de cócegas é um exemplo de como a mãe torna o suspense um instrumento para a integração do inesperado como algo positivo.

A dança das mãos e a maleabilidade

À medida que o bebê se aproxima do quarto/quinto mês, consegue maior segurança na compressão e no uso de suas mãos. Estas passam a ser instrumentos privilegiados de exploração e contato E isso tem um correlato intersubjetivo, porque as mães também começam a usá-las mais como elemento de expressão e de contato com a "canção das mãos".

Filmagem de Rocío, de 4 meses, com sua mãe

Florencia, a mãe, apresenta suas mãos a Rocío, fazendo-as falar e cantando para ela a canção das mãos. Canta com muita suavidade: "Pego uma mãozinha, faço-a dançar, fecho, abro e volto a guardar". Isso cativa a atenção da filha e promove um encontro sutil e agradável ao mesmo tempo.

A mãe lhe apresenta alternadamente primeiro a mão direita, depois a mão esquerda e finalmente as duas juntas. As mãos parecem dançar no ar, movendo-se em sincronia com a canção, e Rocío alterna sua atenção entre o movimento ritmado das mãos e o rosto da mãe que a espelha. Respira-se um clima de relaxamento, prazer recíproco.

Podemos observar uma brincadeira especial de apresentação das mãos da mãe, na qual há uma consonância entre o tom de voz suave, o ritmo da canção e o movimento das mãos que se abrem e se fecham, aparecem e desaparecem. Dessa forma, Rocío viveria uma experiência de transmodalidade na apresentação do objeto (as mãos da mãe) por diferentes vias sensoriais (visual, auditiva, cenestésica, epidérmica), o que a levaria a viver uma experiência de integração do seu mundo sensorial.

Realizamos uma análise quadro a quadro dessa sequência e observamos que, durante os 88 segundos de filmagem, houve cerca de 190 movimentos dos dedos ou das mãos da mãe. Isso nos levou a perguntar sobre a função polivalente que podem ter as mãos no encontro intersubjetivo, elemento desenvolvido pelas psicanalistas Marina Altmann (2007) e Geneviève Haag (2002), ao falar de um "teatro das mãos".

Pensamos que essa "dança das mãos", que observamos também em outras mães, por meio da letra da canção, transmite-lhe o ritmo de abertura e fechamento no contato afetivo. "Pego uma mãozinha, faço-a dançar, fecho, abro e volto a guardar". É uma metáfora do relacionamento com o outro, já que, como diz A. Ciccone (2005), o bebê alterna entre abrir-se para o objeto e fechar-se em si mesmo.

Por outro lado, toda essa variedade de movimentos que observamos permitirá à mãe mostrar que algo pode se transformar, mudar, perder sua forma e se formar novamente. É como se o movimento das mãos fosse uma antecipação corporal da "maleabilidade psíquica" (Milner, 1979; Roussillon, 1991), ou seja, da capacidade (praticamente) infinita de transformação da linguagem e do pensamento. É como se ela lhe dissesse: "Olha, minhas mãos mostram que é possível transformar-se, mudar de forma e voltar a ser a mesma".

A mãe cria múltiplas frases motrizes com o movimento das suas mãos, pois podem conter, acariciar, limitar, mover-se de forma inesperada, surpreender, dar segurança, aparecer, desaparecer, unir-se e separar-se...

E esse é um périplo da subjetivação do bebê no primeiro ano de vida, unir-se e separar-se de sua mãe ou pai e perceber que, estando juntos, podem aprender a se separar. Base que lhe permitirá, junto a outras brincadeiras como a de "esconder", ir elaborando a ausência do objeto, para ter a segurança de explorar os objetos e o ambiente por si próprio.

Quinto indicador: vocativos atencionais (5-12 meses)

A atenção é uma atividade fundamental do aparelho psíquico. Poderia ser definida como um estado em que a tensão interior é dirigida para um objeto externo, uma vez que permite não estar sobrecarregado por estímulos sensoriais, e, ao mesmo tempo, constitui um instrumento fundamental na intersubjetividade. A atenção é uma função psíquica que se coconstrói intersubjetivamente.

Ao captar a atenção do bebê, a mãe procura estabelecer uma forma de continuidade em sua atividade, e também permite que os desejos do bebê se abram para outros objetos que não ela mesma. Isso implica o aspecto ativo da atenção que Freud já desenvolvera.

Numa primeira e breve aproximação ao tema, tomaremos sua etimologia. *Attention* vem do latim *attentio*, de *attendere*, tender o espírito para. Prestar atenção refere-se a três aspectos: tomar cuidado (atenção!); dirigir os sentidos para (por exemplo, "um olhar atento"); cuidar de alguém (tender a atenção a alguém) (Houzel, 1995).

A atenção contempla aqui um processo ativo de um movimento psíquico para um objeto. Essa perspectiva é também a sustentada por Freud (1911):

> *Instituiu-se uma função específica, atenção, que exploraria periodicamente o mundo exterior, a fim de que seus dados já fossem conhecidos antes que se instalasse uma necessidade interior inadiável. Essa atividade acompanha as impressões sensoriais em lugar de aguardar sua emergência.* (p. 15)

Esse "acompanhar" representa eloquentemente a sensação de movimento: enquanto o bebê, nos primeiros meses de vida, não pode se deslocar de forma autônoma, poderíamos dizer que a atenção seria as pernas do seu psiquismo, já que ele viaja, desloca-se pelo espaço atendendo aos objetos. Ou seja, em geral, no contato intersubjetivo, trata-se de "chamar a atenção do bebê" e dirigi-la a uma pessoa ou a um objeto; e assim estará em jogo uma situação de deslocamento. Por meio da atenção, o bebê se interessa também pelo que começa a ser "alheio" a ele, um objeto a distância, a mãe que fala com ele e o chama, a quem ele reconhece e responde com suas primeiras emissões bucais.

Mas vejamos algumas das características da atenção nos primeiros meses de vida de acordo com as investigações realizadas por A. Tardos (1998) na experiência de Pikler-Lóczy.

Características da atenção (A. Tardos)

Atenção sustentada: corresponde ao estado de alerta, de vigília, em que se observa no sujeito:

- aumento do tônus muscular;
- respiração acelerada;
- ritmo cardíaco acelerado;
- aumento da pressão arterial;
- dilatação das pupilas.

Atenção seletiva:

> *Corresponde a uma escolha que vai iluminar determinada informação: a atenção centra-se em um objeto mais preciso e há certo número de estímulos que são rejeitados durante esse período. Expressa-se fundamentalmente por meio de uma reação de orientação do olhar na direção da origem da estimulação sensorial. (Tardos, 1998)*

A partir dos 7 meses, ocorre uma série de alterações em relação à sua capacidade de realizar atividades autônomas.

Características da atenção do bebê na situação do brincar livre de bebês entre 6 e 12 meses

Esta atenção pode ser caracterizada pelos seguintes parâmetros:

- Atenção flutuante, dispersa: observa-se durante momentos de espera, por exemplo, quando o bebê espera seu alimento. O bebê está ativo, olha ao seu redor, ocupa-se dos objetos, dos brinquedos perto dele. É aberto e disponível ao que vem do exterior e a suas próprias sensações corporais.

- Atenção sustentada: o bebê se ocupa de um objeto, de um brinquedo, durante ao menos 30 segundos e pode chegar a 4 ou 5 minutos. Pode também prestar atenção a outros elementos e voltar ao seu ponto de interesse. Os desvios são uma parte integrante do processo de atenção. O bebê que brinca com atenção sustentada está geralmente calmo, contente, interessado. A expressão de seu rosto varia, às vezes vocaliza, expressa seu bem-estar, por período curto, porque volta à sua atividade.

- Concentração: é um momento excepcional de atenção. Por exemplo, um bebê de 8 meses que brinca com um balde de plástico, coloca-o no chão e o arrasta. Percebe outro balde parecido, olha-o atentamente, e logo olha para o primeiro e volta a prestar atenção alternadamente a um e outro. Percebe-se seu interesse na descoberta dos objetos, uma vez que cessa toda atividade, todo movimento, só conta o que foi descoberto. Está concentrado. A concentração dura ao menos 15 segundos e, geralmente, não dura mais de 1 minuto. Nesses momentos o bebê está inteiramente envolvido no que chama a sua atenção. Seu trabalho mental é evidente.

Salvo diferenças individuais, em geral os bebês ficam mais tempo na atenção flutuante e mais limitadamente em concentração.

O bebê que brinca em atenção sustentada evoca os gestos e as experiências anteriores, aperfeiçoa-os com pequenas variações, parece trabalhar sobre um ajuste dos seus conhecimentos.

A alternância das diferentes formas de atenção desempenha um papel importante na organização da atividade do bebê.

Filmagem de Pía, de 6 meses, com sua educadora

Em uma sequência registrada no jardim de infância, veremos como Pía segue atentamente o movimento, o deslocamento da sombra que a mão da educadora faz na parede. Esta convoca a atenção da bebê por meio do movimento de sua mão contra a parede enquanto canta a canção de um macaco que sobe pela parede e depois cai. A bebê parece ter sua atenção cativada pela alternância da voz, do movimento da mão e da sombra que se projeta na parede.

Essa experiência conjuga um aspecto duplo: por um lado, é uma metáfora de que o bebê nessa fase também se movimenta no espaço por meio da sua atenção. Ao olhar para um objeto, a mãe, ou a pessoa que desempenha essa função, capta seu desejo e começa a fazer um comentário ou uma brincadeira. Assim, por meio dessa vivência lúdica, o bebê começa a percorrer os objetos e o espaço com sua atenção, como prólogo do que depois será seu deslocamento motor.

Por outro lado, constatamos novamente como o uso das mãos está a serviço da subjetivação do bebê. Isso nos faz pensar na função fundamental que elas têm como órgão da maleabilidade, da capacidade de transformação, e nas formas de expressão que cumprirão nos outros itens da grade.

Descrevemos algumas das vicissitudes do processo de subjetivação do bebê nos primeiros seis meses de vida. No primeiro encontro de olhares, o bebê teve como prioridade descobrir o prazer do contato com a mãe, ou quem cuida dele, para poder construir o vínculo libidinal que dará abertura à noção de corpo erógeno. No final do primeiro semestre, vemos como a atenção pode ser ao mesmo tempo uma ponte de ligação e de separação, uma vez que permite ao bebê incursionar por outros espaços além da superfície do corpo materno.

A partir de tudo isso, serão observadas enormes mudanças em sua potencialidade de estabelecer um contato com o outro e cocriar sua experiência emocional.

Segunda Parte: Indicadores de intersubjetividade de 6-12 meses: do deslocamento no espaço ao prazer de brincar juntos

Sexto indicador: deslocamento no espaço e olhar referencial (6-8 meses)

A partir do sexto mês, ocorrem mudanças fundamentais no desen-volvimento do bebê, fato que M. Klein (1935) já destacou há muitos anos com a integração da posição depressiva no desenvolvimento emocional do bebê. De outro ângulo, podemos também dizer que a possibilidade de ficar sentado implica uma mudança notável em sua posição no mundo. Além disso, muitas vezes é o momento em que se modifica seu estilo de alimentação, com o início da ingestão de alimentos mais sólidos, e começa o uso da colher e as iniciativas na alimentação (Hoffman, 2001). Por outro lado, também a partir daí o bebê começa a se deslocar no espaço por meio do engatinhar.

Filmagem de Francesca, de 7 meses, e seu pai

No vídeo, observa-se a bebê Francesca, que o pai estimula a desen-volver o engatinhar.

O pai quer chamar a atenção da filha lhe mostrando um brinquedo que bate suavemente no chão, procurando que ela vá buscá-lo.

Ele insiste suavemente chamando-a pelo nome. Francesca olha para ele com atenção, olha para o objeto e percorre o espaço com o olhar como se verificasse a distância que os separa. Antes de se lançar ao espaço em busca do objeto, repete várias vezes seu olhar em relação ao rosto do pai. A bebê parece calma e toma seu tempo para iniciar o movimento. Lança-se com os braços para a frente, fica nessa posição e lentamente começa seu deslocamento no espaço que, de início, é hesitante, uma vez que, para coordenar os movimentos de braços e pernas, apalpa o chão com as mãos, enquanto alterna o olhar entre o objeto e o rosto do pai. Engatinha lentamente e pega o objeto, enquanto a voz do pai parece lhe dar alento para o movimento. Quando pega o objeto, retrocede um pouco, o pai festeja e a cumprimenta com intensidade pelo feito alcançado.

Esse exemplo é extremamente ilustrativo porque nos mostra como o outro participa na realização da subjetivação que a bebê desenvolve. Seu deslocamento no espaço é assistido pelo olhar e pelo estímulo do pai, mas ele a deixa seguir seu tempo para avançar em seu próprio ritmo para a nova experiência. Poderíamos dizer que entre ambos funciona uma espécie de "negociação". Às vezes, parece que o pai pressiona para a bebê se mover e a estimula diretamente e, por sua vez, ela parece ter uma forma de confiança em si mesma e no vínculo, porque o olha com muita tranquilidade, para e se lança ao deslocamento, engatinhando no seu próprio tempo.

Há muitos anos, a perspectiva de Pikler-Lóczy nos tem ensinado a importância de respeitar o tempo do bebê, suas mudanças de postura e seu deslocamento no espaço (Pikler, 1984).

É verdade que, em nosso exemplo, o pai parece muito interessado no deslocamento e até poderíamos pensar que haveria determinada situação de exigência para a bebê. Mas, em outras filmagens, observamos uma atitude de espera do tempo da bebê, tanto por parte do pai como da mãe. É interessante notar que o pano de fundo sonoro da filmagem feita em casa é uma canção infantil com uma melodia muito suave, que é a história da tartaruga Manuelita, que um dia decide sair da sua casa e da sua cidade natal Peguajó rumo a Paris. A canção narra sua viagem lenta e decidida; talvez pudéssemos interpretá-la como a percepção de um momento de separação, de "aventura no espaço", para a filha empreender com o engatinhar. No vídeo observamos o valor do "olhar referencial". Cada pequena mudança que Francesca vai fazer em sua postura corporal se correlaciona com um olhar para os olhos do pai, para indagar a espessura afetiva do novo que vai acontecer. Poderíamos definir essa experiência como o processo por meio do qual uma pessoa de qualquer idade, ao se defrontar com uma situação de insegurança, olha para outra pessoa para ver o que a expressão emocional mostra, para ajudá-la a resolver essa insegurança e agir em consequência. Essa simples atividade, que às vezes dura pouco tempo, é um indicador importante, porque mostraria que o bebê toma o olhar do outro como referência de segurança, que, diante do novo ou perigoso, ele precisa comparar sua impressão emocional com o sentido dado pela mãe ou educadora por meio do olhar e da expressão do rosto.

O "olhar referencial" também faz parte das funções de espelho do rosto do adulto que cuida do bebê, e é indicador do nível de confiabilidade no outro. Quando aparecem distorções importantes no vínculo, observamos que muitos bebês são mais temerários, e se lançam intensamente à experiência nova sem o apoio do outro. Parece que se sustentam na intensidade sensorial e muscular da experiência. Transformariam incerteza em intensidade, sem possibilidade de metabolização psíquica, estabelecendo assim as bases de uma forma de inquietude-hiperatividade que denominamos "falso *self* motor" (Guerra, 2015b).

Sétimo indicador: atenção conjunta – objeto tutor (6-9 meses)

À medida que o bebê se aproxima do oitavo mês, acontecem mudanças muito importantes. Uma delas é a atenção conjunta, que seria a capacidade de orientar seu olhar para o mesmo objeto que o parceiro com quem interage. O bebê procura captar a atenção do outro (geralmente a mãe) com o objetivo de obter um objeto desejado, ou de compartilhar algum interesse. Trata-se tanto de uma experiência intersubjetiva como de uma forma de descoberta e procedimento de designação. Bruner (1986) nos diz que atrair a atenção dos outros para um foco comum é um fato muito difundido na ordem dos primatas. Acrescenta que o homem é o único a lidar com a atenção conjunta simplesmente solicitando e oferecendo por meio de índices, ícones e símbolos.

O bebê se mostra muito mais interessado nos objetos com os quais deseja realizar ações e demonstra esse interesse por meio da sua experiência de atenção com a mãe. A mãe, por sua vez, mostra-se mais aberta ainda com seu desejo de que seu bebê se interesse por objetos terceiros, que não sejam seu corpo nem o corpo do bebê. A partir da captação da intencionalidade e da atenção do bebê, ela os apresenta muitas vezes de forma lúdica. Dessa maneira, o universo do bebê se amplia, passam a ter importância esses objetos terceiros que são apresentados pela mãe e simultaneamente descobertos pelo bebê.

A atenção conjunta como evento intersubjetivo será em parte determinada pela característica afetiva que o ambiente adulto põe em jogo. Desse ponto de vista, podemos afirmar que existem duas formas diferentes de atenção conjunta: atenção conjunta operatória e atenção conjunta transicional. A atenção conjunta operatória é aquela na qual a mãe presta atenção no que o bebê presta atenção, mas no momento não introduz nenhuma experiência lúdica, tampouco usa a narratividade (inaugura uma pequena história ou conto em relação a esse objeto). Seu cuidado é operatório: está atenta, mas sem infiltração fantasmática. Parece uma ação sem muita espessura psíquica nem possibilidade de brincar. Por sua vez, é bem diferente a situação em que a mãe tem possibilidade, por seus próprios recursos interiores, de captar os pontos de interesse dos objetos aos quais o bebê presta atenção (forma, cor, conteúdo, som). Ela os "apresenta" de forma lúdica, narrativa e rítmica, de modo a poder criar uma "frase lúdica" em um processo de "atenção conjunta transicional", que permite a abertura para o espaço intersubjetivo.

Filmagem de Manuel, de 9 meses, e sua mãe

A interação apresentada no vídeo, entre a mãe Adriana e seu bebê Manuel, mostra vivamente esses aspectos.

Mãe e bebê estão sentados no chão frente a frente. Manuel presta intensa atenção na mãe e tem as mãos apoiadas em suas pernas. Ela lhe apresenta um objeto muito utilizado por eles: taças tibetanas, um instrumento de percussão que, ao ser tocado, emite uma vibração sonora especial. Quando os traz e Manuel os olha, parece reconhecê-los e a mãe registra dizendo: "Gosta?". Repete isso de forma lúdica e com certo suspense.

O bebê faz um gesto como se dissesse: "Sim". Então ela se aproxima e dá um golpe um pouco mais forte, provocando um som especial. Manuel sorri, olha para a mãe, olha para o objeto e depois olha para o teto como se procurasse o som que se expande pelo espaço. Parece querer falar com o som emitindo um: "ehhhh", depois olha para a mãe e emite novamente um "ehhh", e a mãe responde com um "sim", com a expressão do rosto.

Ela volta a bater no objeto, que produz outro som, e ele olha para ela, então ela aproxima as taças dele, que as pega e procura imitar o gesto da mãe, querendo provocar um som com um golpe.

Depois de um tempo, a mãe lhe apresenta dois pequenos pratos que produzem um som agudo ao se chocar. Manuel ri, olha-a nos olhos e emite um "ehhh", movendo também os ombros; ela responde da mesma maneira, tanto vocal como corporalmente.

A mãe nessa situação apresenta ao bebê esses objetos musicais, que parecem propiciar uma experiência de atenção concentrada especial, diferente da mobilidade habitual nessa fase. Essa forma de apresentação lúdica se manifesta por meio da colocação em jogo de uma forma de suspense na voz e na sua gestualidade. Por sua vez, está muito atenta às reações do bebê para devolvê-las de forma especular. Nesse encontro propiciado por esses objetos, mãe e bebê cocriam, a partir da atenção conjunta, uma experiência lúdico-musical.

Poderíamos postular a hipótese de que, a partir desse diálogo de atenções e com a disponibilidade lúdica materna, o bebê fortalece mais seu desejo de explorar outros espaços; assim, os objetos passam a ter um valor especial no processo de simbolização.

Esses objetos que são plurais vão tendo um investimento especial porque são marcas de encontros prazerosos, nesse caso entre a mãe e o bebê. Em Manuel, pudemos observar que esses objetos, as taças tibetanas, têm importante valor de ligação entre a mãe e o bebê. A mãe tinha relatado que Manuel muitas vezes se diverte sozinho com esse objeto e com os sons que produz. Assim, ela pode se retirar do espaço em que está, porque o bebê se diverte e "fica acompanhado" das taças.

Os objetos podem ser diferentes para cada bebê: um livrinho, um boneco de pelúcia, um carrinho, uma bola, e às vezes variam. O ponto importante para ter em mente é que, por meio desses objetos, o adulto e o bebê cocriam uma experiência emocional comum. Dizemos que são objetos impregnados pela história de um encontro e são testemunhas desses encontros. São objetos diferentes do objeto transicional porque o objeto transicional é único e escolhido pelo bebê, e esses objetos são plurais e coapresentados, codescobertos pela mãe e pelo pai e, às vezes, pela educadora com o bebê no centro de educação infantil. Impregnados de histórias e testemunhas de um encontro, esses objetos têm um valor especial; às vezes, quando a mãe se retira, o bebê fica brincando com essa série de objetos. Por isso nós os denominamos "objetos tutores", porque transmitiriam, no início dessa experiência, uma vivência de continuidade do cuidado. Tendo o objeto consigo, o bebê sentiria que tem também algo do outro que ficou nesse objeto. Esse objeto foi tocado, narrado, foi envolvido pelo olhar atento da mãe, e por meio da presença do objeto seria possível tolerar a ausência materna.

Por isso postulamos a ideia de que a capacidade de estar só, teorizada por Winnicott, não é apenas ficar sozinho "na presença da mãe", mas seria a "capacidade de estar só na presença de objetos tutores", que testemunham o encontro com a mãe e tornam sua ausência mais tolerável.

Oitavo indicador: brincadeiras de esconder (8 meses)

Aproximadamente a partir dos 8 meses, o bebê e sua mãe começam a brincar de esconder, o jogo de "tá-não tá". Essa brincadeira marca um momento estruturante fundamental: o surgimento da angústia do oitavo mês descrita por R. Spitz (1947) como segundo organizador do psiquismo.

A partir do momento subjetivante em que o bebê reconhece que o rosto de outros se torna estrangeiro e diferente do de sua mãe, ele expressa isso por meio da manifestação de angústia. Para tal, seu aparelho psíquico cria uma alternativa elaborada: brincar de esconde-esconde, brincar com a ausência estando presente o objeto de seu desejo. Esse aspecto paradoxal mostra o esforço do aparelho psíquico para brincar com o "não", como forma de elaborar a ausência materna (Casas de Pereda, 1999).

Vejamos um exemplo da brincadeira de esconder entre Francesca, de 9 meses, e sua mamãe Cecilia. Na cena lúdica encontramos a mãe com sua bebê e um pano. A mãe diz: "Onde está Fran? Onde está a bebê?", e a cobre com um pequeno pano que cobre tampa seu rosto. A mãe prossegue: "A bebê não está aí? Hein? Fran não está? Onde está?". A bebê permanece coberta por um curto espaço de tempo. Fica em espera, na expectativa.

A mãe levanta o pano e diz: "Ela está aquiii!". Observa-se um encontro emocional intenso, com alegria compartilhada e olhares que se cruzam.

A brincadeira se repete em várias oportunidades, e em alguma situação é a própria bebê quem se coloca e retira o paninho em seu tempo, ou é a mãe quem se esconde e pergunta "onde está a mamãe?".

A brincadeira de esconder se mostra rica em significados, dos quais poderíamos extrair ao menos cinco pontos:

1. Trabalho sobre a ausência do objeto. A ausência pode ser dominada pelo eu, já que se torna fonte de gratificação libidinal intersubjetiva. O bebê brinca prazerosamente com o que teme: o desaparecimento do contato com sua mãe. Marca a possibilidade de começar a investir na ausência como algo tolerável e a incorporar a noção de objeto interno. Seria, por assim dizer, um prólogo do jogo do *fort-da* descrito por Freud.

2. Importância do "não" e do suspense. Na brincadeira, o surgimento do "não" se instaura como uma brincadeira com a proibição e com o negativo, elemento em definitivo de separação e corte. O "bebê não está" é geralmente seguido de um momento de silêncio e espera tensa, de modo a produzir um aumento de tensão, nesse caso agradável.

3. Valor do enigma. A pergunta que a mãe faz, "Onde está o bebê?", tem valor de enigma. O bebê se encontra em silêncio verbal, em

suspense desejante, esperando o reencontro. Há um enigma que a mãe coloca em jogo, que seria o corolário materno do que J. Laplanche (1987) apresentou como "significante enigmático" do lado do bebê. Pensamos que também o bebê carrega um senso de enigma para a mãe, e que esse grau enigmático que possui também é fonte de trabalho psíquico na mãe.

4. Júbilo do reencontro. No momento final do reencontro, há um reencontro visual, corporal e de sintonia afetiva com a intensidade da vivência afetiva. Essa pequena explosão de emoções mostraria ao bebê que é possível superar a angústia, porque no final da história se encontra o objeto pleno de desejo. Poderíamos pensá-lo também como uma forma de "narrativa lúdica", na qual, como na maioria dos contos infantis, desenvolve-se uma intriga, com um conflito e um final feliz, reassegurador.

5. Ritmo oscilante. O desenvolvimento da trama narrativa do jogo se configura com um movimento de aumento e diminuição da excitação pulsional. Movimento que tem uma qualidade rítmica em parte previsível (continuidade), mas que em cada ocasião se modifica parcialmente (descontinuidade).

Filmagem de Rocío, de 7 meses, com sua mãe

Observemos novamente a bebê Rocío em situação de interação brincalhona com sua mãe, Florencia. Ambas estão sentadas frente a frente e a mãe coloca as duas mãos no seu rosto, cobrindo-o, escondendo-o, enquanto diz: "Onde está a mamãe, Rocío, onde está a mamãe?".

Rocío levanta suas mãozinhas, dirige-as até as mãos da mãe, retira-as e, assim, descobre o rosto da mãe que estava escondido, enquanto a mãe diz: "Sim, a mamãe está aqui!". Nesse momento, observa-se um júbilo intenso em ambas.

A brincadeira se repete com pequenas variações e na terceira chance observa-se que Rocío, no momento em que descobre a mamãe escondida, abre sua boca e olhos com intensidade, como se antecipasse alegremente o que vai descobrir, "oferecendo" à mãe seu rosto iluminado. O encontro de olhares é intenso, jubiloso e emocionante.

Nessa sequência, é a mãe que se esconde e a bebê que a descobre. Brincadeira muito comum e sutil ao mesmo tempo, porque marca como a mãe e a bebê ensaiam a permanência do objeto e, ao mesmo tempo, mostra simbolicamente um fato fundamental: a mãe também precisa que sua filha a descubra como mãe. Ou seja, a mãe é confirmada como mãe quando há um filho ou filha que a procura libidinalmente e confirma a validade da sua função.

Como já vimos antes, se Winnicott nos trouxe o conceito de que o bebê sozinho não existe, podemos incluir também o outro lado da moeda: a mãe sozinha não existe. Ambos formam um vínculo que está atravessado por encontros e desencontros, por gratificações e frustrações. Mas, embora a ausência conceda espessura psíquica ao trabalho de representação, se não existirem essas experiências felizes no encontro, que confirmem a validade da iniciativa e do movimento de busca de ambos, a vida psíquica perderia vitalidade, movimento, fertilidade associativa. E isso é válido tanto para a mãe como para o bebê.

Em relação a isso, do ângulo da experiência que a bebê vive, queremos destacar dois aspectos: por um lado, esse movimento de busca que coloca Rocío em jogo pode ser uma forma de mostrar vivamente o que M. C. Laznik (2012), tomando conceitos de Lacan e Freud, denomina "terceiro tempo do circuito pulsional", o momento fundamental em que o bebê se oferece como objeto de desejo do outro que cuida dele, elemento muito ausente na patologia precoce de bebês com isolamento autista. E, por outro lado, o encontro lúdico que envolve descobrir o rosto materno poderia ser também uma forma de investigar o interior do objeto. Ou seja, seria a marca da entrada na "tridimensionalidade", como parte do que D. Meltzer (Meltzer et al., 1975) denominou "conflito estético", como interrogação sobre o mistério do interior do objeto.

Isso estaria na base da pulsão epistemofílica ou desejo de conhecimento, e um de seus pilares seria a potencialidade de incursionar em um mistério, em algo oculto, em algo a revelar que, embora parta de uma experiência de perda, pode se tornar o prazer de um encontro.

Nono indicador: sintonia afetiva (9-12 meses)

Francesca, de 10 meses, encontra-se interagindo em frente a seus pais com uma bonequinha que ocupa sua atenção e ela a manipula com muito interesse, passa-a de uma mão à outra, então parece que toca o rosto da boneca com suavidade e sorri. Repete essa brincadeira várias vezes e, aparentemente com alegria e ternura, passa em seu rosto o rosto da boneca. Ao mesmo tempo, olha para sua mãe, que lhe diz também com alegria e ternura: "Siiiim, liiinda a boneca... liiinda!". E faz um gesto que acompanha a intensidade afetiva e a surpresa com a qual vivem a situação. A pergunta tem um tom enunciativo, de acentuado suspense. A bebê parece transmitir que se sente muito bem com o enunciado materno, porque a olha ainda mais intensamente com um grande sorriso no rosto.

Então Francesca faz um grande esforço para se levantar, agarrando-se à cadeira em que o pai está sentado. Ele não intervém com seu corpo, mas com o olhar parece acompanhar o esforço dela para conseguir uma nova posição do seu corpo no espaço. O olhar de Francesca está preso ao olhar do pai e ela sorri para ele. Quando consegue se levantar, solta as mãos e, em equilíbrio precário, olha para o pai com intensidade, o pai com a mesma intensidade diz-lhe: "Siiimm, conseguiu! Muito beeem!".

A sintonia afetiva é uma experiência muito próxima do surgimento da atenção conjunta. É a experiência de compartilhar um estado afetivo, uma experiência de mutualidade que abre ainda mais a via da intersubjetividade. O bebê já plenamente mergulhado na intersubjetividade tem avidez enorme de contato social, imita alguns gestos dos adultos, o que produz enorme prazer a ambos. Em geral, de acordo com D. Stern (1985), é uma atividade que se realiza a partir da iniciativa do bebê, que, ao explorar um objeto e tentar brincar com ele, mostra por meio de um gesto ou de uma vocalização a intensidade emocional com que vive o evento.

No nosso exemplo, a mãe que está "sintonizada" com a bebê responde, sem imitá-la, mas se acoplando com a mesma intensidade afetiva com que ela viveu a situação. E o faz com intenso gesto de acompanhamento vocal com uma aura de surpresa. O ponto-chave da experiência é que a forma de emissão das vocalizações maternas estaria na mesma gama de intensidade do que a criança sente, mas expressa de outra forma, por outra via, com a palavra, e não pelo movimento. A bebê vive algo parecido enquanto para e seu pai reage, habilitando a descoberta de Francesca a respeito do seu corpo no espaço, enquanto sintoniza afetivamente com a experiência que sua filhinha vive.

Em relação a esse tipo de experiências, P. Mazet (1992) sugere que a curva prosódica (nesse caso, do pai) segue também a curva dos movimentos do rosto do bebê. Não se trata de simples imitação, mas de transposição intermodal (para outro modo de expressão), geralmente inconsciente, que permitiria ao bebê uma experiência sutil de compartilhamento afetivo. Assim, nesse caso, Francesca vai descobrindo progressivamente que as coisas que sente podem se expressar de maneiras diferentes, sendo um ponto fundamental também na construção dos processos de simbolização. Mas a integração dessa experiência não pode ser tomada como mero avanço comportamental, uma vez que por si só mostra-nos que já foi ocorrendo a integração progressiva e dinâmica de outros itens dos indicadores de intersubjetividade e, especialmente, de ritmicidade e atenção conjunta. Sem ritmo comum, sem atenção em comum, o bebê não pode acessar a sintonia afetiva, que além disso indicaria que o bebê já viveu com o outro uma forma de comunidade de interesses que pode ser expressa, por exemplo, pela semiologia do olhar.

Em relação a isso, D. Marcelli (2000) nos diz:

> *Na dança rítmica, verdadeira dança relacional, as trocas de olhares desempenham um papel de farol: são a luz da díade, seu guia. Um olhar rápido compartilhado para significar compromisso, um desvio dos olhos para falar da necessidade de um tempo de pausa, um pseudodesvio com um olhar de relance para esboçar uma piada ou diversão etc. (p. 129)*

Na descrição da primeira parte da interação com a mãe, podemos pensar que a interação visual com cada um de seus pais funcionou como farol-guia de sua experiência emocional.

O próprio D. Stern (2004), quando descreve a experiência de "sintonia afetiva" do bebê Joey no *Diário de um bebê*, diz que os eventos vitais ocorrem no rosto e nos olhos de Joey, que se abrem e fecham em um movimento suave, em um instante. E Joey cuida muito bem de mostrar esses acontecimentos para sua mãe como sinal. Os acontecimentos invisíveis são as sensações íntimas de entusiasmo que residem em partes do corpo e da mente que não são o seu rosto.

Podemos dizer que ambos os pais de Francesca transmitem sua captação das sensações íntimas de entusiasmo, que são correspondidas e partilhadas.

D. Stern afirma que a importância dessa experiência reside no fato de que, por meio dessas íntimas coreografia e orquestração emocionais, vivenciam-se sentimentos em qualquer idade. De certa forma, o rosto atua como tela de sombras em que se projeta o drama íntimo do ser humano.

Décimo indicador: interludicidade, as transformações do final do primeiro ano

Tomando esses elementos, poderíamos concordar com o fato de que, no final do segundo semestre de vida, ocorre uma verdadeira revolução no mundo do bebê. Diferentes teorias tentam dar conta disso e surgem processos como: "atenção conjunta" (Bruner, 1986; Tomasello, 2004), acesso mais pleno à posição depressiva (Klein, 1935), terceiro tempo do circuito pulsional (Laznik, 2005), angústia do oitavo mês (Spitz, 1947), brincadeira de esconder, sintonia afetiva (Stern, 1985), intersubjetividade secundária (Trevarthen, 2013), objeto tutor (Guerra) e início do deslocamento no espaço, os quais conformariam um momento fundamental de subjetivação do bebê.

Investigações de S. Maestro e F. Muratori (2008) e de M. C. Laznik, S. Maestro e E. Parlato (2005) mostram como muitos bebês que se tornaram autistas ou com características autistas, nessa etapa de 8-12 meses, mostravam mais claramente sua tendência para a retirada e uma diminuição significativa nas iniciativas que manifestam seu desejo de encontro. Faltaria a "eclosão" de intersubjetividade, com a pluralidade de iniciativas-chamados ao outro, presentes no bebê "normal".

Entre outras coisas, agora o bebê pode alternar claramente entre a atenção à mãe (ambiente humano) e a atenção aos objetos. A mudança fundamental é que agora os objetos são incluídos nas interações sociais, como objetos para compartilhar com o outro. Além disso, o bebê passa de um padrão social simples às interações sociais mais complexas de tipo triádico (Maestro e Muratori, 2008). E segundo as investigações de M. Tomasello (2004), com a consolidação da "atenção conjunta", o bebê seria capaz de compreender as outras pessoas como sujeitos que realizam ações com um objetivo e de partilhar esses objetivos, interagindo de forma triádica.

Dessa maneira, abre-se um universo de experiências e de sentidos diferentes em relação ao brincar. Muitos autores abordaram o tema do brincar do bebê em relação com o outro como uma das bases do processo de subjetivação e da sua vida simbólica (Klein, 1929; Milner, 1979; Golse, 2004; Fédida, 1978; Anzieu, 2000; Winnicott, 1971).

Pessoalmente, considero que se inaugura mais claramente uma forma nova de interação com o outro, que poderíamos designar como "interludicidade", entendida como a disposição mental para tomar o outro como parceiro lúdico de uma experiência intersubjetiva.

Para isso, avaliaremos uma brincadeira que a bebê Francesca de 10 meses cocriou com seu pai Pablo.

Filmagem de Francesca, de 10 meses, com seu pai

Francesca está sentada em uma cadeira que tem uma mesinha acoplada. O pai se aproxima com um livrinho de tecido na mão, senta-se ao lado dela e diz, olhando-a nos olhos, de maneira lúdica: "Francesca, não jogue fora! Hein! Não jogue fora!", e o entrega na mão dela. A seguir, ele gira e se senta ao lado dela numa cadeira, dando-lhe as costas, enquanto passa a prestar atenção ao computador.

Francesca olha para ele com jeito malicioso e, quando ele se vira e já não a olha, com um sorriso, joga o livrinho no chão, e o pai se vira e a olha surpreendida, dizendo intensamente surpreso: "Francesca, o que você fez? Não se joga, não se joga" (com um sorriso no rosto).

Nesse momento, a bebê explode em gargalhada e o pai responde com um amplo sorriso.

A brincadeira se repete várias vezes, o pai finge estar com raiva, levanta o livrinho do chão e repete a frase: "não jogue fora!". Enquanto isso, os olhares de ambos revelam malícia cúmplice.

Após a quarta tentativa, o pai faz uma primeira modificação da brincadeira, que é colocar o livrinho na cabeça da filha. Ele lhe dá as costas, ela olha para o livro, olha para a TV que estava ligada e o imita, colocando o livrinho em cima da cabeça.

Já no final da interação, Francesca volta a olhar para o pai maliciosamente, chamando-o para retomar a interação. O pai volta a repetir os enunciados verbais que faziam parte da brincadeira: "Não jogue!", sem a participação do objeto. Ele se aproxima e se afasta ritmicamente e, finalmente, a brincadeira se encerra quando o pai a beija.

Um primeiro aspecto interessante é que o vínculo se estabelece quase sem contato físico: o prazer do encontro se dá por meio da palavra e do brincar com um objeto, em que parte do processo de subjetivação está no "brincando" com o outro e se gesta um suporte afetivo, quase tão importante como a sustentação física.

O pai ensaia uma brincadeira que seria algo semelhante a "brincar de proibir deixar cair algo". O notável no início é o olhar malicioso de Francesca, que mostraria conhecimento implícito das regras dessa brincadeira, já que antecipa a cena lúdica e o prazer que esse encontro geraria. Pai e filha cocriaram uma estrutura lúdica que, na forma de roteiro teatral, interpretam juntos no cenário do encontro. Sem dúvida há um elemento fundamental que o pai põe em jogo, que é a plasticidade da expressão emocional do seu rosto, as variações dos tons de voz e a expressão de surpresa, o que demonstraria a sua disponibilidade lúdica.

Assim, primeiro o pai anuncia verbalmente que vai entregar um objeto que ela não deve jogar, e Francesca sabe que a segunda regra da brincadeira é esperar que ele se vire de costas para atirar o objeto no chão.

O terceiro passo seria que, quando o pai se vira e vê o que aconteceu, reage de forma intensa, marcando especialmente a emoção. Então, ambos finalmente explodem em gargalhada. Essa é a estrutura da brincadeira que repetem várias vezes com pequenas variações.

É importante salientar que as reações e os tons de voz do pai, que parecem exagerados, são característicos na maioria das interações nas brincadeiras com um bebê. Esse exagero, que agora pareceria mais notório, faz parte de um aspecto fundamental que o investigador G. Gergely e o psicanalista P. Fonagy (1990, 2000) denominam "marcação de afetos". É justamente por meio desse exagero gestual que a bebê tem possibilidade de reconhecer que o seu pai representa algo que não é estritamente o que ele está sentindo. Esse exagero estabelece a base do "como se", que é a essência do jogo simbólico. Nessa brincadeira, o pai, por meio do seu exagero, faz "como se" estivesse zangado com ela, e Francesca sabe que o pai simula estar zangado. O cenário já deixa de ser corporal para passar ao plano mental, base de processos de simbolização. A brincadeira é também uma forma de variação do brincar de perder algo e uma variação da brincadeira com o não e a proibição. As proibições que em realidade o pai lhe transmite são agora objeto de um jogo de elaboração mútua.

Poderíamos nos perguntar: que tipo de experiência vivem? Que tipo de experiência cocriam?

Winnicott nos deu o conceito de espaço do brincar como espaço transicional, mas também podemos pensar do ângulo do compartilhamento emocional. Agora ambos compartilham e cocriam um encontro intersubjetivo por meio de uma brincadeira elaborada de forma recíproca. Por isso pensamos em denominá-lo interludicidade. Salto qualitativo estrutural permeado pela terceiridade, base fundamental da simbolização.

Essa experiência no bebê, que aparece principalmente com seus pais, pode ser estendida a outros cuidadores. Como hipótese, poderíamos discriminar dois momentos estruturantes complementares: a "interludicidade primária" (entre os 9 e os 12 meses) e a "interludicidade secundária" (entre os 18 e os 24 meses), momentos em que a palavra cumpre uma função fundamental nas experiências intersubjetivas e interlúdicas.

A "interludicidade primária" se expressaria na disposição de compartilhar encontros gratificantes, expressos em diversas formas de ritmicidade, atenção, imitação e narratividade conjunta, que possuem regras implícitas suficientemente maleáveis para fornecer um quadro seguro para a excitação que o bebê vivencia e a apropriação do inesperado.

A interludicidade primária se expressaria basicamente de duas formas:

- por meio da cocriação de experiências lúdicas centradas no corpo (brincadeira de cócegas, esconde-esconde, de índio etc.);
- por meio da cocriação de experiências lúdicas com o uso de objetos e brinquedos "coapresentados" pelo bebê e por sua mãe.

Essa experiência não é apenas um momento emergente da interação, mas fundamental na abertura aos processos de simbolização antes da marcha.

Em nossa experiência pessoal no campo das consultas terapêuticas, torna-se um objetivo especial patrocinar o encontro pais-bebê nesse cenário lúdico. Diríamos que é a "via régia" para o encontro interpulsional pais-bebê, que possibilitara o surgimento de recursos simbólicos que promovam "a capacidade de estar só", tal como D. Winnicott veio mostrando.

Em muitos casos, observamos que nossa função seria também a de "guardião do brincar", como ponte na intersubjetividade. Por meio de suas consultas, S. Lebovici (1998) mostrou claramente como o coparticipar com o bebê em suas interações lúdicas também pode ser motor de mudança nos pais.

Dessa forma, por meio da mediação do brincar, apresentamos aos pais uma nova imagem de seu bebê, e os pais podem também recuperar o prazer lúdico, muitas vezes perdido ao longo da vida. O pai e a mãe com seu bebê não só apresentam experiências e objetos lúdicos reciprocamente, mas incluiriam também nisso a apresentação de um novo espaço por meio do gesto de sinalização protodeclarativa.

Décimo primeiro indicador: o gesto de sinalização e a narratividade conjunta (12 meses)

Aprender, inovar, transmitir.
Responder à novidade, e torná-la própria.
E vibrar ao ritmo das emoções que
imprimem em nós essas experiências novas.

Jean-Claude Ameisen (2015)

O que descreve Ameisen, entre outras coisas? Creio que a pulsão epistemofílica. É o desejo de saber, que envolve a articulação entre o pensar e o sentir. E esse aspecto, caso se queira, já que falamos também de subjetivação, é um elemento até "'diagnóstico" dos processos de subjetivação de uma criança, de um bebê: em que medida responde ou não à novidade. Abre-se ou não à novidade? Abre-se ou não a novos ritmos? E como os integra subjetivamente?

Esse último item da grade marca um momento fundamental de mudança no bebê: encontra-se no início do caminhar. Seu deslocamento pelo espaço será o corolário das transformações vividas no primeiro ano de existência. Uma parte do seu processo de separação é ilustrada como momento de subjetivação no qual o espaço e os outros adquirem outra cor no horizonte de seus investimentos. Mas, ao mesmo tempo que se dá esta realização motora, que se expressa no movimento de suas pernas e em toda a sua postura corporal, aparece também um gesto significativo em sua mão, por meio do dedo indicador: o gesto de apontar.

O sinalizar ou apontar seria um gesto de comunicação não verbal que associa um movimento de designação do índice ao olhar da pessoa de referência (Beache et al., 1997; Bursztejn e Gras-Vincedon, 2001).

Segundo alguns investigadores, haveria dois tipos de sinalização:

- a sinalização protoimperativa, que corresponde ao momento em que o bebê aponta em direção a um objeto (geralmente fora do seu alcance) com o objetivo de obtê-lo;
- a sinalização protodeclarativa, que corresponde ao momento em que o bebê aponta em direção a um objeto, procurando captar a atenção de outra pessoa sobre este a fim de permitir que o outro partilhe seu interesse com ele.

Esse simples gesto parece se revestir de suma importância, porque demonstraria que o bebê toma o outro como uma figura de segurança, a partir da qual se permite interrogar algo alheio a ele que se encontra em outro espaço. Dessa maneira, daria conta não só do estatuto de separação do objeto, mas da vivência íntima de um vínculo de separação estabelecido. Alguns autores, como D. Marcelli (1984), a partir do trabalho com crianças pequenas com grandes dificuldades de subjetivação, sustentavam que a sinalização seria um possível indício de que o bebê sai do estado de "identificação adesiva" com o objeto para vivenciar uma separação e a colocação em jogo de uma forma de tridimensionalidade. Tomamos o conceito de tridimensionalidade a partir das contribuições de D. Meltzer. Implica uma forma de integração da profundidade do espaço, ou seja, a possibilidade de uma espessura interna. Quando o bebê aponta, como na atenção conjunta, esperaria que esse espaço que separa seu dedo do objeto possa ser preenchido com palavras por sua mãe, abrindo assim um dos pontos da terceiridade. É também uma das formas das chamadas "triangulações precoces" (Golse, 2006; Guerra, 2007a). Encontram-se o bebê, o objeto e a mãe dando significado à experiência.

A sinalização mostraria também essa abertura do horizonte libidinal a um objeto que não é seu próprio corpo, nem o corpo da mãe, mas o espaço de indagação da palavra, como elemento que une e separa o mesmo tempo. Dessa maneira, o bebê cocria novos significados diante da experiência de separação, na descoberta do mundo e dos outros.

Vejamos um exemplo a partir da análise do vídeo realizado com Bruno, de 12 meses, e sua mãe Sofia.

Filmagem com Bruno, de 12 meses, e sua mãe

Gesto de sinalização

Vemos Bruno de pé interagindo com sua mãe, em um diálogo de expressões faciais; a mãe, que falava com ele dos seus brinquedos, diz: "Onde essa Doki [o nome de um de seus bonecos favoritos]... não está?". Bruno aponta no ar como se procurasse o objeto.

A mamãe também aponta e diz: "Onde estará? Lá? Onde estará... e onde está Piolín?". Bruno olha para uma prateleira e parece procurar esses objetos pelo espaço, fica detido em um gesto de suspense e seu olhar brilha como se num ponto de interrogação. Ele parece muito atento e em espera, levantando seu dedo indicador e assim captando também a atenção de sua mãe. Esta parece muito calma ao seu lado, e mantém esse momento de silêncio e suspense. Seu rosto evidencia serenidade e prazer. Os dois parecem atentos e em espera.

Podemos encontrar também na arte uma pista sensível para abrir possíveis sentidos para essa experiência. No quadro *A Virgem dos Rochedos*, de Leonardo Da Vinci, observa-se que um anjo "olhando" para o espectador aponta para São João, para mostrar o caráter insólito da apresentação da Virgem ao menino. O historiador de arte A. Chastel (2003) diz que: "o gesto do indicador era tão notável, tão carregado de sentido para Leonardo, que ele passou a ser uma espécie de gesto puro, que exige atenção diante do mistério".

Chastel, em sua tentativa de interpretação estética, nos permite também estabelecer uma ponte com o que observamos em Bruno e em outros bebês. O gesto de sinalização marca o desejo do bebê, ali existe algo que ele não conhece ou que não está presente. Ele deseja compartilhar esse mistério com a mãe.

A mãe de Bruno põe isso em jogo quando lhe pergunta: "Onde está Doki? E onde está Piolín?".

Há de novo uma interrogação, um mistério, um não saber que circula entre ambos. O gesto de Bruno, detido, atento, com seus olhos abertos tentando responder à pergunta, parece dizer "não sei".

Essa pergunta, essa intriga compartilhada que se ilustra no gesto do dedo indicador, revela todo um trabalho do aparelho psíquico sobre o papel da interrogação aberta.

Haveria um "protomistério" a revelar e, dessa maneira, poderíamos dizer que seria uma das bases (intersubjetivas) da pulsão epistemofílica ou desejo de saber. Poderíamos então chamar esse tipo de sinalização de "sinalização protoepistêmica". O gesto de sinalização do dedo indicador tem valor indicativo da subjetivação do bebê, uma vez que não pode chegar a ele sem ter integrado os outros indicadores anteriores, numa forma de entrelaçamento progressivo. Sem encontro de olhares, sem capacidade de imitação, sem protoconversações, sem olhar referencial, sem atenção conjunta, sem sintonia afetiva e sem interludicidade o bebê não integraria o valor da sinalização (epistêmico) como uma das manifestações do desejo de saber. Por isso, o estado interno com que a mãe estabelece o encontro com seu bebê tem uma importância muito específica. Não basta a mãe apontar também com seu indicador, poderia ser um simples gesto motor. O que conta é o clima que o envolve.

Na observação, vemos que a mãe transmite em seu rosto um prazer na espera confiante. Bruno se sente olhado, atendido enquanto presta atenção a outra coisa. Sutil jogo de olhares, no qual o olhar da mãe sustenta Bruno, que olha para um terceiro objeto.

Por outro lado, no plano verbal, as perguntas que a mãe faz têm tom lúdico, com um tom de suspense compartilhado. Isso demonstra uma parte fundamental da disposição lúdico-narrativa compartilhada, base do que pode se tornar depois "o prazer de pensar juntos".

Poderíamos dizer que esse prazer tem suas fontes tanto na experiência de autoerotismo do bebê como no que Hochmann (1984) propôs como autoerotismo mental na mãe. O prazer de traduzir e consolar o bebê com uma *rêverie* que é uma forma de relato agora se abre muito mais claramente a uma das primeiras formas do "prazer de pensar juntos". Haveria uma sequência a partir do prazer de prestar atenção juntos, passando pelo prazer de compartilhar um enigma juntos, o prazer de brincar juntos, até o prazer de pensar juntos. Isso faria parte, do meu ponto de vista, do papel simbolizante do objeto e do trabalho de ligação psíquica "em presença", base do que será o trabalho de simbolização em ausência.

Vejamos então agora uma ponte entre o desejo de conhecer, a palavra e a narratividade.

Narratividade conjunta

Bruno se encontra sentado no chão ao lado de sua mãe. Entre ambos há um livrinho que contém figuras de animais. A mãe lhe apresenta as figuras e pergunta com muita suavidade e prazer qual é o som que cada animal emite. Assim, Bruno imita o som ou movimento da ovelha, do cavalo, do cachorrinho e do pintinho. Cada vez que o bebê imita um som, a mãe reinicia com tom lúdico e se mostra alegre e orgulhosa. Bruno olha para ela, sorri e movimenta seu corpo várias vezes como se dançasse. Alternadamente, será Bruno que, com seu dedo indicador, aponta um animal, a mãe o nomeia alegremente e tenta imitá-lo. Após fazê-lo várias vezes, ele vai com o seu dedo para a primeira página do livrinho, que tem um pintinho, e depois procura a última imagem, de um cachorrinho. Parece fazer um passeio no livro do começo até o fim.

Agora mãe e bebê, por meio do gesto do dedo indicador e guiados pelo desejo de conhecer, introduzem-se em outro espaço: no espaço do livrinho, no espaço da narração conjunta.

O dedinho de Bruno, em outra versão da maleabilidade das mãos, explora e viaja pelo espaço dos animaizinhos da folha, e a mãe nomeia a experiência. Bruno responde, reconhecendo, imitando e se expressando com os movimentos do seu corpo, gestos que são especialmente espelhados por sua mãe.

Essa sequência nos faz recordar o que C. Trevarthen (2011) ressalta em relação à experiência de narração compartilhada com um bebê. Para ser compartilhada com um bebê, a história deve ser vibrante no ritmo da voz. Na expressão do rosto e nos gestos das mãos, dos olhos. Deve despertar curiosidade mútua, que manifesta um desejo ardente de descoberta de novos interesses, durante o tempo da experiência.

Essa experiência, que poderíamos chamar de conarração, co-constrói-se por meio de diferentes estilos narrativos: a mãe constrói frases verbais e Bruno responde com frases motor-corporais e esboços de verbalizações primárias. Cabe registrar que essas "protoestruturas narrativas de significação" já estão presentes a partir do que designamos como segundo item da grade, ou seja, as "protoconversações".

O pesquisador S. Malloch, músico e especialista em análise de ritmo em estruturas musicais, descreveu de que modo mães e bebês elaboram juntos narrativas curtas de meio minuto, que apresentam um único fluxo, bem controlado, de energia e entusiasmo como nas "canções de amor". Por exemplo, uma mãe e seu bebê de 6 semanas criaram um pequeno "evento literário" de 27 segundos, com frases organizadas segundo as divisões clássicas de uma obra teatral: uma introdução que convida, um desenvolvimento interessante, um ponto culminante do esforço e uma conclusão feliz (Trevarthen, 2011). Essa experiência comunicativa inicial que Malloch descreve vai evoluindo e se ampliando nesse primeiro ano de vida.

Isso nos faz pensar em duas formas de narratividade.

Uma é a narratividade primária in-fantil, na qual se articulam "frases motoras", movimentos corpóreos ancorados nos "colóquios silenciosos de olhares", nas "protoconversações" e na musicalidade da voz. Pouco a pouco, essa narrativa faz parte dos processos de atenção conjunta, para poder colocar em palavras os movimentos de intencionalidade psíquica do bebê em relação aos objetos e ao espaço.

É por isso que consideramos útil pensar a operacionalidade clínica da grade proposta, uma vez que sem a possibilidade do encontro de olhares, sem a interação das protoconversações, sem os processos de atenção conjunta, sem o acesso à sintonia afetiva e sem a disponibilidade para o encontro lúdico cocriado (interludicidade), o bebê não poderia acessar essa forma de narratividade conjunta, que envolve, como explicaremos, uma forma de acesso à terceiridade e à narratividade verbal como eixo do processo de simbolização.

A outra é a narratividade secundária. A partir dos 2 anos, quando a criança pequena tem possibilidade de acesso à linguagem, pode começar a coconstruir narrativas verbais com seus pais, adquirindo assim a capacidade de autonarração. A narratividade verbal se baseia nas "frases motoras" e, depois, "frases lúdicas" que o bebê vai realizando em sua exploração e sua descoberta do mundo e do outro.

De outro ângulo teórico, poderíamos dizer também que o exemplo de Bruno com sua mãe já implica uma forma de passagem à terceiridade. A separação corporal, a atenção conjunta e a presença de um objeto terceiro (livro) entre ambos permite a disponibilidade da libido fora de uma erogeneidade ancorada numa zona erógena corporal. A zona erógena (mental) coconstruída se espalha no espaço do livrinho. Inaugura-se um prazer de troca que não diz respeito diretamente ao corpo, mas à vida simbólica. Finalmente,

Bruno estabelece sua própria pauta narrativa, repete várias vezes uma pequena viagem da primeira página com o pintinho até a do cachorrinho. Desse modo, ritmicamente, ele volta várias vezes para se apropriar do objeto. Assim, ritmo, atenção e narratividade conjuntas vão pulsando essa dança da subjetivação. Poderíamos dizer que Bruno, acompanhado por sua mãe, desloca-se agora com o dedo pelas páginas do livro, para depois, também apoiado no olhar de sua mãe, movimentar-se com suas pernas pelo espaço do mundo.

Do ponto de vista da intersubjetividade, os "textos" que Bruno e os outros bebês do documentário continuarão a "narrar" nos seus movimentos de subjetivação dependerão da disponibilidade psíquica do outro para acompanhá-los, proporcionando o equilíbrio (incerto) entre ilusão e desilusão, entre satisfação e frustração.

Assim, o aparelho psíquico de cada um deles poderá continuar o trabalho fecundo de tolerar a ausência do objeto, estar consigo próprio e descobrir o prazer de brincar, pensar e criar com os outros.

# 4. Importância dos objetos no processo de simbolização: os objetos tutores

Os processos de simbolização sempre foram um ponto fundamental nas hipóteses construídas pela psicanálise para pensar tanto a constituição do psiquismo como a reflexão clínica (Winnicott, 1917b; Milner, 1979; Golse, 2001; Roussillon, 1999; Casas de Pereda, 1999). Dentro da escala enorme de perspectivas que nos trazem diferentes autores, comecei a me perguntar, há algum tempo, qual seria o papel específico dos objetos "inanimados da vida cotidiana" (Searles, 1980) na constituição desse processo.

Comecemos pelo princípio e visitemos a etimologia dos conceitos e a origem da palavra, para abrir um horizonte de significados para esses termos.

De acordo com Di Cegli (1987), na etimologia de símbolo, a palavra grega *simbolon* significava um objeto dividido entre dois indivíduos. Cada um reteve a metade. Após longa ausência, um dos indivíduos apresentava sua metade e, se correspondesse à do outro indivíduo, isso punha em evidência uma relação entre os dois.

A amplitude do conceito nos convida a uma polissemia a partir da qual esboçaremos seis direções:

- A relação com um desejo de separação. Evidentemente, nessa experiência "narrada" pela etimologia, dois sujeitos devem ou desejam se separar. Também faz parte da história da constituição subjetiva, em que o sujeito só surge com a separação do outro.
- O jogo da presença e da ausência, já que seria a combinação da presença com uma recordação de ausência.
- O uso da agressividade para provocar uma ruptura, tomando esse corte como uma metáfora válida para a constituição subjetiva: sem a mobilização de certa agressividade, não é possível se separar do outro. Isso se relacionaria com a pulsão de morte, que A. Green (1986) descreveu como "desagregadora" (*désagrégative*).
- A ruptura do objeto, em que praticamos tanto a divisão do objeto em si como a divisão tópica, já que os dois indivíduos se encontrarão em espaços diferentes.
- E, como estamos falando de metáforas, devemos considerar que não há simbolização sem experiência de separação--deslocamento no espaço.[1] O jogo de representações que toda simbolização envolve tem como eixo o trabalho de metaforização, o deslocamento de uma coisa em outra. As duas pessoas, quando se separam, deslocam-se no espaço, bem como as experiências vividas se deslocam da mente do sujeito ao objeto, que se tornaria assim portador de certos conteúdos psíquicos próprios da experiência do sujeito. Esse objeto "amuleto" teria valor superlativo em relação a outros objetos "sem história".

---

1 Recordemos que inclusive hoje, na Grécia, os veículos de transporte público se denominam "metáforas". E em termos de linguagem, como disse M. Chnaiderman (2001), "é um transporte coletivo de significados, um conjunto infinito de significantes intercambiáveis".

- E, por fim, a pessoa lembrará a utilização de um objeto concreto que testemunha uma relação e que pressupõe ter sido escolhido e investido por essas duas pessoas.

Entre todas essas possibilidades, gostaria de salientar a importância do último ponto: o valor do objeto como marca, testemunho do encontro que possibilita a separação. Um encontro que pode ser analisado a partir do ângulo da "intersubjetividade", em que a presença do outro como sujeito separado e representado na ausência é fundamental.

O acesso à representação como trabalho do aparelho psíquico é um processo complexo de interação, de união e separação, de continuidade-descontinuidade e de presença-ausência com o outro, mas também com o ambiente e os objetos. Sobre esse tema, Roussillon (2008b) apresenta a ideia de que os processos psíquicos precisam ser "materializados", ao menos transitoriamente, em formas perceptivas para receber uma forma de representação psíquica, uma forma de autorrepresentação.

Como ele surge na infância? A filósofa S. Langer (1990) ilustra esse conceito de maneira muito interessante, ao dizer que uma de suas lembranças mais antigas é que as cadeiras das mesas conservam uma aparência invariável, diferentemente das pessoas, e essa permanência a surpreendeu. Projetar os sentimentos sobre os objetos exteriores é o primeiro meio que se tem de simbolizar e conceber seus sentimentos.

Vemos como, desde a tenra idade, vivencia-se essa espécie de assombro ou fascinação pela permanência, pela continuidade dos objetos, quando os seres humanos se caracterizam por certo grau de impertinência, de descontinuidade. Portanto, isso nos diz que o processo de simbolização também estaria relacionado com o fato de encontrar um continente seguro, permanente, controlável para uma criança pequena: os objetos cotidianos, objetos que, por meio da animação própria da visão infantil, constituiriam um suporte fundamental para o seu *self*.

Observação de um bebê de 9 meses

A mãe, após alimentar seu bebê, Fernando, observa que ele presta atenção com interesse em um boneco, um Mickey que a avó lhe dera de presente ontem. Ela capta seu interesse e comenta com ele "vivamente" que era um presente para brincar. Percebe o entusiasmo do bebê e o espelha com um: "Siimm, a vovó trouxe para você!". Fernando ri e se agita ainda mais. Ela fala disso novamente e pergunta ritmicamente se ele o quer. O rosto do bebê se ilumina, ela se levanta, pega o boneco da prateleira e o aproxima dele. Ao fazê-lo, agita-o perto demais do rosto.

Ele parece oscilar entre desfrutar, sorrir, piscar e se assustar. A mãe se interrompe e ele começa a desfrutar mais, para de piscar e a olha intensamente. Ela diz que o Mickey queria brincar com Fernando e perguntava por ele. Fernando o pega, aproxima-o e o afasta da sua boca. A mãe diz: "Que lindo, você quer dar um beijinho nele! Quando eu contar à vovó e ao papai!". O bebê parece ainda mais contente e dá um gritinho de alegria. Ela fala como ele está contente e se retira um pouco para que ele manipule o boneco.

Em seguida, ele aperta o braço do objeto e este faz ruído. A mãe descobre encantada que ele se diverte com isso. Ela mostra para ele e diz que ele está brincando muito bem com o Mickey.

Fernando manipula o brinquedo, aproxima-o e o afasta, levanta-o e o abaixa, puxando a roupinha, e se entretém tocando com seu dedinho o nariz.

A mãe sai e ele continua sozinho, entretido com o Mickey: agarra-o, aproxima-o do rosto e da boca; parece que fala com ele, levanta-o e o abaixa, diverte-se tocando-o durante certo tempo. Parece muito contente e muito atento.

Análise

A mãe e o bebê se encontram em cocriação de uma nova experiência lúdica muito gratificante. Poderemos observar o modo como, pouco a pouco, estabelecem suas próprias regras implícitas de aproximação e afastamento com o Mickey, mas também com a própria mãe; essas são regras estruturadas pela "animação narrativa" que ela inaugura. Evidentemente, a mãe cocria com seu bebê novos ritmos lúdicos estruturados por um encontro intersubjetivo libidinal. A circulação do prazer da sexualidade (assimétrica) em ambos é evidente. Essa forma de sexualidade da mãe não permanece fixa na posse do bebê como objeto sexual duplo, já que a mãe mostra uma disposição interessante que consiste não só em abrir sua atenção a um terceiro objeto-brinquedo, mas também seu discurso aparece investido do desejo de que o bebê abra seu horizonte libidinal aos outros, por exemplo, a avó e o pai. Ela diz: "Vai ser lindo quando eu contar para a vovó e o papai!", e essas palavras se mostram muito importantes, porque essa sequência demonstraria de algum modo essa fascinação, essa alegria que chamamos de "emoção estética". A mãe está "encantada" com um gesto do seu filho e, além disso, integra-o em uma futura narrativa em outro espaço e outro tempo. Em outro momento, o gesto do seu filho será contado, traduzido em palavras a um terceiro que deseje escutar histórias.

É uma forma narrativa aberta à terceiridade que, em nossa experiência, é muito mais clara nesse momento de estruturação. Em outras observações realizadas durante as inúmeras consultas terapêuticas, observamos que, antes de iniciar a marcha, a narrativa materna muitas vezes consiste em colocar em palavras a relação do seu bebê com objetos terceiros, sejam brinquedos ou pessoas. Dessa maneira, ela aceita paulatinamente que seu filho se separe dela, o que seria uma antecipação elaborada da iminente separação da marcha. Antes de caminhar por sua conta, o bebê "caminha", desloca-se em um espaço simbólico, nas palavras da mãe dirigidas a um terceiro ausente.

No final da interação, observamos que, quando se retira, o bebê parece pôr em jogo uma forma de identificação, ao tentar "falar" com o Mickey, mantendo assim a continuidade do vínculo por meio desse objeto que foi testemunha do encontro (inter)lúdico com sua mãe. Mas que tipo de objeto é? Parece diferente do objeto transicional, já que não foi escolhido pelo bebê. Tampouco parece ter sido "criado" em um momento de separação ou perda da mãe. Esse objeto "surge" em um momento gratificante de interação com o outro e parece fazer parte de uma experiência lúdica coconstruída.

A observação possui uma riqueza polissêmica que nos convida a refletir a partir de diferentes pontos de vista. Dado o espírito deste trabalho, tomaremos unicamente dois aspectos: o papel da atenção conjunta e o papel do objeto (Mickey); perguntaremo-nos qual é sua função para esse bebê.

A atenção conjunta e o objeto

Na observação, é possível notar durante todo o processo do encontro mãe-bebê a presença de uma atenção mútua muito rica, que faz parte da reciprocidade esperada no âmbito de uma relação pautada por vivência libidinal do vínculo. Como se ressaltou, a atenção começa a se instituir em um movimento aberto entre a díade e o objeto (Mickey).

A mãe está atenta aos movimentos de Fernando quando detecta a orientação da atenção de seu bebê para um terceiro objeto: o Mickey na parede. Vemos que ela fala com ele a respeito e depois o incorpora ao cenário com seu bebê para iniciar uma troca lúdica e linguística. Portanto, vemos que, a partir dessa forma de atenção, surgiria certa capacidade de o bebê brincar com o objeto, já que a mãe dá um passo atrás e Fernando continua, atento, "falando consigo" sem angústia.

Essa experiência constitui o que se chama de atenção conjunta.

De acordo com o pensamento de Bruner (1990), seria a possibilidade de orientar seu olhar para o mesmo objeto que o parceiro com quem ele interage. Busca captar a atenção do outro (geralmente sua mãe) com o objetivo de obter um objeto almejado, ou de compartilhar um centro de interesse. Essa capacidade começa a se desenvolver aos 4 meses e será plenamente eficaz por volta do final do primeiro ano. Podemos dizer que é tanto uma experiência intersubjetiva como uma forma de descoberta e um processo para designar.

Essa experiência intersubjetiva, muito importante no campo da subjetividade (a ponto de sua ausência constituir um sinal de dificuldades no bebê), contém, da minha perspectiva, duas modalidades: a atenção conjunta operatória e a atenção conjunta transicional. Além disso, na passagem sobre a atenção conjunta, podemos observar como, a partir dessa forma de atenção, surgiria certa capacidade de o bebê brincar com o objeto. Então, de que objeto se trataria?

Não desenvolverei nesta oportunidade a análise dos diferentes tipos de objeto que eventualmente estariam em jogo no universo do bebê durante seu primeiro ano de vida: "objeto pré-lúdico" (Gutton, 1983), "objeto autístico" (Tustin, 1990); "objeto fetiche" (Winnicott, 1971b) etc. Mas posso incursionar parcialmente pela ideia de que esse objeto não seria, por exemplo, um "objeto precursor" (Gaddini, 1980), pois não faz parte do corpo do bebê nem é um objeto que sirva para atenuar as angústias primárias de aniquilamento. Em nenhum momento Fernando manifesta estar atravessando situações angustiantes, e, embora o objeto pareça ter importância especial, também não acredito que seja um "objeto transicional", pois, como Winnicott já ressaltou, de maneira básica e fundamental, este deveria ser descoberto pelo bebê. E embora não faça parte da mamãe nem do bebê, não obstante, surge em momentos de angústia, na medida em que serve para tolerar a angústia de separação.

Por outro lado, geralmente tem uma qualidade sensorial, pois evoca um pouco o contato com a pele da mãe (tecido ou bicho de pelúcia). Tem caráter único; Winnicott não descreve a situação de pluralidade no objeto transicional. É escolhido pelo bebê, é único e agarra-se a ele diante da angústia. Mas, na observação que analisamos, o objeto Mickey não foi escolhido pelo bebê, foi apresentado a ele pela mãe, inaugurando um encontro lúdico a partir da atenção conjunta.

Então, como poderíamos nomear esses objetos? Proponho chamá-los de "objetos tutores". No decorrer da minha prática, descobri que esses objetos tutores são variáveis e plurais, porque essa mesma experiência se repetiu com outros objetos que lhe eram apresentados da mesma maneira: rítmica, lúdica e narrativa.

Objetos tutores

Para definir o objeto tutor, primeiro devemos especificar sua etimologia:

> *1. Vareta ou estaca que se crava junto a uma planta para mantê-la aprumada durante seu crescimento; 2. Exercer tutela: pessoa que guia, ampara ou defende. Autoridade a quem, na ausência de autoridade paterna ou materna, confere-se o cuidado de pessoas ou bens de quem, por ser menor de idade ou por outra razão, não tem plena capacidade civil.*

Esse duplo sentido é rico em significados possíveis, pois se pegássemos o primeiro veríamos que a vareta faria o papel de um "terceiro objeto" que permite à planta (como se fosse o bebê) separar-se da mãe-terra e avançar na sua autonomia para o espaço, este tomado como "terceiridade" (Guerra, 2008b). Assim, a vareta teria uma função muito importante para que a planta não se inclinasse para os lados ou mesmo se dobrasse excessivamente numa orientação que a devolvesse à terra-mãe (da qual deve se separar). Nesse sentido, o objeto tutor auxilia no processo de separação porque apoia e permite que o bebê se separe da mãe; ele investe outros objetos e presta atenção neles em um espaço diferente do corpo da mãe.

Por sua vez, o segundo significado também implicaria que o objeto poderia proporcionar uma experiência de cuidado na ausência dos pais. Fernando tolera a separação da mãe que sai da sala, pois sua atenção está voltada para o Mickey. Se ela não tivesse aquela disposição lúdica com o filho, poderia ter sido mais difícil para ele ficar "falando" com o objeto.

Diríamos que Fernando tolera a descontinuidade da ausência da mãe porque mantém a continuidade com o objeto que representou um encontro agradável com ela.

Como podemos ver, o destaque está no que se coconstrói entre o bebê e sua mãe em torno desse "objeto-tutor". Ou seja, estamos em uma perspectiva intersubjetiva, de coconstrução da experiência intersubjetiva, de coconstrução da experiência emocional e (inter) lúdica. Poderíamos descrevê-lo por meio dessas características:

- aparece a partir dos 6-9 meses;
- tem a ver com o domínio manual (pulsão de domínio);
- é modificável e plural (podem ser vários);
- está em estreita ligação com a atenção conjunta;
- sustenta a atenção como função de investimento, a exploração do ambiente (Freud) e a separação da mãe;

- faz parte da "apresentação do espaço" proposta pela mãe. O bebê se entretém com brinquedos ou objetos do ambiente em que ele pode se desenvolver, manifestando uma parte do que viveu com a mãe;
- assim, o ambiente é povoado por esses objetos que, em parte, sustentam a continuidade do bebê na ausência da mãe;
- são diferentes do objeto transicional, já que são variáveis e não são escolhidos pelo bebê, mas "coconstruídos" com a mãe, em uma experiência "interlúdica";
- pelo momento de estruturação a partir do qual emergem, esses objetos seriam parte da passagem do bebê do funcionamento bidimensional a outro tridimensional.

Objeto tutor e objeto de relação

Essa experiência que qualifico de "objeto tutor" tem múltiplos pontos de encontro com as teorizações do "objeto de relação", mas sendo este um objeto específico que surge com valor especial na clínica, dentro da relação terapêutica com um paciente. Em uma de suas definições, G. Giménez (2004) afirma:

> O objeto de relação é o apoio de uma experiência sensorial para ao menos um dos dois interlocutores, paciente ou terapeuta. Na maioria das vezes, o objeto de relação, em sua concretização, implica a troca de uma experiência sensorial entre dois interlocutores, mas às vezes essa experiência tem lugar em dois registros diferentes. (p. 87)

Ademais, afirma que o objeto de relação é "na verdade um objeto compartilhado que pode ser usado por ambas as partes; nisso se opõe ao objeto transicional, que é um objeto particular" (p. 88). Giménez apresenta as funções desse objeto: a função de memória e de inscrição; o apoio de excitações não possíveis de conter (função de paraexcitação); a função de figuração afetiva, que poderá continuar em um trabalho de pôr em sentidos; a função de ligação, pois é um portador silencioso de sentidos e dos inícios do vínculo (p. 97).

Como hipótese, poderia propor fortes zonas de coincidência entre o conceito de objeto de relação e o de objeto tutor-testemunha: numerosas funções e atributos que Giménez confere de fato a esses objetos coincidem com os elementos que aparecem nas observações de bebês. Podemos dizer então que, para o bebê Fernando, o objeto Mickey que aparece no compartilhar afetivo e lúdico com sua mãe também tem função de memória e de inscrição; de certa forma, é um objeto paraexcitação; permite a figuração do afeto: ele ressalta um vínculo, cumpre progressivamente um sentido específico na relação com sua mãe e é uma testemunha muda da história de um encontro.

A diferença entre esse conceito de objeto de relação e minha concepção de objeto tutor é que tal objeto surge do encontro intersubjetivo, no caso do bebê com sua mãe (ou cuidadora), e que é ao mesmo tempo um objeto tanto de união como de separação.

Objeto tutor, a narratividade e o jardim de infância

Um aspecto muito importante, e na verdade notável, nessa experiência é a relação entre a apresentação de um objeto e a narratividade. Em geral, observa-se que, quando a mãe tem a disponibilidade lúdica que citamos, ela realiza uma interação com o bebê por meio da "animação narrativa" do objeto. O objeto inanimado "se anima", porque a mãe o anima com um alento vital. O Mickey pode falar com ele, transferindo para ele os conteúdos da troca humana. Algumas vezes damos um nome a ele, ou o usamos para estabelecer uma pequena brincadeira de esconder, ou quando agimos como se o brinquedo o perseguisse ou o comesse. Essas iniciativas lúdicas têm características da ritmicidade ou do suspense, e a pergunta dirigida a esse objeto dá abertura a um enigma. Repetimos a mesma pergunta e há um suspense narrativo e de assombro na aproximação lúdica, e isso constitui um elemento fundamental desses processos. Para que toda a experiência configurasse uma das primeiras vivências de narratividade.

Evoco um exemplo desse aspecto do qual fui testemunha direta como psicólogo em um jardim de infância.[2] Lá ampliei meu trabalho e minha escuta analítica em vários campos. Em primeiro lugar, a observação dos bebês e das crianças na classe, mas também em outros âmbitos (seguindo alguns parâmetros da observação de E. Bick): o diálogo com as educadoras e outros profissionais, para podermos pensar juntos os processos de subjetivação das crianças; o trabalho com os pais sob a dupla perspectiva, de um lado por meio de oficinas de trabalho em grupo mensais a partir de temas que eles escolhiam e, de outro, provavelmente o mais importante, por meio da implementação de uma experiência de consultas terapêuticas abertas no tempo, em que eu acompanhava o desenvolvimento contraditório e dinâmico da parentalidade, permitindo modificar algumas manifestações que poderiam ter alterado os processos de subjetivação das crianças.[3]

---

2 Trabalho realizado durante 18 anos no jardim de infância Maternalito de Sara Ponce de Léon. Lugar em que encontrei grande abertura para pôr em jogo uma escuta analítica dos processos e implementar com liberdade formas de abordagem aos bebês e a suas famílias (Cardoso, Guerra e López, 1994).
3 Tive possibilidade de seguir em consulta terapêutica mais de mil crianças desde a fase de bebês até os 5 anos, o que teve efeito considerável em seus processos de avaliação (Guerra, 2002, 2015a).

Apresentarei aqui um tema dos mais difíceis no jardim: trata-se do chamado "período de integração", ou seja, o tempo em que o bebê deve se integrar na instituição; trata-se de um momento que gera intensas angústias de todo tipo, tanto no bebê como nos pais e nas educadoras. Esse período muito importante era abordado tanto em reuniões grupais com os pais como nas entrevistas individuais.

María, bebê de 11 meses, está em pleno período de integração (ela viria 4 horas diárias) e tinha alguns momentos de intensa angústia, em que resistia também a ficar nos braços da educadora que a continha. Os pais confiavam no processo. Em uma das minhas visitas à sala de aula e em situação de observação, observo o esforço da educadora para acalmá-la. Gerando às vezes uma situação de quase hiperestimulação, quando tenta desviar a atenção de María da sua angústia, apresentando-lhe objetos e brinquedos. Observo também que, quando ela muda o tom de voz fazendo-o mais suave, mais melodioso, e apresenta um objeto em tom de suspense lúdico, a bebê se acalmava um pouco mais. A partir disso, com a educadora, analisamos juntos a situação e seus sentimentos. Ela dizia se sentir pressionada internamente para acalmar a bebê, para não ser vista pelos outros como alguém ineficaz. Tento pôr em palavras isso que ela sente e lhe transmitir confiança. Digo-lhe que esse processo é normal no que significa a integração para essa bebê, que começa a habitar um espaço sensorial e vincular totalmente novo; isso não é culpa dela. Ressalto as duas coisas que observei e sugiro que ela pense: provavelmente María se sentirá mais integrada se sentir que o ambiente também a contém, por meio dos objetos e da forma como ela os apresenta.

Após alguns dias, volto a visitar a sala de aula e a educadora me conta feliz que a situação mudou muito. Justamente nesse momento, María entra nos braços da sua mãe e, embora traga um sorriso no rosto, ao passar para os braços da educadora, percebe-se um momento de certa angústia. A educadora a recebe com voz calma, com prosódia continente, fala algo com a mãe e em seguida se dedica a apresentar os objetos e o ambiente a María. Ela diz que, no fim de semana, os objetos estavam esperando e que uma ursinha de pelúcia e um tigrinho queriam brincar com ela. Quando María mostra seu interesse pelos objetos e o olhar sorridente, ela os entrega e vai percorrendo tranquilamente toda a sala, fala dos outros bebês que estavam ali também. Senta-se no chão com María e começa a brincar de esconder com o tigrinho; María ri intensamente e, após um tempo de brincadeira em comum, a educadora se levanta para fazer outra coisa. María continua brincando com o objeto.

Esse exemplo retrata uma imagem fecunda da observação e da intervenção com um bebê em um âmbito de cuidado como um jardim. Essa situação aqui apresentada ocorreu há 15 anos e foi uma de muitas. Tudo isso, desde essa época, levou-me a refletir sobre o papel dos objetos na vida psíquica do bebê, mas nem todos os objetos poderiam ser qualificados como objetos transicionais. Isso ampliou minha percepção do papel dos elementos inanimados do ambiente como elementos de contenção psíquica e pude observar, por sua vez, o papel da narrativa, acompanhada pela prosódia lúdica e rítmica, fazendo parte desses elementos de contenção.

Quero enfatizar que eu já tinha a ideia de que esses objetos lúdicos (tutores) faziam parte de uma ritmicidade que poderia ajudar o par presença-ausência. A educadora diz a María que, em sua ausência, os brinquedos a esperavam, como se transmitisse a confiança para María perceber que, após separação, perda e ausência, há um elemento de continuidade psíquica na presença efetiva do ambiente. Isso é evidentemente uma metáfora do vínculo com a mãe como objeto libidinal.

Até que ponto María pode percebê-lo? Não poderemos assegurá-lo, mas, de acordo com a experiência, podemos afirmar que

María continuou se integrando adequadamente e que procurava sua educadora para continuar brincando com esses objetos, que pareciam organizar de maneira rítmica e narrativa o eixo presença-ausência.

Objetos e ritmo

Em seu livro muito interessante *Comment l'esprit vient aux objets*, S. Tisseron (1999) estabelece uma série de reflexões sobre o papel dos objetos na vida psíquica; nelas se encontra certa consonância com minha hipótese sobre os objetos tutores. Ele afirma que tanto Freud quanto Klein trouxeram uma série de ideias e conceitos muito interessantes sobre o papel dos objetos, mas não estabeleceram uma hierarquia quanto ao papel dos objetos em termos de "encontros recíprocos dinâmicos". S. Tisseron ressalta que os objetos são uma realidade concreta que dá ritmo a nossa vida e os compara com as vestimentas. Salienta que, por exemplo, a saída e a entrada das vestimentas de inverno e de verão fazem os objetos intervirem de forma dinâmica em nossa vida cotidiana. Inclusive, afirma que os ritmos de nossos objetos nos recordam oportunamente que nossa relação com o mundo externo está constituída de alternâncias e oposições, e que o sal da vida tem amiúde a experiência de associar um objeto escolhido a uma dada circunstância. Ele postula especificamente que "a construção psíquica se apoia nos ritmos e nos espaços e são os objetos que balizam uns e outros" (1999, p. 191).

A partir da minha perspectiva, essas contribuições podem se integrar no conceito de objeto tutor, já que este, como transmiti com o exemplo do jardim de infância e a observação, faz parte de um encontro intersubjetivo em que o ritmo, a atenção e a narratividade cumprem um papel central ao preparar o sujeito para poder desenvolver a experiência de "estar só".

O objeto tutor e a capacidade de estar só

> Nossos olhos passeiam continuamente sobre o mundo das coisas e percebemos ainda mais as coisas quando estamos sozinhos. Um rosto humano sempre desviará nossa atenção, afastando-a dos objetos; mas, na solidão, os objetos são nossa companhia.
>
> Siri Hustvedt, 2001

Em seu reconhecido artigo, Winnicott (1958) nos fornece pistas sobre a construção da "capacidade de estar só" como signo positivo do desenvolvimento emocional. Afirma que se trata da experiência de estar só, como bebê ou como criança pequena, na presença da mãe. O fundamento é paradoxal. Essa capacidade em si mesma é um fenômeno mais elaborado, que apareceria no desenvolvimento individual despois do estabelecimento da relação entre três.

O paradoxo enunciado pelo autor se refere ao fato de o processo de estar só se construir com a presença materna no mesmo espaço, mas ocupada com outros horizontes libidinais. O bebê pode começar a estar só quando a mãe também pode se separar dele, ainda que esteja presente na sala.

O autor afirma que nisso intervém um tipo especial de relação: a que existe entre o bebê ou a criança pequena, que está só, e a mãe ou o substituto materno com cuja presença efetiva podemos contar, inclusive se por um momento a mãe não o faz, está representada pelo berço, ou pelo carrinho de bebê, ou pela atmosfera geral do ambiente imediato (Winnicott, 1958).

Winnicott nos mostra a abertura à terceiridade e que a atmosfera do ambiente representa o cuidado e a presença da mãe ou dos outros. Isso nos inspira uma série de perguntas. O que faz com que um quarto, um ambiente, uma casa, possua uma "atmosfera continente"?

O fato de estar investida? Povoada de histórias, de traços, de marcas de encontros afetivos? Povoada de objetos que testemunham nossos encontros? Uma arquitetura pulsional? E quando não há ninguém ao redor de nós, estamos realmente sós?

Um poema de Circe Maia (2008), escrito a partir do quadro de Vermeer *A jovem que dorme*, poderia nos trazer uma resposta. No quadro do pintor holandês, observa-se uma jovem sentada em uma cadeira, dormindo, com a bochecha apoiada numa mão sobre a mesa e, à sua esquerda, uma porta aberta.

O cotovelo apoiado na mesa
e o punho na bochecha
toalha de mesa luminosa, parede na sombra
a jovem dorme.
Pela porta entreaberta
se vê um quarto sem ninguém

> um móvel
> um quadro
> azulejos claros: ninguém.
> Mas não sozinha. Totalmente envolvida
> sustentada por formas e cores
> em vívido equilíbrio
> Com que confiante gosto está apoiada
> apenas, a outra mão
> e a luz é calma.
> Não sozinha. Protegida.
> Seu quarto-barco viaja
> onda de tempo imóvel
> navega... luz... silêncio...

C. Maia marca com sutileza como o invólucro, a sustentação, está dado pelo ambiente que lhe confere um "vívido equilíbrio" e uma forma de proteção na viagem configurada pelo dormir e pelo sonhar.

Os "objetos tutores" que "envolvem" o bebê cumprem as mesmas funções de proteção, continuidade e segurança que se descrevem imaginariamente na pintura? Essa experiência, que aparentemente começa no início da infância, não perdura ao longo de toda a vida, por meio do valor especial que damos aos objetos e ao ambiente?

Objeto tutor e a função de testemunho

O escritor M. Mujica Láinez (1996) diz:

> As coisas das quais se afirma que carecem de alma são
> donas de segredos profundos que se imprimem nelas e lhes

criam um modo de alma especialíssimo. Transbordam de segredos, de mensagens, e, como não podem comunicá--las senão aos seres escolhidos, tornam-se, com o andar dos anos, estranhas, irreais, quase pensativas . . . Os objetos poderiam contar a vida do escritor, e a história da família, pois foram testemunhas (diante de quem não dissimula) de muitas horas de intimidade. Se pudessem falar conosco ou se nós fossemos capazes de entender sua linguagem, quanto saberíamos dos seus donos!

Não somos sem alguém ao nosso lado, "não sozinhos", mas rodeados de objetos, atmosferas, cores que "dizem a nossa intimidade" e que poderiam representar o contato com sujeitos ausentes. Se parafrasearmos Siri Hustvedt, poderíamos dizer que, em solidão, os objetos nos acompanham com suas histórias internas quando elas formam testemunhos de encontros.

K. Nassikas (2011) investigou o conceito de *testemunho* e afirma que, na perspectiva etimológica, em latim, existem dois termos para designar a noção de testemunha: o primeiro, *testis*, vem de *tersitis* e significa "isso que surge em terceiro lugar entre dois pares em disputa"; o segundo, *superstes*, vem do verbo *sistere*, que é um derivado do verbo *sto*, pôr-se de pé (p. 60). Além disso, afirma que, em grego, o termo significa também mártir: testemunho é o martírio que também significa tortura. O verbo *martyr-o* significa lembrar, manter a visão de uma cena

Então, a partir dessas buscas etimológicas, ressalta por um lado o papel da testemunha como terceiro, como aquele que mantém uma recordação, que guarda uma cena, o qual nos leva à relação com o conceito de continuidade. Poderíamos fazer uma metáfora: é como se, de alguma maneira, o objeto tutor-testemunha fosse uma pré-figuração da experiência do terceiro e mantivesse em si mesmo a continuidade de uma experiência vivida no passado. Ela faria parte da história subjetiva pessoal.

Lydia Flem (2001) diz que:

> *as coisas não são meramente coisas, elas incluem traços humanos, elas nos prolongam. Os objetos que há muito nos acompanharam não são menos fieis que os animais e as plantas que nos rodeiam. Cada um tem uma história e uma significação mescladas com as das pessoas que os usaram e os amaram. Objetos e pessoas formam juntos uma espécie de unidade.*

Essa bela frase de Flem concentraria aspectos importantes da relação com esses objetos: eles fazem companhia, têm "histórias que nos historizam" como sujeitos e significações afetivas íntimas que nos identificam. Isso é ainda mais significativo nos processos de luto, em que, às vezes, os objetos têm um valor mais especial como "testemunhas" de encontros.

Podemos ver essa ampliação do objeto tutor a objeto testemunha, tendo uma narrativa íntima e fazendo parte da historicidade do sujeito, em um caso clínico de uma paciente adulta em psicanálise.

Caso clínico

A paciente tem 40 anos. Está em análise, e o motivo de consulta girava em torno de insegurança, autoexigência em excesso, dificuldade de integrar seus afetos, medo de descontrole e depressão. Apresentava traços obsessivos que, em alguns momentos, dificultavam o trabalho de análise em virtude de sua resistência à associação livre e à integração dos afetos em seu discurso.

Em sua história, como fato notável, viveu uma situação de luto difícil, aos 3 anos, pela morte do pai, que determinou em sua mãe uma atitude de "endurecimento"; dedicou sua vida unicamente ao trabalho, para "levar adiante a família" (tinha vários filhos). Aparentemente, na mãe recrudesceu uma tendência a se dedicar plenamente ao trabalho, com elevado nível de exigência; a expressão de afetos por meio de cuidados concretos e pouca possibilidade de falar das perdas, dos afetos, da dor psíquica. Durante a análise, que durou vários anos, foram trabalhados diferentes conflitos sob o predomínio de uma transferência positiva, mas também com o desejo – e o incômodo – de reencontrar em mim o pai perdido da sua infância.

Em alguns momentos, as sessões se tornavam repetitivas, pesadas, a própria paciente se queixava de não conseguir imaginar temas novos "interessantes" e se perguntava o quanto ela me entediava...

Quero mostrar uma parte de uma sessão em um momento da análise especialmente difícil para a paciente e para mim também.

A mãe estivera doente há certo tempo; finalmente morre. A perda foi muito dolorosa para minha paciente, o que por sua vez permitiu incursionar um pouco mais no luto precoce da morte de seu pai e em seus temores.

Mas houve um momento muito especial, quando ela e uma de suas irmãs deveriam "desmontar" o apartamento em que a mãe morara e encontraram seus objetos. A mãe dispusera que certos móveis estavam destinados a alguns filhos ou netos, mas alguns objetos não tinham destinatário fixo.

Nessa sessão ela chega muito perturbada; relata que não sabe o que se passa; encontra-se em grande desassossego porque teve uma desentendimento muito intenso com sua irmã, com quem sempre teve uma boa relação, já que no apartamento, entre os objetos que ficaram, encontraram uma caixa de costura. Quando ela a viu, reconheceu que era a caixa de costura da casa da infância e teve grande necessidade afetiva de ficar com ela. A irmã também a reclamou e por isso a discussão entre elas. A paciente continua perturbada, em silêncio, com claras mostras de estar embargada por uma grande emoção.

Paciente: Não sei por que dou tanta importância se é apenas um objeto... [Fala e dá como exemplo que ela nunca dera muita importância aos objetos. Então, após refletir:] Ainda que... se eu for pensar, a caixa de costura me faz recordar os poucos momentos em que minha mãe estava em casa, tranquila...

Analista: Como era?

A paciente relata recordações desses momentos em que a mãe, quase por um único momento do dia, estava tranquila, quieta, sem preocupação com outras coisas. Parecia outra pessoa. Costurava a roupa rasgada para eles e, às vezes, também tecia algum abrigo. Assim, elas começavam a falar com tranquilidade dos acontecimentos da vida.

P: Sim... [Silêncio profundo.] É que me traz lembranças [chora] dos poucos momentos em que me sentia atendida...

A: Cuidada?

P: De certa forma, sim...

A: Então a caixa de costura é algo mais que um simples objeto, tem lembranças dentro...

P: Sim [chora emocionada], tem histórias dentro... Parece que a quero porque ali ficaram guardadas histórias... de cuidado... ao obtê-la tenho algo bom da minha mãe.

A: Diante da perda da sua mãe aparecem histórias guardadas em objetos e abertas aqui em suas palavras.

P: [Continua emocionada.] Sim...

Quero dizer que, a partir do trabalho sobre o valor desse objeto como "testemunha" de uma série de experiências emocionais importantes em sua vida, ela abriu um caminho diferente nas associações; em relação à sua história pessoal, mas também quanto ao investimento mais calmo e prazeroso, sem tanta exigência, em suas trocas afetivas relativas a suas coisas e da sua casa.[4]

Objetos, casa, histórias... sutil trama de fibras que tecem as experiências do suceder humano. Os objetos tutores ganham valor pela narração, pelas histórias que contêm, que "se corporificam" nas coisas.

Como expressou o escritor marroquino Tahar Ben Jelloun (1995):

> *Uma história é como uma casa, uma casa velha com níveis, com andares, quartos, corredores, portas, janelas, despensas ou grutas, espaços inúteis. As paredes constituem a memória. Arranhe um pouco uma pedra, preste atenção e escutará muita coisa. O tempo recolhe aquilo que o dia carrega e aquilo que a noite dispersa. Guarde e retenha. A pedra é um testemunho. A condição de pedra. Cada pedra é uma página escrita, lida e corrigida...*

Os objetos falam conosco... refinemos nossa escuta...

As histórias nos esperam...

---

4 Não considerei necessário, nesse momento da análise, interpretar essa experiência em relação à transferência no aqui e agora. Provavelmente, ao se referir a essa lembrança com a mãe calma, costurando roupa, ela estabelecia um eco do que sentia que acontecia na transferência: na qual nós "costurávamos" as palavras como uma roupa que a envolvia. Muitas vezes, penso que a necessidade do analista de enfatizar tanto a interpretação transferencial pode estar a serviço do seu próprio narcisismo, e não da cura do paciente. Estes aspectos transferenciais foram explicitados de uma forma "cuidadosa" mais adiante no trabalho analítico.

5. Falso *self* motor, uma versão da subjetivação que fracassa na hiperatividade

> *A saúde inclui tanto a ideia de uma vida pletórica de atividades como o encanto da intimidade.*
>
> Donald Winnicott, 1967

A descrição do chamado "transtorno do déficit de atenção com hiperatividade" (TDAH) tem uma longa história iniciada supostamente em 1845, quando um escritor alemão de contos infantis chamado Hoffman publicou um livro que mostra os comportamentos de um menino, "Zappel Philips" (Felipe, o travesso), embora tenha sido Still, em 1902, quem fez a primeira descrição clínica. Desde essa época até agora, houve uma longa série de modificações que lhe concedem um lugar especial no campo da psicopatologia infantil, já que poucos transtornos sofreram tantas mutações em sua denominação. Diferentes investigadores afirmam que seria parte de uma enfermidade transmitida geneticamente, sendo um fator fundamental, nessa perspectiva, os genes envolvidos na transmissão dopaminérgica:

> As associações genéticas mais importantes no TDAH envolvem genes com a neurotransmissão dopaminérgica. Os resultados obtidos até o momento ainda são provisórios e os estudos de genética molecular sugerem que três genes podem ser responsáveis por aumentar a suscetibilidade ao chamado TDAH: os receptores de dopamina D4, D2 e o gene transportador de dopamina. (Benasayag et al., 2007)

Mesmo as pessoas que têm uma visão biologista são cautelosos em buscar uma causalidade biológica única, embora muitos deles entendam que a terapia adequada e central seria a administração de metilfedinato (Ritalina). Mas não podemos ignorar que a ativação da dopamina também depende de certas características do ambiente e da estimulação, uma vez que o efeito do metilfedinato parece sensível ao contexto em que a droga é administrada. A relação entre a dependência do contexto, o uso de metilfedinato e a dopamina foi investigada por Oberton e Clark em 1997, demonstrando que a atividade dopaminérgica responde à estimulação do ambiente.

Still (2007) acrescenta que, embora a genética, a radiologia e os estudos deem evidências de alterações no sistema dopaminérgico em pacientes com o chamado TDAH, a natureza dessas alterações não é clara. Além disso, os estudos radiológicos mostraram resultados contraditórios.

Então, seria necessário prestar atenção a outros fatores de ordem relacional para compreender a complexa etiologia desse transtorno. Por isso, alguns pesquisadores da área psicanalítica, a partir de diferentes perspectivas, postulam a presença de fatores de ordem dinâmica, especialmente falhas nos encontros intersubjetivos primários, que determinariam parte das importantes dificuldades na subjetivação da criança, nos processos de atenção e na regulação motora (Hernández,

1989; Berger, 1999; Lasa Zulueta, 2008; Janin, 2015; Tizón, 2007; Icart, 2008; Golse, 2010; Untoiglich, 2011; Vasen, 2011).

A conclusão apontaria para a multiplicidade da etiologia: embora fatores neuroendocrinológicos tenham forte influência, os fatores ambientais estão associados a esse transtorno em diferentes níveis, dependendo do caso.

A "moda" hiperativa

A palavra hiperativo (ou déficit de atenção) parece fazer parte de todas as pessoas que prezem ter um certo nível de preocupação com o desenvolvimento infantil. Numerosas revistas de difusão cultural destinaram espaços para tentar esclarecer a incidência dessa doença nas crianças de hoje. Mas percebemos também que o conceito, uma vez que faz parte do universo cultural – sobretudo nos meios de comunicação –, é despojado de seu sentido estrito, e sua gama de sentidos se abre em tal leque que, muitas vezes, parece que qualquer forma de atividade ou inquietação da criança é sinal patognomônico desse distúrbio. A necessidade do ser humano de tentar apreender o desconhecido e dominar as incertezas nos empurra a realizar generalizações arbitrárias sobre o comportamento e, nesse caso, a realizar diagnósticos "hiperativos" (marcados pela pressa) do hiperativo. A partir dessas reflexões, surge em mim a pergunta: todas as crianças inquietas e distraídas possuem déficit de atenção com hiperatividade?

Aspectos diagnósticos

A partir da minha perspectiva psicanalítica, na sintomatologia de uma criança, presto muita atenção à presença do diálogo e à articulação entre os polos intrapsíquicos e intersubjetivos. Poderíamos dizer que o sintoma é como uma moeda com duas faces; uma se refere ao mundo intrapsíquico, à forma como a criança organiza seu mundo pulsional e seus fantasmas, e a outra se refere ao aspecto intersubjetivo familiar, ou seja, a incidência dos fantasmas familiares, suas expectativas, a gama de identificações transgeracionais e também a interação concreta do dia a dia com a criança. Por isso, penso que é necessário investigar especialmente o lugar que a atividade ocupa na família, bem como o seu par oposto: a passividade.

Muitas vezes, ao "abrir" as histórias familiares, deparamos com lutos não elaborados, perdas que ganharam um valor traumático, momentos de ruptura da estrutura familiar (às vezes no plano transgeracional), que têm como consequência um valor especial atribuído a esse filho e aos sinais de vitalidade que possa desenvolver. Em alguns casos, o movimento e os sinais de vitalidade e autonomia da criança afugentam fantasmas depressivos na mãe. Poderíamos pensar que a hiperatividade configuraria um equivalente depressivo tanto da criança como da mãe. Nos casos que tento descrever, a reivindicação parental (por vezes concentrada na mãe) é que a criança, por meio de sua distração e sua hiperatividade, "está sempre chamando a atenção" (tanto em casa como na escola). E, nessas situações, é preciso tomar as palavras com toda a sua força expressiva do desejo inconsciente. Já que esse chamar a atenção certamente não nos falará de um "déficit de atenção", mas de um déficit de atenção afetiva (disritmia), será que este, com a alteração do circuito libidinal e da estrutura do vínculo pais-bebê, tomaria outras vias de expressão por meio do que "aparentaria ser" um transtorno de déficit de atenção?[1] Em uma posição talvez extrema, J. Bergés (1997) afirma que por trás de

---

[1] Naturalmente, precisamos pensar que a hiperatividade é ao mesmo tempo um chamado de atenção ao ambiente, uma comunicação estrondosa das dificuldades da criança, a ser escutada pela família. Para Bergés (1997), nessas crianças, o déficit é o fato de não poderem falar, não poderem dizer. O corpo fala por elas.

cada criança hiperativa se esconde um fantasma de morte. Ele diz que a criança, com o seu funcionamento, responde ao que acredita ser o desejo da mãe. As mães que excitam a criança o tempo todo têm um desejo inconsciente de morte, porque imobilidade é morte. Assim, assume relevância o papel do olhar materno, pois muitos comportamentos do hiperativo são desencadeados de forma mais intensa por essa presença.

Aspectos clínicos

Em minhas reflexões clínicas, trarei a ideia de três formas de funcionamento diferentes, cujo eixo central é a inquietação motora e as dificuldades com a atenção.

1. Crianças que foram diagnosticadas em equipe interdisciplinar, que mantêm as características do transtorno do déficit de atenção, em que uma das principais indicações terapêuticas é a medicação (Ritalina) juntamente com o trabalho compartilhado de outras abordagens (seja psicomotricidade, psicoterapia ou trabalho com os pais e a família etc.).

2. Crianças que possuem uma estrutura fundamentalmente neurótica, com desenvolvimento em múltiplos planos de seu psiquismo, e em relação à qual a preocupação com a distração é situacional e teria a ver, em parte, com diferentes fatores neuropsicológicos e emocionais, por exemplo, a presença de algumas dificuldades nas funções instrumentais (inteligência, linguagem, psicomotricidade) (Ravera, 2000; Ponce de León, 1998).

Podemos considerar, por exemplo, lutos não resolvidos da mãe ou da família e/ou com aspectos nos quais essa criança preenche o horizonte libidinal materno. O filho continua sendo o objeto que a completa, e a inquietude que o caracteriza estaria a serviço do prazer libidinal da mãe. Observam-se dificuldades com limites em geral e certa anulação da figura paterna, pois pode não haver interdição funcionando entre a mãe e seu filho. Poderíamos pensar que o movimento é uma forma de descarga da excitação, devida à forma de sedução que se estabelece entre a mãe e o filho.

Na maioria das vezes, as crianças apresentam intensa angústia de separação e distúrbios de sono em um contexto de conflito edípico, em que não colocaríamos a dificuldade em um plano primário da estruturação psíquica.

3. Crianças em que se mantém o fato em comum de inquietação motora, mas que possuem características peculiares no seu funcionamento psíquico e relacional. Pensando do ponto de vista psicanalítico (e especialmente da perspectiva de Winnicott), são crianças que, sem serem psicóticas no plano clínico, têm dificuldades na sensação de existir, em serem capazes de manter a sensação de continuidade existencial. Poderíamos observar então uma forma de angústia em relação à descontinuidade do *self*.

Assim, observam-se falhas na estruturação psíquica primária e, ampliando as contribuições de Winnicott em relação ao conceito de falso *self*, proponho a hipótese de outra forma de falso *self* que denomino falso *self* motor. Para isso, será importante rastrear o conceito de verdadeiro e falso *self* em Winnicott.

Verdadeiro e falso self

Os conceitos de falso e verdadeiro *self* foram contribuições fecundas de Winnicott para o campo da psicanálise e das pessoas que estudam o funcionamento do ser humano e as vicissitudes da construção de sua vida psíquica e relacional.

Esses conceitos se entrecruzam, dialogam, brincam, aproximam-se e se afastam paradoxalmente em um movimento incessante ao longo de toda a obra, junto a conceitos vizinhos como não integração, informe (*formless*), transicionalidade etc. O objetivo do meu trabalho consiste em fazer se encontrar esses conceitos, fazê-los dialogar entre si; ver que caminho podemos fazer juntos, tratando de "criar" também minha forma pessoal de me (des)encontrar com esse autor, sua obra e os fatos clínicos que me interrogam.

É verdade que a denominação com que identifica esses conceitos pode ser polêmica. Ao longo de grande parte de sua obra, Winnicott estabeleceu essa diferenciação entre verdadeiro e falso *self*. Sabemos que ele se ocupa muito mais da construção do sentimento de pessoa que do funcionamento de um aparelho psíquico destinado a processar a gama de excitações que lutam a partir do pulsional para obter satisfação. Isso não quer dizer que esse autor deixe de lado o conceito de sexualidade, mas que seus pontos de interesse abordam outros tópicos da estruturação do sujeito.

Em 1967, ele escreve que só deseja considerar a vida que uma pessoa sã é capaz de viver. Pergunta-se: o que é a vida? Sem que seja necessário responder a essa pergunta, é possível concordar que é algo que diz mais a respeito do ser que do sexo. Ser e sentir-se real é próprio da saúde, apenas se julgamos natural o fato de ser é que poderemos progredir para coisas mais positivas.

Sabemos também que ele defendeu poder encontrar sua forma pessoal de expressar suas ideias com sua terminologia e até mesmo seu próprio estilo de escrita.[2]

O curioso da sua construção teórica é a resistência em adotar definições, de maneira que o leitor precisa fazer o esforço de acompanhá-lo

---

[2] Em sua forma de escrita, ele diz que vai coletando coisas aqui e ali, enfrenta a experiência clínica, forma suas teorias e, no final, pensa nas ideias que tirou dos outros (Winnicott, 1945).

em momentos diferentes da sua teorização e, assim, ir ampliando os conceitos teóricos.[3] Por um lado, o verdadeiro *self* faria parte do potencial herdado em fase de experimentação da continuidade existencial e de aquisição, a seu modo e ritmo, de uma realidade psíquica pessoal e de um esquema corporal próprio (Winnicott, 1960). Nesse sentido, A. Green (1977) nos traz algo interessante:

> *O que ocorre com o verdadeiro* self*? Em uma primeira apreensão, se poderia dizer que o verdadeiro* self *ampara o que está vivo no sujeito, seu potencial de vida psíquica criativa, aquilo pelo qual existe (sem contentar-se em sobreviver), o que está na fonte do que chamamos de espontaneidade. (p. 7)*

Mas sabemos que, em uma situação que surgiria como oposta, existe no sujeito o que ele denominou "falso *self*", compreendido às vezes como uma organização defensiva que assume prematuramente as funções de cuidado e proteção maternas (Winnicott, 1950).

Falso self *intelectual e falso* self *motor*

Winnicott (1959-1964) assinala que "um caso particular de falso *self* se apresenta quando o processo intelectual se torna a base do ser falso. Então, desenvolve-se uma dissociação entre a mente e o psique-soma, produzindo um quadro clínico facilmente identificável". Interroguemo-nos sobre a função do processo intelectual e do pensamento. Quanto à articulação entre o pensar e a imaginação criadora, Winnicott (1965) considera que o pensar nasce como um aspecto

---

[3] Pode-se dizer que, quase ao final de sua vida, tenta uma definição do conceito de *self* a pedido da sua tradutora francesa (Winnicott, 1971).

da imaginação criadora, contribuindo para sobreviver à experiência de onipotência. É um ingrediente da integração do *self*. Embora o pensar possa ser parte de um processo de integração, tem também suas bordas arriscadas em relação às falhas do ambiente: "Certos tipos de falha materna, especialmente de comportamento, produzem uma superatividade do funcionamento mental" (Winnicott, 1949).

Hiperatividade mental, diz-nos Winnicott. E o que podemos pensar de hiperatividade motora?

Continuemos pensando sobre a questão dos níveis de formação de falso *self*. Penso que Winnicott se aproxima do tema com o conceito de desassossego e o preenchimento de seus vazios: "Em vez de uma série de inquietações culturais, há marcados desassossego, incapacidade de concentração e necessidade de ser atacado pela realidade externa, de maneira que o indivíduo pode preencher sua vida com as reações a tais ataques" (Winnicott, 1960).

Desejo destacar especialmente essa citação, já que coincide com determinadas situações que tenho observado na clínica há alguns anos.

No trabalho com crianças e adolescentes, observo em suas histórias subjetivas que, nos primeiros anos de vida, o movimento parece ter tomado a função de sustentação do *self*. Quero destacar o fato de que, em minha experiência, em muitos casos parece que o movimento assume essa primazia, o que faz perder o valor criativo do brincar, ou mais ainda, em muitos casos, não é conquistado. São crianças que também apresentam, como outra característica, grande dificuldade para ficar sozinhas, relaxar e se concentrar nas atividades, bem como perturbações do sono ou dificuldade de adormecer. Consequentemente, o que surge como expressão vincular é a dificuldade com limites, e os pais destacam que são crianças que "não sabem brincar". Em não poucos casos, costumam ser rápida e precocemente diagnosticados como portadores do "transtorno do déficit de atenção com hiperatividade". O que essa perspectiva diagnóstica de cunho biologista não leva em conta são os fatores de ordem preferencialmente afetivo-vincular que determinam essa "hiperatividade", ou seria melhor dizer "esses marcados desassossego e incapacidade de concentração"?

Então, perguntamo-nos: por que não pensar em outros tipos de falso *self*? Refletindo sobre as características das crianças já descritas, surgiu em mim a hipótese do funcionamento de um "falso *self* motor", diferente do falso *self* intelectual (Guerra, 2001).

Winnicott (1965) propôs que, diante de falhas nos cuidados maternos, algumas crianças precisam se encarregar da irrupção das falhas ambientais. Assinala, por exemplo, que o bebê sobrevive por meio da mente (intelecto). A mãe explora a capacidade de o bebê pensar para conceber coisas, compará-las e compreendê-las. Se o bebê tem um bom aparelho mental, esse pensamento se torna substituto dos cuidados maternos e da adaptação. O bebê se torna mãe de si mesmo compreendendo, mas compreendendo demais.

Parafraseando esse autor, eu sugeriria que essas crianças agem como mães de si mesmas se movimentando, mas se movimentando demais (falso *self* motor).

Por que não pensar que, em vez do intelecto, a atividade motora, o deslocamento e o "domínio" dos objetos e do espaço sejam o que proporciona a função de segurança e cuidado do *self*, formando-se assim um falso *self* motor?

De acordo com minha experiência clínica, algumas das características que apresentariam essa forma de falso *self* motor seriam as seguintes:

- substituição da dependência normal do objeto materno pela atividade e pelo movimento excessivo e desorganizado;
- incremento do domínio dos objetos e das relações (pulsão de domínio);

- autonomia e independência precoces;
- escassa reclamação de contato afetivo, parecendo se autoabastecer afetivamente;
- ausência de angústia de separação e presença de angústias arcaicas de vazio e descontinuidade;
- ausência de experiências de relaxamento e sossego (não toleram a sensação de vazio);
- impulsividade marcada por pouca tolerância à espera e à frustração;
- transtornos para conciliar o sono;
- pobreza do brincar simbólico;
- dificuldades de fazer uma tarefa e realizar um processo em que esteja envolvida continuidade;
- uso do "outro" mais como "parceiro" do seu desenvolvimento motor que como continente de suas emoções, em uma espécie de relação objetal.

Caso clínico

Apresentarei o caso de Ramiro, um menino de 8 anos diagnosticado como portador do transtorno do déficit de atenção com hiperatividade e que sempre foi descrito como muito ativo, impulsivo, acelerado e independente. Foi medicado durante anos com Ritalina, que, apesar de ter aumentado um pouco sua capacidade de atenção, não diminuiu sua inquietude motora nem sua impulsividade e produziu efeitos secundários como falta de apetite. Os pais me consultaram sobretudo por esses aspectos, com dúvidas a respeito da eficácia do trabalho analítico, pois o neuropediatra o desaconselhava.

Foi necessária uma série de entrevistas prévias para poder gestar uma posição diferente na consulta. Essa foi uma forma de "pausa" necessária para abrir um campo diferente até o desejo, já que o ritmo da família era vertiginoso, sem poderem se deter muito em pensar sobre as vivências e os atos.

Foram surgindo assim alguns aspectos da história subjetiva do menino, a partir da qual prevalecia a imagem de um bebê de difícil vínculo, difícil de consolar; o pediatra já havia anunciado que daria muito trabalho.

Durante muito tempo, sofrera de transtornos de sono e a hora de dormir tinha sido sempre "uma batalha".

A mãe relatava que Ramiro "não se entregava", estava sempre alerta. Fomos descobrindo que ela tinha começado a trabalhar rapidamente em uma empresa familiar, necessitando que seu filho ficasse independente precocemente. A isso se uniram aspectos depressivos maternos, difíceis de verbalizar porque apareciam encobertos por sua gama de atividades. Declarava-se mulher ativa, mas em alguns momentos seu tom de voz parecia mais depressivo e relatou como, no início da vida do filho, ela se deprimiu porque coincidiu com a enfermidade grave de um familiar. Dizia que o trabalho a resgatara da depressão.

O pai acrescentava que Ramiro sempre tinha sido "chucro", desde pequeno não gostava de ser segurado nos braços, não gostava de depender de ninguém, muito dominador, nunca expressou angústia de separação, não era fácil acalmá-lo e eles não modificaram muito seu ritmo de vida, ao contrário, o bebê se adaptou ao ritmo da família.

Durante o tratamento, nas sessões, a atividade parecia ser desde o início sua forma de comunicação e, na transferência, havia uma insistência quase permanente de que eu brincasse ativamente. Ramiro pedia para jogar futebol e, se eu propusesse uma pausa, zangava-se e eu "corria o risco" de ser retirado da equipe e ficar na reserva. Trabalhamos muito o tema de ser substituído se alternasse atividade com passividade; o jogador seria expulso do time se decepcionasse as expectativas.

Os jogos de futebol se alternavam com lutas dos bonecos de ação, sempre em uma vertigem de movimento e com um montante importante de intolerância à frustração.

Em uma sessão, antes de entrar no consultório, ao caminharmos pelo corredor, observa a parede, nota uma pequena rachadura na pintura e me pergunta: "É verdade que esta casa no começo rachou, como isso aqui"? Fico muito surpreso, intuo que é um tema importante e pergunto o que ele acha.

Paciente: Sim, parece que não a construíram bem e podia desmoronar tudo... Depois arrumaram, não?

Analista: Por que você acha isso?

P: Não sei, são coisas que sei, mas que não sei explicar direito... Ah, acho que foi de um conto que li uma vez, mas não me lembro muito... Uma vez li um conto que era sobre casas e essas coisas.

A: Como era?

P: [Parece que vai responder, entramos no consultório e repete-se a sua pauta de começar a pular e querer jogar futebol de forma muito ativa, aceleradamente.]

A: Você se movimenta tanto para que não apareça essa fenda que pode fazer tudo desmoronar como a da casa do conto. Estamos aqui trabalhando para consertar isso.

P: [Para minha surpresa, pela primeira vez em dois anos de tratamento, ele para, olha-me nos olhos e diz:] Sim, é verdade, quero saber essa história.

A: Claro que sim, é uma história que tem a ver com você, com coisas que você sente e não consegue dizer com palavras. Podemos usar palavras para mover, não só a bola e as pernas.

Sentamo-nos e Ramiro começa a contar "seu" conto. Sua narrativa era acidentada, fomos construindo entre nós a coerência do relato como uma forma de conarração. Nessa história, quando foi construída a casa, as paredes não estavam muito fortes e racharam e havia um menino que vivia na casa e tinha medo da rachadura porque não havia nada, estava tudo vazio e supunha que dali saíam monstros. Então se movimentava muito e nunca queria ficar quieto porque parecia que as paredes podiam cair e a casa, desmoronar porque saíam monstros. Assim, um dia, um vizinho que estava fazendo uma casa ao lado viu a rachadura e precisaram consertar. O menino se deu conta de que os monstros não eram verdadeiros e o problema era que a casa tinha sido feita "com pressa". A história continuou e foi parte fundamental do processo de elaboração na análise.

Quero retomar essa "pergunta-rachadura" do começo da sessão, que poderíamos tomar como uma interrogação aberta sobre a origem da sua vida, sobre a cena primária, sobre a origem do seu vínculo primário... Essa dialética entre fazer as coisas "com pressa" e dar um tempo de assentar os materiais faz parte de uma dialética rítmica entre atividade-passividade, integração-não integração, que é um ponto conflituoso importante nessa forma de funcionamento que denomino "falso *self* motor". Parecia que havia uma rachadura, um vácuo vivido como arriscado, marcado pelo problema e pela ameaça de colapso e que seria necessário cimentar de novo. Isso parece também fazer parte do pedido na transferência. A movimentação nesse paciente parecia ser tanto uma defesa diante da angústia primária como uma forma de funcionamento, dada a precária passagem à palavra como forma de movimento psíquico.

Podemos pensar que a mobilidade motora pode conotar esse valor de dar o sentimento de existência, na medida em que também coexista com as necessárias experiências de não integração-relaxamento que permitem a metabolização das experiências vividas. Mas, diante essa forma de desencontro primário, de disritmia com o ambiente, a mobilidade se "descola" da sua função "suficientemente estruturante" e cobra primazia excessiva como fonte de segurança do self. Deixaria de ser fonte de movimento espontâneo para estar a serviço de um falso self (motor), "impulsionado" (o movimento) para suprir as angústias. Quero também lembrar que outra característica dessa criança era uma resistência muito marcada para dormir e, mais especificamente, para entrar no relaxamento prévio ao sono. Os pais relatavam que desde pequeno adormecia praticamente por esgotamento, sem reclamar muita atenção.

A partir das características assinaladas nessa forma especial de construção do *self* (falso *self* motor), gostaria de destacar três aspectos: 1) autonomia excessiva sem angústia de separação; 2) papel do movimento (em oposição ao relaxamento) e da pulsão de domínio; 3) distúrbios de conciliação do sono.

Autonomia excessiva sem angústia de separação

O sentimento de continuidade (no sentido de continuidade existencial de acordo com Winnicott) que o bebê construiria a partir das experiências primárias com a "mãe suficientemente boa" – em que a dialética entre os processos de integração-não integração, personalização e ilusão-desilusão vai permitindo tolerar o vazio e, a partir disso, adquirir a categoria presença-ausência e dar o salto para a simbolização – não se dá, ou melhor, apresenta dificuldades importantes.

Entre outras coisas, o cruzamento de fatores constitucionais da criança com dificuldades de contenção materna contribui para que a criança procure a sensação de continuidade de fora do seu ser, por meio da atividade motora e exercitando a "pulsão de domínio" no sentido que Freud, bem como Kreisler, Fain e Soulé (1974), a destacam. A criança passa a tentar dominar, possuir os objetos e o espaço ao redor, sem manifestar angústia de separação.

Pessoalmente, destaco esse aspecto e, de forma muito resumida, quero ressaltar que, de acordo com diferentes autores, esse sinal se manifestou como um momento estruturante da subjetividade em andamento. De Spitz (1947), com a identificação da angústia do oitavo mês, até Mahler (1975), com a "crise de reaproximação" do segundo ano de vida, argumenta-se que a possibilidade da constância objetal e da interiorização da relação com o objeto está marcada pela manifestação da rejeição da separação-ausência do objeto de amor.

Isso levaria à possibilidade de ligar a pulsão a um objeto por meio do qual se veicula o desejo. Na ausência de angústia de separação associada à autonomia precoce, haveria uma forma de prescindir do objeto materno que produz efeitos potencialmente patogênicos na estruturação. Ao não contar com o "outro" materno como objeto privilegiado, altera-se o circuito libidinal e falha a articulação do processamento do par presença-ausência (Casas de Pereda, 1999) e a construção do corpo erógeno como eixo estruturante.

Assim, o movimento substitui a reivindicação do "outro" e o corpo se torna fonte de descarga da excitação, com uma passagem precária ao representacional.

Papel do movimento (como oposto ao relaxamento) e da pulsão de domínio

Parece que substituem o apego intenso ao objeto materno pela hipertrofia da pulsão de domínio em relação aos objetos, excluindo a participação do outro na relação com a utilização dos objetos, mesmo no plano lúdico. São crianças que, na sua independência precoce, mostram muito cedo uma marcada autonomia motora, gestando uma falsa imagem de precocidade motora. Poderiam dar a impressão de haver adquirido como categoria psíquica o que Winnicott (1958) denomina "capacidade de estar só". Mas isso não deixa de ser um erro, uma vez que o substrato prévio do encontro de relação de ego (vinculação egoica) mostrou dificuldades importantes.[4]

Assim, os momentos em que essas crianças se entretêm e podem estar sozinhas são tomados como sinal de maturidade emocional, mas esta não se instaura realmente e, ao contrário, encontramos uma pseudoindependência a serviço de uma autossustentação patológica. Autossustentação proporcionada basicamente pela inquietação motora exagerada e pela prescindência da natural dependência ao outro, para passar a investir prioritariamente os objetos e o espaço em uma vertigem de movimento.[5]

Por sua vez, é possível processar a experiência estruturante que Winnicott denominou não integração, vivenciada como experiência associada à sensação de relaxamento, de falta de atividade, de tolerância do informe (Winnicott, 1971). Essa experiência implica a tolerância à espera, ao vazio não angustiante que prepara o sujeito para a ação e a criatividade. A partir desse posicionamento, o sujeito sentiria a experiência de existir. Essa experiência de origem primária, para esse autor, é de extrema importância, pois considera que o essencial é a mais simples de todas as experiências, aquela baseada no contato em ausência de atividade, na qual existe um espaço para o sentimento de unidade entre duas pessoas que na realidade são duas, e não uma só. Essas coisas dão ao bebê a oportunidade de ser, a partir da qual pode surgir em seguida tudo o que tem a ver com a ação e com a interação. Aqui está a base para o que se torna paulatinamente, para a criança, a experiência de ser.

---

4 Em relação ao tema da vinculação egoica, remeto o leitor ao excelente resumo sobre o tema que realizaram Davis e Wallbridge (1981).
5 Autossustentação que alguns autores denominam: "procedimentos autocalmantes" (Smajda, 1993; Boubli, 2002).

Essas experiências não foram vivenciadas pela criança por diferentes motivos, entre eles, a tendência que já ressaltamos para uma autonomia precoce e a necessidade de dar sinais de atividade e vitalidade que afastem fantasmas depressivos e/ou de morte. É assim que a criança, em vez de buscar o contato com o outro, repele-o, e em sua inquietude extrema que leva à colocação de "limites" por parte do adulto está implícita a busca de limites para seu *self*, e às vezes chocar-se contra os objetos ou ter contatos violentos com as pessoas são formas de buscar um continente, um invólucro diante da sensação de transbordamento.[6] Um tentativa desesperada de encontrar de alguma forma a sensação de ser.

De outra perspectiva, mais freudiana, aparentemente haveria importantes dificuldades no manejo da excitação no plano psíquico, comprometendo-se assim a motricidade como descarga e também tentativa de neorregulação do funcionamento psíquico (Brusset, 1999). Como assinala M. Fain, "a motricidade está tanto mais envolvida na patologia quanto mais insuficiente é o investimento" (Brusset, 1990).

No plano lúdico, tampouco podemos pensar que, no seu funcionamento psíquico, essa criança esteja transitando pelo espaço transicional. Sua atividade lúdica é mais uma "atividade" que algo lúdico-criativo.

A vivência criativa do brincar estaria ausente como: "forma de exploração em que o *self* procura a si mesmo... em que se buscar pode ser a única forma possível de existência, sem que jamais chegue a se encontrar" (Green, 1977, p. 12).

O brincar não seria, então, uma forma de elaborar a re-união com a mãe,[7] mas – dado o tipo de relação de objeto, em que não

---

6 Isso nos levaria a refletir sobre outro tópico, a construção da imagem corporal nessas crianças... bem como o papel da provocação e da transgressão. Temas que não abordarei neste trabalho.
7 Winnicott hierarquizava o roteiro, "esse breve traço que ao mesmo tempo une e separa" (Gaddini, 1978).

haveria um pleno encontro libidinal, e no contexto da ausência de angústia de separação –, sugerimos que, mais que elaboração da separação, enfrentaríamos uma forma de renegação ou desmentido da separação, como Winnicott e Gaddini propuseram inicialmente.

Nesse aspecto, teria elementos em comum com o que nos sugeriu Renata Gaddini a respeito da patologia do "objeto precursor" (por exemplo: no caso de automovimento, tricotilomania e ruminação), mas com a diferença de que, na situação clínica que ela relata, haveria o desprezo total pelo objeto libidinal e a retirada do mundo exterior com características quase autísticas. No que tento descrever, isso não estaria presente, já que a criança procuraria uma forma de autossustentação buscando desmentir sua necessidade de dependência do objeto (rechaço da ajuda e contribuição do outro). Além disso, são crianças que podem ser muito sociáveis, que chamam a atenção pela adaptação precoce a situações novas, mas também pela labilidade da sua atenção e pela falta de limites, em que a presença do outro contaria como "parceira" da sua agitação motora, e não como objeto que possa conter suas emoções e estabelecer um vínculo objetal.

Transtorno de conciliação do sono

Observam-se as dificuldades para poder conciliar o sono, já que, como dizia em relação à vinheta clínica, essas crianças adormecem por exaustão. Os pais relatam que a hora anterior ao sono é um momento sumamente estressante, já que se dá na criança uma espécie de "batalha contra o sono". Quando a criança está prestes a adormecer, parece acordar e sua agitação recomeça. Considero que essa dificuldade está relacionada com a reativação das dificuldades primárias de viver as experiências de não integração-relaxamento. O que o bebê ou a criança não toleram é a perda de controle do seu corpo, e se investigarmos a história das práticas familiares de adormecimento descobrimos muitas vezes que, desde esse tempo, os pais marcavam a autonomia precoce da criança. Às vezes nos falam que o filho "dormia sozinho, não reclamava nada, só que ficava insuportável ou acelerado, até adormecer quase de repente". Estaria ausente o espaço anterior ao sono, entendido como espaço de contenção psíquica por meio dos rituais de separação próprios do infantil, com o seu cortejo de mimos, canções de ninar, contos e objetos que acompanham a transição da separação (objetos transicionais). O que se observa às vezes é a presença da sucção de dedos em algo que estaria – a meu ver – a meio caminho entre uma expressão do autoerotismo, com a recriação fantasmática do objeto, e o objeto precursor, que, introduzido na boca, dá ao *self* a sensação de continuidade perdida. É justamente a irrupção do relaxamento anterior ao sono que parece ser vivida como um corte na continuidade do existir.

Um exemplo literário ilustra esses aspectos. A maestria de I. Calvino (1962) pinta em seu romance *O cavaleiro inexistente* o que tento descrever:

> *Agilulfo Emo Bentrandino de los Guildivernos e dos outros, de Cerbentras e Sura, cavaleiro de Selimpia, Silterior e de Fez, era cavaleiro dos exércitos de Carlos Magno. O comprimento de seu nome ia junto com a precariedade de sua "existência". O cavaleiro inexistente habita dentro de uma armadura branca onde não há ninguém... Agilulfo é apenas uma força de vontade que quer existir. Por tanto querer ser, Agilulfo não tem alívio. Quando chega a noite e o exército se recolhe, ficando só os vigias, a Agilulfo está negado o descanso. "Ele não pode dormir, sequer deixar vagar seu pensamento através de fantasias, imagens imprecisas, sonhos... Aquele poder de*

> *fechar os olhos, perder a consciência de si, afundar-se no vazio das próprias horas e logo, ao despertar, voltar a encontrar como antes, para retomar os fios da própria vida, era algo que Agilulfo não podia saber, e sua inveja pela faculdade de dormir, própria das pessoas existentes, era uma inveja vaga, como uma coisa que não pode sequer conceber-se. (p. 18)*
>
> *Se na noite: "o mundo ao seu redor se esfumava no incerto, no ambíguo, também ele se sentia afogar em mórbida penumbra, sem conseguir que aflorasse do vazio um pensamento claro... Sentia-se mal: eram os momentos em que acreditava desfalecer; às vezes só a custa de um esforço extremo conseguia não se dissolver. (p. 28)*
>
> *Eu me veria perdido se adormecesse ainda que fosse só por um instante – disse baixinho Agilulfo –, melhor dito, eu não voltaria a me encontrar com nada, me perderia para sempre. Por isso passo muito acordado cada instante do dia e da noite. (pp. 29-30)*

As impressões magistrais transmitidas por I. Calvino coincidem com (ou expressam melhor) minha perspectiva e creio que também a de Bergés (1997), quando considera que, na criança hiperativa, a hipercinesia serve para ela não dormir. "Eu combato, luto de maneira motora contra a chegada do sono".

Epílogo

Queria terminar, e ao mesmo tempo continuar no caminho que os poetas nos propõem, fazendo minhas as palavras de Winnicott quando dizia: "Se há algo certo no que digo, se verá que os poetas já falaram disso" (Winnicott, 1989, p. 205).

Por isso, para me aproximar mais vivencialmente de encontrar palavras que nos ajudem a entender a gama de sensações que poderiam definir esses casos, apelo ao que escreveu O. Paz (1998), que, em seu poema "Pressa", consegue nos transmitir profundamente a espessura das vivências desses sujeitos:

> *Nada me detém. Tenho pressa, vou-me. Aonde? Não sei, nada sei, exceto que não estou no meu lugar.*
>
> *Desde que abri os olhos, dei-me conta de que meu lugar não estava aqui, onde estou, mas onde não estou nem nunca estive. Em alguma parte há um lugar vazio e esse vazio se encherá de mim e eu me assentarei nesse oco que insensivelmente transbordará de mim, pleno de mim até tornar-se fonte ou bomba. E meu vazio, o vazio de mim que sou agora, se encherá de si, pleno de ser até as bordas.*
>
> *Tenho pressa de estar. Corro atrás de mim, atrás do meu lugar, atrás de meu oco... Tenho vontade de estar livre da minha pressa, tenho pressa para me deitar e levantar-me sem dizer adeus, tenho pressa.*

Finalmente, essa dialética entre o movimento, o vazio e a plenitude faz parte de todos nós nesses tempos em que vivemos tão acelerados e "hiperativos". Mas pensamos que, nesses pacientes, essa pressa de correr atrás de seu ser necessita do sossego de nosso olhar, de revisitar suas rachaduras e coconstruir outras histórias como forma de reescrever seu processo de subjetivação.

6. Formas de (des)subjetivação infantil nos tempos atuais: os transtornos de subjetivação arcaica

No momento atual, a clínica nos confronta com diferentes apresentações sintomáticas no que diz respeito ao campo da consulta de crianças e adolescentes, que nos levam a interrogar, de forma fecunda, a inter-relação (interação) entre momento histórico e sintoma do sujeito. Podemos pensar que em um sujeito, e mais especialmente em uma criança, um sintoma, uma forma de funcionamento teria relação com ao menos três planos polissêmicos que se entrelaçam. Por um lado, fala do funcionamento próprio desse sujeito, seus aspectos constitucionais e seu mundo intrapsíquico, mas também fala de sua relação com os outros que formam seu ambiente subjetivante (perspectiva intersubjetiva parental) e, em terceiro lugar, é também expressão da cultura em que a criança e os pais estão imersos, a qual os transcende e condiciona ao mesmo tempo.

Dessa perspectiva, também quero interrogar algumas das manifestações sintomáticas da atualidade, como o surgimento da hiperatividade (Guerra, 2015b) e de uma espécie de "epidemia" dos chamados "transtornos do espectro autista" e, ainda mais especificamente, "epidemia de crianças com suspeita de autismo".

É evidente que, nos últimos anos, tem havido um incrível aumento da frequência de relatos de diagnóstico de autismo, como mostram alguns números reveladores. Nos anos 1950, apresentavam-se um ou dois casos a cada 10 mil crianças (B. Golse, 2013). Temple Grandin (Grandin e Panek, 2014), ela própria uma "autista recuperada" (aliás, que não seguiu em seus livros e conferências uma linha psicanalítica), descreve em seu último livro sua surpresa e seu impacto diante do aumento do diagnóstico. Ela afirma que as pesquisas mostrariam que, em 2002, haveria nos Estados Unidos uma frequência de 1 criança a cada 150, em 2006, uma a cada 110, e, em 2008, uma a cada 88 crianças seriam autistas. Ou seja, um aumento de 70% em 6 anos. Mas, por outro lado, declara que em certos contextos sociais dos Estados Unidos esse número chegaria a "uma criança a cada 33 apresentando um Transtorno do Espectro Autista".

Evidentemente, os números são chocantes e questionáveis. A que se deve isso? Alguns especialistas o relacionam com a melhora dos instrumentos diagnósticos, outros falam de um evidente excesso de diagnóstico (de acordo com os critérios do DSM-IV e do DSM-V). Outros ainda falam do peso de "fatores ambientais", mas dificilmente incluem os fatores vinculares, uma vez que aludem a fatores como tipo de alimentação, vacinas que receberam essas crianças, fatores ambientais indeterminados etc.

Mas, da nossa perspectiva, seria fundamental (do ponto de vista da multicausalidade) interrogar e questionar a "eficácia" desses diagnósticos e, por sua vez, pensar novas formas de articulação entre possíveis fatores constitucionais da criança e certas dificuldades nos vínculos intersubjetivos entre pais e filho.

Tudo isso nos leva a repensar as bases da construção da vida psíquica no bebê a partir de teorias atuais relacionadas com a contribuição do contato afetivo do ambiente ou intersubjetividade.

Como psicanalistas, não podemos fazer uma leitura de uma perspectiva essencialmente biológica, pois nossas lógicas apontam para a manifestação do desejo inconsciente e as vicissitudes da subjetivação, em relação à presença-ausência fundamental do outro estruturante que, pessoalmente, englobo no conceito de *intersubjetividade* (Guerra, 2014). Assim, principalmente no trabalho com crianças pequenas em seu processo de subjetivação, fui observando que o trabalho aberto à dinâmica intersubjetiva na presença do outro, ou o que um autor como R. Roussillon (2010) denomina "metapsicologia da presença", tem consequências muito importantes no processo de subjetivação da criança.

Dessa maneira, deveríamos nos interrogar sobre as "modalidades de presença", sobre as mudanças na parentalidade e nos vínculos, mas inevitavelmente isso nos leva primeiro ao terreno da construção da subjetividade atual. Para isso, também precisamos apelar ao diálogo com outras disciplinas da cultura, especialmente com a sociologia e a antropologia.

Por isso, antes de me ocupar de alguns aspectos do funcionamento parental na atualidade, primeiro farei uma pequena revisão sobre a construção da subjetividade e as mudanças culturais. Tomarei para isso quatro eixos de reflexão que nos permitam pensar de outra perspectiva certas formas de dinâmica da parentalidade que possam ter impacto (juntamente com outros aspectos constitucionais), como polo intersubjetivo, no surgimento dessa espécie de "epidemia de crianças graves":

- mudanças na construção identitária;
- reconfiguração do público e do privado;
- tempo e espaço. A aceleração, o investimento do presente e o culto da urgência;
- as tiranias da visibilidade e a primazia do sensorial. O risco da disritmia na subjetivação.

Mudanças na construção identitária

Na sociedade pós-moderna, em virtude do auge do consumismo, da renovação e da atualização permanentes, os objetos duradouros foram substituídos por produtos descartáveis, pautados por ser efêmeros e por possibilitar uma ilusão de um prazer peremptório e imediato.

Esses aspectos são extrapolados para as identidades que "flutuam", que podem ser adotadas, rejeitadas e até multiplicadas. Haveria uma espécie de volatilização das identidades que circulam na rede, na qual o sujeito pode adotar uma "pluridentidade virtual". Evidentemente, isso implica tanto uma forma de liberdade de movimento na subjetivação como também certas formas de instabilidade, face à hipervalorização da descontinuidade contra o que pode ser estável, contínuo, previsível.

Reconfiguração do público e do privado

Os meios de comunicação implodem o espaço da intimidade e, assim, transformam a subjetividade outrora protegida, hospedada ou abrigada (excessivamente) pelas portas da modernidade. Alguns historiadores falam da presença de uma "subjetividade externalizada" como forma preeminente de expressão. Isso engloba ao menos dois aspectos. Por um lado, por exemplo, S. Tisseron (2011) sugere que as mudanças tecnológicas com o uso da internet implicam o desejo de divulgar uma parte da intimidade; haveria um "desejo de extimidade". O sujeito comunica alguns aspectos do seu mundo interior para experimentar o efeito nos outros, o que estaria a serviço da criação de uma intimidade mais rica. Por outro lado, isso implicaria um incentivo à exposição contínua do *self*, que pode levar o sujeito a precisar se mostrar, ser visto, para se sentir existente ("tiranias da visibilidade"), em detrimento dos necessários momentos de intimidade, relaxamento, retraimento, que supõem um "sentir-se existindo" em outro ritmo, sem a necessidade imperiosa de se exprimir e de estar "em conexão" com outros.

Ademais, a hipervalorização do "público" com frequência leva à subversão, no lar, de uma das categorias fundantes da discriminação psíquica, que é a "diferença de gerações". Às vezes, percebemos famílias muito aglutinadas, cuja dinâmica implica que não haveria muitos espaços de diferenciação entre pais e filhos, nem entre crianças e adultos, de maneira que a criança tende a crescer rapidamente, tornando problemático também o lugar da proibição como diferenciação psíquica, e não se instaura a moratória da espera; podemos imaginar as consequências negativas desse contexto.

Tempo e espaço na atualidade

Diversos autores têm ressaltado como atualmente mudaram os parâmetros em relação a tempo, espaço e velocidade. Z. Bauman (2003) defende que a modernidade tinha uma concepção especial do tempo na qual, se pedissem às pessoas que explicassem o que queriam dizer com "espaço" e '"tempo", seguramente diriam que o "espaço" é o que a pessoa pode transpor em determinado tempo, enquanto "tempo" é o que se precisa para percorrê-lo. E assinala que a modernidade é a história do tempo, é o tempo em que o tempo tem história. Supõe-se que essa concepção específica estivesse relacionada ao parâmetro do deslocamento no espaço.

Hoje em dia, com a mudança desses parâmetros e incorporando, por exemplo, a velocidade na comunicação telefônica, televisiva ou da internet, a perspectiva do sujeito em relação ao espaço vai mudando, unindo-se à necessidade de uma espécie de abolição dos tempos de espera. De maneira que a premissa de "preencher o tempo" com atividades, ocupando diferentes espaços, vem se transformando em premissa quase ontológica. A experiência de vazio se configura muitas vezes como grande inimigo, o que conspira contra o valor estruturante das experiências de relaxamento-não integração (Winnicott).

Em relação aos parâmetros de tempo, espaço e velocidade, alguns arquitetos e antropólogos têm ressaltado uma série de fenômenos em jogo que marcam os ritmos dos funcionamentos grupais. Na nossa cultura ocidental, há uma tendência de que os chamados "espaço públicos" como locais de encontro dos cidadãos, por exemplo, formem progressivamente o que Marc Augé (2003) denomina "não lugares". Que seria "um espaço despojado de expressões simbólicas da identidade, relações e história". Os exemplos incluem aeroportos, shoppings, autoestradas, certas praças públicas, edifícios emblemáticos, anônimos quartos de hotel, transportes públicos etc.

Z. Bauman (2003) assinala que esses espaços peculiares "desencorajam qualquer tipo de permanência, impossibilitando a domesticação do espaço". Uma característica desses espaços é que o sujeito se desloca, está em movimento, e o objetivo não é o intercâmbio simbólico com o outro, mas poder realizar a tarefa que for necessária, normalmente num prazo limitado. Estabelecendo-se algo que poderíamos denominar uma cultura do surfe, já que se trataria de um deslizar, de um deixar-se levar pela velocidade do movimento na superfície dos vínculos.[1]

Em geral, são espaços que estimulam a "fluidez dos vínculos". E tomo esse aspecto de fluidez das contribuições de Z. Bauman (2003) em relação à ideia das mudanças sociais atuais, que se oporia à ideia do sólido. O autor observa que os fluidos se deslocam com

---

1 Pense em alguma forma de comunicação como os SMS nos celulares, ou a comunicação simultânea com várias pessoas num chat, em que pareceria ser mais importante a sensação de estar "conectado" com o outro que o conteúdo expresso na troca.

facilidade, fluem, derramam, transbordam, jorram... ao contrário dos sólidos, não é possível detê-los facilmente.

Esta situação levou Bauman a pensar que o líquido e a fluidez são metáforas adequadas para apreender a natureza da fase atual da história da modernidade.

O "tempo presente"

P. Virilio (1991) assinala que o aumento das comunicações em "tempo real" leva o tempo presente a ocupar um lugar central. A experiência "maravilhosa" de receber informação de um acontecimento simultaneamente de diferentes partes do mundo e por diferentes vias de conexão levaria ao espessamento da experiência do presente pautada por um privilégio do sensorial, no relato do fato vivido. Parece que na atualidade, muito mais que em outros momentos da história, "uma imagem vale mais que mil palavras". O que faria com que, em situações extremas, diminuísse o valor da palavra como integradora da experiência subjetiva emocional do sujeito, passando-se a viver uma forma de "narrativa sensorial". Seria a experiência sensorial, predominantemente visual, que narraria as vivências do sujeito, fato que, por exemplo, pode ter grande valor nas artes, mas na relação pais-criança pequena pode se tornar, em casos extremos, um pouco (des)subjetivante.

Para Virilio, a rapidez e a imediatez nas pautas de comunicação levariam à excessiva centralidade do tempo presente, ao considerar que a primazia da recepção direta de forma imediata apontaria, mais que ao trabalho de representação, a uma apresentação intempestiva dos eventos pelos meios de comunicação de massa, que privilegiam os resumos, as exclusividades, em detrimento do discurso.[2]

---

2 De acordo com J. Baudrillard (1991), as coisas encontraram um modo de evitar a dialética do sentido, que consiste em proliferar até o infinito, até a plena

Vemos como, a partir do campo social, esse privilégio da apresentação sobre a representação terá inevitavelmente implicações na constituição da subjetividade, as quais abordaremos em seu lado extremo e negativo em relação aos "transtornos de subjetivação arcaica" em crianças pequenas.

A aceleração e o culto da urgência

Poderíamos definir o tempo como a ordem de sucessão das coisas ou das experiências, o que implica a presença de uma certa ordem com previsibilidade e sequencialidade. Atualmente, vive-se uma modificação particular na ordem sequencial da experiência.

Para o semiótico A. Cuadra (2003), vivemos uma "nova temporalidade" que poderia tender a excluir a memória, em que o indivíduo contemporâneo vive imerso em um presente acelerado que flui incessantemente, em busca do prazer e de experiências novas, e que muitas vezes desautoriza a experiência do passado e a distância crítica.

Esse fluir incessante da temporalidade também poderia ter consequências nos vínculos intersubjetivos, base da relação com uma criança, já que essa concepção implicaria tanto a desautorização do passado, com a perda de referências para os próprios pais, como não aceitar nem habilitar os movimentos regressivos próprios do "infantil".

Essa aceleração conduziria também à perda ou transformação da ordem dos acontecimentos significativos, que perde seu ritmo

---

realização de suas potencialidades, até ultrapassar a sua essência e chegar aos extremos. Seria uma forma de hiper-realidade, com "um fascinante modo de comunicação não representacional que continuamente retorna sobre si mesmo" (Elliot, 1997).

cronológico interno e fica disposta numa sequência cronológica diferente. A aceleração na resolução dos problemas ou situações passa a ter um valor fundamental e, além disso, parece se privilegiar um certo "culto pela urgência" a partir da ilusão de renovação permanente (Aubert, 2003). Isso implicaria uma supervalorização da ação, concebida como antídoto contra a incerteza. Axioma de que é preciso ter capacidade de resposta imediata ante um futuro incerto e, de certa forma, imprevisível.

Essas considerações nos levam a toda uma série de perguntas sobre as consequências da dialética presença-ausência, com uma nova articulação para evitar os "tempos mortos, vazios". Isso poderia levar a uma hipervalorização da atividade como sinônimo de marca da existência? Que efeitos isso pode ter nos vínculos pais-bebê? Não afetará negativamente, no que diz respeito a não levar em conta os ritmos oscilantes do desenvolvimento de um bebê?

Poderíamos também avaliar que essa aceleração, exigida pela época atual, recai sobre os pais, que procuram uma estimulação rápida e eficaz de seu filho. Hoje, o bebê logo deve ser autônomo e dar provas de um "desenvolvimento ótimo das suas potencialidades", especialmente cognitivas. Dessa maneira, os pais são pressionados a entrar em contato com uma imagem de seu bebê autônomo. Isso evitaria situações de dependência, constituindo uma "separabilidade precoce".

Isso implica que muitas vezes o cuidado com o bebê é dividido entre diferentes adultos (mãe, pai, avós, empregadas, educadoras, "técnicos estimuladores" etc.), de tal modo que o bebê se vê confrontado com situações de descontinuidade precoce nos vínculos, em que cada adulto estabelece uma "língua corporal" diferente. Assim, poderíamos dizer que o bebê é exposto precocemente a um "poliglotismo de linguagem corporal", quando ainda não conseguiu criar "sua própria" língua.

É possível observar várias consequências, por exemplo, o bebê apelar a defesas sensoriais, como forma de evitar a dependência do objeto.

As tiranias da visibilidade e a primazia do sensorial

C. Haroche (2011) afirma que a "exigência de visibilidade contínua" em nossa sociedade contemporânea revela uma nova condição do homem pós-moderno: uma condição fundamentalmente sensorial, que o levaria a precisar ser visível para existir. Pareceria haver uma exigência de um tipo de visibilidade que ignora as fronteiras do íntimo, do privado, e tende a reificar a exposição contínua do *self*. É preciso se mostrar, ser visível para ser valorizado, legitimado e ter garantia de existência. A possibilidade de "invisibilidade" (território do íntimo) parece estar "interditada". Essa "interdição de invisibilidade" provocaria uma perturbação do espaço mental do sujeito, que, em certas situações, empobrece-se, torna-se bidimensional. A velocidade, a aceleração do movimento, o caráter contínuo das imagens das telas, os fluxos sensoriais visuais e auditivos instauram uma relação diferente com o silêncio e a palavra.

Poderíamos dizer que em nossa sociedade circula a premissa de valorização especial de mudança permanente e haveria uma busca por experimentar as sensações como confirmação ontológica, contudo isso nos leva a conceituar: o que entendemos por sensação e por sensorialidade?

A sensorialidade na subjetivação

Tomo a ideia de sensorialidade entendida como o conjunto de sensações que um sujeito experimenta. A sensação seria a vertente emocional de uma impressão sensorial: é possível sentir prazer, desprazer, insegurança. Ao contrário, a percepção implicaria um processo mais intelectual, que poderia incluir a memória e a representação. Dessa maneira, poderíamos pensar que a percepção tem mais apoio no representacional e a sensação, no afeto ou vivência.

Em relação a esse aspecto da experiência sensorial, foram-me de grande utilidade as contribuições de Alberto Konichekis (2000, 2002) e sua ideia de identidade sensorial. Ele diz que a sensorialidade seria a parte afetiva de qualquer percepção, sua carga libidinal, e afirma:

> *O conjunto das experiências sensoriais estabelece uma espécie de nó íntimo pessoal fundador do sentimento de si, profundamente subjetivo e dificilmente transmissível, as sensorialidades traçam uma espécie de cartografia única e individual e determinam os contornos de cada pessoa. Esse conjunto de experiências formaria a identidade sensorial. (Konicheckis, 2002, p. 126)*

Por outro lado, a sensorialidade faz parte desde sempre da experiência fundante do sujeito. Como assinala o antropólogo D. Le Breton (1996), em condições normais de vida, uma corrente sensorial ininterrupta outorga consistência e orientação às atividades do homem, um fundo sonoro e visual acompanha os deslocamentos dos homens, a pele registra todas as flutuações de temperatura, tudo o que a toca de maneira estável. Le Breton afirma que, mesmo que o olfato e o paladar pareçam sentidos menores notáveis, não deixam de estar presentes na relação que o sujeito estabelece com o mundo.

Os aspectos evidenciados pelo autor nos remetem à ideia de que a experiência dos sentidos forma uma maneira de relação, que D. Anzieu denominou "envelope sensorial".[3]

---

3 Em seu livro *O Eu Pele*, D. Anzieu (1985) descreve diferentes tipos de invólucro sensorial: "a envoltura sonora", "as envolturas térmicas", "a envoltura olfativa" e a segunda pele muscular (envoltura muscular).

> *O conjunto de experiências que constituem os envelopes sensoriais permitem estabelecer um sentimento de identidade que traça os contornos, as fronteiras e as diferenças entre interior e exterior. O sentimento de identidade se forma por um vaivém contínuo entre os fenômenos sensoriais de superfície e a profundidade do íntimo, que corresponde à célebre formulação de Freud (1923) relativa ao eu como fenômeno de superfície e como projeção de uma superfície. (Konicheckis, 2002, p. 127)*

Assinalei dois aspectos da experiência sensorial: a identidade sensorial e os envelopes sensoriais; eu acrescentaria um terceiro ponto: o conceito de "continuidade sensorial", para ligá-lo aos modelos atuais de construção da subjetividade.

Para isso, tomarei um exemplo desenvolvido pelo arquiteto e especialista em gráfica digital Diego Pimentel (2004):

> *Duas pessoas partilham um assento em um ônibus. Uma delas – mulher –, talvez incomodada pela proximidade corporal do outro, chama um terceiro por telefone celular, distante do espaço compartilhado presencialmente com seu vizinho e, como se quisesse escapar fisicamente por meio da conversa, sente que parte de sua realidade se transmite através da rede de telefone celular. E flui. Tudo o que diz é escutado ao menos pelo passageiro ao lado, cinquenta por cento do conteúdo da conversa se torna público, o passageiro liga cada palavra da usuária do celular com uma construção mental forjada em sua cabeça. Interpreta cada palavra reforçada pela entonação, torna-se de repente um voyeur forçado da vida privada*

da primeira. O celular desliga. Para proporcionar continuidade sensorial, a passageira liga seu walkman *ou* discman *ou rádio, tanto faz, de todo modo o vizinho só observa seus fones de ouvido e percebe muito baixa a música que parece ser tecno-dance. A passageira tenta ficar fora da situação, fora desse espaço público móvel delimitado, que percorreu vários quilômetros desde a primeira chamada, em dez minutos apenas.*

Para articular alguns pontos desse exemplo tão interessante com relação aos temas que abordamos, quero ressaltar que, nessa cena, há uma reticência ao contato, nesse espaço que M. Augé denominou "não lugar". As duas pessoas estão fisicamente juntas, compartilham um espaço, um lugar, mas sem uma troca que articule suas subjetividades.

Mas, sobretudo, gostaria de salientar o aspecto da primazia da experiência sensorial. D. Pimentel mostra que a comunicação dessa mulher pelo celular era algo mais do que uma troca significativa com alguém, pois escapar ao contato com o outro parece passar ao primeiro plano e, assim, "parte da sua realidade é transmitida pela rede e flui". Isso nos confronta com a questão de saber que aspecto de si mesma se transmite pela rede e o que flui. Refere-se a um aspecto do "si mesmo"? Por acaso ela adquire uma forma de mesmidade quando sente que flui?[4]

Depois: "O celular desliga. Para proporcionar continuidade sensorial liga o seu *walkman* ou *discman* ou rádio".[5]

---

4   Elliot (1997) diz que na pós-modernidade os sujeitos flutuam, suspensos em um espaço-tempo aberto, e são constituídos e reconstituídos em relação com diferentes configurações da experiência.
5   Esse texto de Pimentel foi escrito em 2004; o conceito tem plena validade na atualidade, apesar de o objeto tecnológico que nos possibilita a experiência relatada ter variado. Se antes era o *discman*, agora tudo parece se concentrar no *smartphone* ou no mp4 ou mp5 etc.

Esse último aspecto me pareceu extremamente relevante e me leva a uma série de perguntas. O que significa manter a continuidade sensorial? É possível uma continuidade sensorial? Que relação pode ter com a continuidade existencial de Winnicott?

A partir da experiência do adulto, Pimentel nos traz uma reflexão que encontramos na clínica atual da (des)subjetivação de alguns bebês com "suspeita de autismo". Neles, a sensação de continuidade do *self* não estaria tão pautada por um trabalho de interiorização do objeto, de re-apresentação da marca deixada pela presença do objeto, mas "a continuidade sensorial" se torna parte da sua falha de subjetivação. Nos casos que descrevo, substitui-se a necessária dependência do objeto materno pela continuidade da "aderência sensorial bidimensional", por exemplo, o televisor. Voltarei adiante a esse ponto.

Por agora, esse foi um rastreamento sobre as mudanças na atualidade e o valor do eixo temporal, bem como as características da experiência sensorial do sujeito atual. Mas como tudo isso conta em um bebê? Qual é o valor da sensorialidade, do ritmo e das emoções em sua subjetivação? Em um bebê, "a experiência sensorial" passa a ser um fator subjetivante na medida em que se dê (como já salientamos) uma adequada integração das suas polissensorialidades com o papel organizador rítmico do ambiente materno (Golse, 2013) e que experimente a vivência de um pleno "compartilhamento afetivo", como afirmou um autor como R. Roussillon (2004, 2010), por exemplo, com sua ideia de "homossensualidade primária dupla".

Para esse autor, a subjetivação do bebê se forma, entre outras coisas, a partir da elaboração dos afetos primários, o que necessita da intricação de dois níveis diferentes.

Sensorialidade e ritmicidade compartilhadas

Por meio do ballet do ajuste mimo-gestual-postural, dos gestos, das mímicas e das posturas da pessoa, observa-se uma correspondência e um ajuste aos gestos, mímicas e posturas do outro. Dessa forma, cada uma das partes funciona como espelho do outro. Ele afirma que essa forma de "eco" sensorial e rítmico dessa coreografia em "duplo amodal" produz um efeito de êxtase, prazer estético. O investimento do processo em que o bebê se sente refletido por sua mãe regula o estado "estético" do bebê e, além disso, o seu estado de espírito.

Emoções compartilhadas

A sensorialidade compartilhada forma um fundo sobre o qual se estabelecerá a possibilidade de compartilhamento emocional. A emoção se forma a partir de sensações primárias e é uma forma mais complexa destas. Sua forma de expressão mais comum seria a "sintonia afetiva" de D. Stern (1985). Pensamos que tudo isso repousa na base de um ritmo adequado, na instauração de uma "lei materna do encontro" que permita o respeito aos ritmos próprios do bebê, a adequação à sua ritmicidade e a cocriação de uma ritmicidade conjunta.[6] Desde o início da vida, o bebê está imerso em uma experiência rítmica que envolve o outro. Toda a vida do bebê se funda sobre a existência de ritmos que, como em uma dança, vão pulsando os momentos de união-separação, presença-ausência, continuidade-descontinuidade, como forma de atenuar as angústias de descontinuidade, marcar o prazer do encontro com o objeto e ir tolerando sua eventual ausência e antecipar o seu regresso. E, além disso, como já assinalamos, o ritmo poderia se inscrever como uma das suas primeiras vivências de identidade, de "identidade rítmica". Ela compreende a vivência organizadora do bebê, que, junto às experiências sensoriais contidas, dariam a ele as sensações primárias constitutivas da unidade no *self*. Na medida em que possa

---

6 Nesse tema, gostaria de mencionar especialmente um material com o qual tive contato recentemente, o livro *O núcleo rítmico*, de H. Honigsztejn, que, já em 1972, foi um dos primeiros analistas a prestar atenção criativa ao tema do ritmo.

ser respeitada pela mãe, a identidade rítmica abre caminho para a capacidade de estar em calma e o prazer de pensar (Hochmann, 1992).

Essas experiências que dizem respeito à ritmicidade são a base em que se desenvolvem os indicadores de intersubjetividade que temos levantado ao longo do nosso trabalho. E a dificuldade na instauração desses pontos subjetivantes seria, de acordo com a minha experiência clínica, a base da *hipótese* sobre o peso do "fator ambiental" no surgimento dessa "epidemia de bebês com suspeita de autismo".

Essa hipótese não implica cair na acusação dos pais. Não falo de falhas em "pais autistizantes", mas, baseado no papel das "séries complementares" freudianas, estou pensando na inter-relação de alguns dos possíveis fatores constitucionais do bebê – como hipersensibilidade sensorial, tendência ao evitamento relacional, dificuldade de integração das polissensorialidades, de reconhecimento das emoções nos tons de voz e nas expressões do rosto e de integração de experiências novas etc. – com uma disritmia no encontro intersubjetivo com os pais. Essa disritmia se relaciona, em parte, com as características da subjetivação atual: em especial, a pressão social que os pais sentem para a "estimulação", com uma "representação cultural" do bebê como ser "separável" e precocemente autônomo. Claro que tudo isso se ressignificará *après-coup*, com a história subjetiva dos pais.

Transtornos de subjetivação arcaica

Há pelo menos oito ou dez anos no meu trabalho clínico e no diálogo com outros colegas, deparamos com o aumento das consultas para crianças pequenas que às vezes são diagnosticadas como bebês "com suspeita de autismo", ou com "formas de autismo com janelas abertas". Em geral, essas crianças recebem um primeiro olhar diagnóstico em consulta com o pediatra, o neuropediatra ou, às vezes, mais especificamente, a partir do jardim de infância. O que chama a atenção nessa situação, tal como a apresentamos no início, é a estrepitosa prevalência, o aumento radical "dessa patologia", bem como, no campo científico, o questionamento severo da psicanálise como ineficaz. Diríamos que deparamos com "crianças sob suspeita de autismo e analistas sob suspeita de ineficiência". Fato que motivou B. Golse (2013) a dar o título a seu livro: *Meu combate pelas crianças autistas*.

Curiosamente, no campo da psicanálise, temos uma longa tradição de abordagem a crianças com "funcionamento autista", com níveis de elaboração e transformação muito interessantes. Entre os múltiplos autores sobre o tema, cabe destacar, por exemplo, na França, toda a obra de Geneviève Haag, e também a obra de um psicanalista como David Rosenfeld (2012), que mostrou em um filme a evolução positiva do tratamento original de uma criança autista ao lado de sua família.[7]

Pessoalmente, ocupo-me clínica e também teoricamente da abordagem à primeira infância e a bebês que estariam no "limite" do diagnóstico (por isso a expressão "janelas abertas"). Isso significaria que seriam crianças que "não cabem" estritamente na lista de sintomas do quadro típico e que, em um ponto fundamental como a interação com o outro, podem manter, durante algum tempo, diferentes formas de contato intersubjetivo, mas muitas vezes, depois

---

[7] Entre os diferentes analistas que se têm ocupado de casos de autismo, podemos mencionar os clássicos F. Tustin (1996), D. Meltzer et al. (1975), G. Haag (2008), J. Hochmann (1990), A. Álvarez (1997), R. Diatkine (2000) e também autores como: L. E. Prego Silva (1999), D. Marcelli (1984), D. Houzel (1988), N. Parada (1996), F. Muratori (2008), S. Maiello (2013), L. Viloca e B. Alcacer (2014), A. Brun (2007), C. Lheurex (2003), P. Delion (2005), B. Touati, F. Joly e M. C. Laznik (2007), M. Mendes de Almeida (2008), N. Woscoboinik (2008), M. C. Pereira da Silva (2013), J. Larban Vera (2013), P. Palau (2009) etc.

de 3, 4 anos, essas crianças entrariam num "processo autistizante" (Hochmann, 1997; Golse e Simas, 2007; Larban Vera, 2013).

Em minha experiência pessoal com esses bebês antes dos dois anos, insisto, encontrei situações clínicas que apresentavam certa medida de ambiguidade no diagnóstico, uma vez que o bebê tem níveis de interação com o outro e certo nível de acesso aos indicadores de intersubjetividade (Guerra, 2014): presença fugaz de troca de olhares, capacidade oscilante de imitação, aceitação mínima de surpresas na interação, diferentes níveis de atenção conjunta, de sintonia afetiva, do brincar em comum, esboço de indicações etc., que após os três anos "se perdem".[8]

Em muitos casos, encontramo-nos com um quadro de "evitamento relacional" (Carel, 1998) mais próprio de uma depressão do bebê, na qual se articulam aspectos constitucionais e dificuldade de contato no ambiente parental.

É bastante comum encontrar situações de depressão materna, falta de compensação afetiva do meio e tendências constitucionais a alguma forma de evitação do contato por parte do bebê (muitas vezes por hipersensibilidade sensorial), que gera na mãe uma vivência ainda mais depressiva. Winnicott dizia que não há bebê sem mãe, mas tampouco há mãe sem um bebê que a reivindique libidinalmente. Abre-se assim o circuito libidinal do encontro, provocando uma "emoção estética" de encanto, que permitirá compensar a necessária "violência" que implica o cuidado com todo bebê (Guerra, 2013b).

De acordo com minha experiência clínica, chamaria provisoriamente essas dificuldades da subjetivação do bebê de "transtornos de subjetivação arcaica", já que estamos falando de tempos "arcaicos",

---

8 Cabe observar que, de acordo com cada situação, é muito conveniente a constituição de uma equipe de trabalho composta por psicanalista, psicomotricista e fonoaudiólogo, para abordar a situação da criança a partir de múltiplas perspectivas.

"primários", do *in-fans*, antes da aquisição da linguagem verbal como ferramenta simbólica. O bebê viveria uma disritmia primária, uma forma falha de subjetivação, ou melhor, uma "des-subjetivação", com dificuldades na instauração da "simbolização primária" (Roussillon, 1999) e, principalmente, dos chamados significantes arcaicos (Golse, Mairesse e Bursztejn, 1992).

Tudo isso implica também uma grande dificuldade na instauração dos indicadores de intersubjetividade, o que terá impacto negativo nos processos de subjetivação do bebê. Nesse aspecto, concordo com as contribuições de Trevarthen e Gratier (2006) quando propõem que: "O autismo provém da desregulação intersubjetiva fundada sobre a perturbação dos ritmos da autorregulação e da interação, portanto, da qualidade musical dos intercâmbios naturais entre adultos e bebês" (p. 171).

Segundo minha experiência, essa desregulação intersubjetiva com a presença dessa disritmia é mais comum nos casos que denomino transtornos de subjetivação arcaica.

Nesse sentido, nessa hipótese, denominá-lo *transtorno* não implica uma visão psiquiátrica, classificatória da situação que o bebê vive, mas tomo a ideia de transtorno de S. Bleichmar (1988), que estabeleceu a diferença entre sintoma e transtorno:

> *Diferenciei em meus trabalhos duas formas de surgimento de sinais patológicos: transtorno e sintoma; sinalizando a diferença entre ambos ao abordar um sintoma como formação do inconsciente, ou seja, como produto transacional só possível de ser cercado a partir da existência dos mecanismos que operam nele, existindo a clivagem do aparelho psíquico que o funda no momento da instauração da repressão inicial. Isso significa, em primeiro lugar, que para o sintoma se constituir como*

> *tal deve não só expressar uma satisfação pulsional que não foi conseguida, mas o próprio sujeito (sujeito do eu) é quem deve recusar uma parte clivada de si mesmo que se tornou estranha e "pulsante". O sintoma é então algo que ocorre de forma intrasubjetiva, não direcional, não direcionada para outro (no máximo o benefício, ou ganho secundário, adquire direcionalidade, mas é "secundário", não primário, não faz parte da constelação central do sintoma). O transtorno, por sua vez, é o surgimento manifesto de um conflito no quadro do que tenho chamado de tópica intersubjetiva, ou seja, no interior das relações primordiais com o semelhante, nos momentos anteriores à instauração da neurose infantil.*

Concordo então com essa proposta, especialmente quando se refere a uma "tópica intersubjetiva", em que o conflito parece intensamente centrado nas falhas de estruturação a partir do desencontro com o outro concreto, que estabelece ou não um vínculo confiável com a criança.

De modo provisório, os itens que fariam parte dessa forma de funcionamento seriam:
- ausência de vários indicadores importantes de intersubjetividade;
- "evitamento relacional" e "graus" de indiferença objetal;
- pouco contacto emocional (ausência de angústia de separação);
- angústias arcaicas;
- defesas primárias de tipo sensorial;
- busca de um objeto estimulador (sensações fortes, hipersensibilidade sensorial);
- bidimensionalidade e autorritmicidade (disritmia);

- busca de segurança e confirmação "identitária" na "continuidade sensorial bidimensional" (identificação adesiva);
- dificuldade de integração da impulsividade (caos no comportamento);
- "relativa ausência" de iniciativas lúdicas;
- organização precária da linguagem;
- ausência de curiosidade epistemofílica (tridimensionalidade);
- falta de acesso à capacidade de estar (brincar) sozinho;
- falta de acesso à terceiridade.

Caso clínico: *do ritmo autocentrado à roda-roda*

Há algum tempo, recebi a chamada intensa, angustiada, de uma mãe que me pede uma consulta para seu filho Gonzalo, de 19 meses. Não tenho horas livres no momento; sugiro o nome de uma colega, mas ela insiste que prefere esperar para me consultar.

Recebo-os uns dias depois; comparecem a mãe, o pai e o pequeno Gonzalo. Parece um menino bonito, ansioso, estranho.

Os pais me cumprimentam, apresentam-no, mas ele não me olha nos olhos. Dirige precipitadamente seu olhar para uma fonte de luz. Eu falo suavemente com ele desde a porta e digo como a luz é linda para ele, também digo que é tudo novo e que ele não sabe quem eu sou...

Os pais me olham nervosos, Gonzalo desce dos braços da mãe e sai correndo para o corredor do meu consultório.

Eles entram, sentam-se, Gonzalo não olha para mim e olha para as luzes do teto, balança nas pontas dos pés e parece agitar os braços. Eu olho para ele, olho para os pais e faço um gesto para dizer que os escuto.

A mãe fala com voz muito nervosa que estão muito preocupados porque Gonzalo é muito diferente dos outros bebês, não olha nos olhos, agita-se muito, é muito difícil de acalmar. Às vezes pensam que teria problemas de audição, mas algumas vezes parece entender o que lhe dizem e pedem, outras não, isso os desorienta... embora se acalme com música e televisão... e não sabem o que fazer com isso... (o tom do relato transmite desolação, angústia e impotência).

Enquanto isso, Gonzalo toma uns carros que deixei no chão para serem usados, move-os um pouco, gira-os e permanece um tempo absorto, aderido à experiência de girar as rodas...

Eu falo com ele, retomando o que dizem os pais, que estão preocupados com ele, e que ele gosta muito dessa roda que gira e gira e não termina nunca (dramatizo com minhas mãos).

Ele me olha de relance e esse olhar me habita fugazmente e me comove...

A consulta segue, enquanto relatam diferentes aspectos da vida e do relacionamento com seu filho, o agitado Gonzalo parece tentar brincar com uma pequena cozinha que fazia parte dos brinquedos.

Abre e fecha a porta freneticamente, caminha de um lado a outro. O pai se aproxima, senta-se no chão e tenta brincar de preparar comida. Gonzalo se frustra intensamente e quase atira a cozinha ao chão, o pai o detém, preocupado, e me conta as birras que seu filho faz, que às vezes são tão intensas que chega a bater na cabeça com as mãos, ou a bater a testa no chão... Eles não sabem por que ele faz isso e ficam muito desorientados. O tom de voz é ansioso, evacuativo e desesperado.

Digo-lhes que parece que Gonzalo às vezes não consegue manejar a intensidade do que sente por dentro, que é como um rio de intensa força que ele gostaria de deter ao bater a cabeça no chão... Os pais me escutam surpresos. Tenho a sensação de que o que mais os surpreende é que eu busque um sentido, sem "enlouquecer".

Gonzalo continua a abrir e fechar freneticamente a porta. Eu acompanho com palavras muito suaves e até dolorosas o gesto de aproximação do pai, e comento novamente a intensidade do que Gonzalo sente e que abre e fecha a portinha como também se abre e se fecha a estar conosco.

Há um silêncio tenso; Gonzalo me olha de novo, pela segunda vez, e seu olhar parece mais pleno. Quando a sessão termina, ao se retirar, me olha novamente da porta e lhe digo que estarei esperando... e os brinquedos também.

Ao sair, seus olhos passeiam pelo meu rosto e roçam meu olhar para, em seguida, fixarem-se na luz exterior da porta do consultório.

Fecho a porta, vem à minha mente uma parte de um poema de A. Bekes que diz: "Houve no início um colóquio de olhares silencioso...".

Fico sozinho com as palavras do poema. Serão elas meu refúgio ante a angústia? Fico comovido.

Análise

Um dos elementos a destacar nessa primeira sessão é como o pequeno Gonzalo inicia e termina a sessão com seu olhar colado a uma fonte sensorial como a luz, configurando-se uma forma de "evitamento relacional" e um *agrippement* sensorial ao ambiente não humano. Muitos autores psicanalíticos observam e refletem sobre esse tema tão intrigante, e uma das hipóteses que podemos formular é que os objetos inanimados do ambiente não humano são imutáveis, contínuos, de alguma forma previsíveis. O olhar, como sabemos, é também espelho das emoções, e o rosto no encontro terá variações tônicas, pois é quase impossível interagir face a face de forma absolutamente contínua.

Por outro lado, podemos pensar, como ressaltou F. Tustin, em uma hipersensibilidade à separação, evitando assim o contato e a dependência por não conseguir tolerar o que implica a separação do objeto. Como diz Chantal Lhereux (2012), evita "toda a imprevisibilidade de um olhar que seria vivido como devorador" (p. 7).

Acredito que, na mesma linha, poderíamos tomar a atividade com a porta da cozinha, que eu interpreto como abertura e fechamento rápidos ao contato com o outro, e que sinto na minha contratransferência, por exemplo, no final da sessão, quando o olhar dele passeia pelo meu rosto, conecta-se fugazmente e se "fecha" na aderência sensorial à luz.

Um segundo ponto a destacar é a atividade estereotipada que consiste em girar as rodas do caminhão. Aqui, gostaria de destacar o tema do "ritmo autocentrado", que se gera no girar incessante das rodas do carro, uma vez que isso se repete na segunda sessão, em que os pais contam que é quase a única coisa com a qual se diverte ou que se parece com uma brincadeira. Por isso lhe compraram diversos caminhões, "mas não sabemos se faz bem, pois ele fica hipnotizado, encerrado nisso, e é como se nós não existíssemos".

Enquanto os pais falam, Gonzalo continua nessa atividade de fazer girar as rodas, ficando agarrado sensorialmente ao objeto; eu intervenho assinalando que isso que eles contam é muito importante, que ele se encerra parecendo hipnotizado e a sensação de que nesse momento os outros não existem. Digo a eles que isso não é uma brincadeira, que é como um refúgio para evitar o contato com os outros, e que seria importante tentar não estimular essa atividade, mas, ao contrário, procurar ampliar o uso do carro para uma brincadeira.

Os pais assentem e sinto que Gonzalo me olha de relance, repito para ele com palavras muito suaves o que eu disse e acompanho com o ato de "colar" minha mão no carrinho, tal como ele se gruda ao carro quando o gira.

Gonzalo para a atividade, olha para o chão, olha para mim, eu o imito, ele deixa o carro e vai para a cozinha. Os pais me olham chocados, fazendo um gesto de não poder acreditar que Gonzalo compreendesse isso. No momento fico em silêncio, espelhando o gesto deles e seguindo com meu olhar os movimentos de Gonzalo.

Essa forma de ritmicidade que chamaríamos de binária, pois não há variações, seria parte de uma repetição não simbolizada. Como afirma L. Petit, "Aqui, o ritmo é mutilador da psique porque evacua os afetos e as angústias que levam ao pensamento" (p. 4) e, dessa maneira, as sensações não podem se transformar em emoções.

Refletindo sobre os possíveis motivos dessa espécie de fixação inicial dessas crianças por objetos que giram incessantemente, tendo a considerá-la uma forma de defesa no estilo de "procedimentos autocalmantes", mas num plano autossensorial. Não estão nem o outro, nem o *self*; não sei se poderíamos chamá-lo de "dispositivo antiobjeto", ou melhor, de "dispositivo des-esperado(r)"[9] para encontrar uma forma de continuidade sensorial do *self* por meio do movimento perpétuo do objeto roda.

Assim, em uma relação de contiguidade sensorial bidimensional (Meltzer e Harris 1988; Ogden, 1989), se formaria uma vivência precária de unidade, sendo um com o movimento do objeto. Diante da impossibilidade de cocriar um ritmo com o outro (intersubjetividade), gesta-se um ritmo autocentrado bidimensional, perpétuo, e a criança "*é*" o movimento e o ritmo. É por isso que com os pais, e na presença de Gonzalo, tentei transmitir a importância de não

---

9 Enquanto escrevia este capítulo, surgiu-me a ideia de que o termo implica a separação do prefixo *des*, como expressão de algo negativo. Ou seja, poderíamos dizer que o bebê perdeu parte da "esperança" do encontro com o outro, o que os pais percebem intuitivamente e para eles é algo "desesperador", que os enche de dor...

deixar que ele fique aderido a isso por muito tempo, e de que possam narrar, falar com palavras suaves, o que percebem dele.

Lembro-lhes como ele me olhou nos olhos quando falei suavemente com ele, como se fosse uma música. O pai assente, assinalando que ele percebe o mesmo e que a música rock que às vezes escuta o agita muito, mas que se colocam música suave e falam com ele no mesmo tom, Gonzalo os olha mais, que só agora se dão conta disso.

Falo com eles sobre entrarem em seu ritmo por meio do tom de voz e não o deixarem se encerrar em um ritmo motor que pareça um refúgio. A mãe relata, chorando, que muitas vezes se desespera, e fala com força para ele reagir e olhar para ela, mas percebe que ele se isola mais.

Nesse momento que a mãe mudou radicalmente seu tom de voz, de estridente a dolorido, Gonzalo se aproxima, coloca suas mãozinhas sobre os joelhos dela, eleva seu olhar e faz um gesto de pedir colo.

Todos nos olhamos surpresos e emocionados, e, olhando Gonzalo diretamente, traduzo lentamente, com palavras carregadas de emoção, o que estamos vivendo, e como os pais querem mudar para que ele aceite estar assim tranquilo, calmo, junto a eles.

Sinto que seu olhar entra dentro de mim e encontra minha surpresa desejante... ficamos em silêncio... nossas emoções parecem se tocar.

Seu olhar já não está à deriva, perdido em um oceano de sensações, é como se o seu olhar se "ancorasse" em mim e nos pais, como num "porto" que parece tomar forma na bruma de sua subjetividade.

As sessões se sucedem, e as histórias se abrem. Os pais relatam as vicissitudes das dificuldades iniciais com Gonzalo, mudanças de moradia, estresse, depressão, instabilidade das ligações e isolamento progressivo objetal do bebê.

À medida que as palavras se conectam com as vivências no discurso parental, aumenta na sessão a conexão emocional e lúdica de Gonzalo.

Assim, os pais relatam mudanças importantes no filho. Quando chega à sessão, ele me denomina "Ito", ele vem para brincar com o "Ito".

Escuta e olha para mim com mais atenção; quando, ao caminhar, "viaja" pelo consultório com a pequena cozinha e os objetos caem, ele para e os junta, e em alguns momentos até evita que caiam. Coloco em palavras essa mudança.

Isso faz parte de uma brincadeira típica desse momento. Pega a pequena cozinha, que tem rodas, e sai passeando pelo espaço do consultório. Ao passar perto de mim, olha-me intensamente e diz "Tau", eu desejo boa viagem, e digo que o estamos esperando.

Sorrio dentro de mim, a separação do objeto parece ganhar espessura na alquimia da transferência. Presença e ausência parecem começar a se articular na brincadeira de "viajar" dentro do espaço do consultório, enquanto as palavras e as histórias viajam entre mim e os pais.

A mãe relata que sua família nota mudanças importantes e que agora podem dizer que todos estavam preocupados, porque se davam conta de que Gonzalo quase não os olhava nos olhos e sentiam que podia ser algo complicado. Já não se dedica tanto a fazer os carros girarem, mas nesse momento Gonzalo larga a pequena cozinha e pega um caminhão grande que usa para brincar, leva-o atrás da cadeira dos pais e começa a girar as rodas.

A mãe me olha ansiosa e lhes digo que podem deixar um pouco para ver o que ele faz, que precisam confiar porque ele está muito mais aberto, e ponho isso em palavras para Gonzalo.

Os pais continuam falando e, de repente, Gonzalo para sua atividade, aproxima-se da mãe, pega sua mão e diz "oa-oa". A mãe lhe responde com um sorriso: "Você quer brincar de roda-roda aqui? Porque começou a brincar de roda-roda!".

Ele faz um gesto de sim, pega minha mão, me olha e pega a mão do pai. Fico muito impactado e me dou conta, por seu olhar, de que Gonzalo quer nos juntar na brincadeira de roda-roda.

Seguimos sua proposta e juntos fazemos o círculo, cantamos a canção e caímos juntos. A canção diz: "Roda, roda, pão e canela, me dá um vintém que vou para a escola, veio a professora me deu um coscorão, que viva a pipa de vinho escalão".

Foi ele que teve a iniciativa da brincadeira de roda-roda, círculo de encontro de olhares, vozes e ritmos. Ao mesmo tempo cantamos, giramos de mãos dadas, unidos, separamo-nos e também caímos.

Dramatização do encontro humano, de quedas, desmoronamentos que podem ser antecipados na brincadeira e no ritmo?

Na terceira vez que Gonzalo pede para repetir o jogo, dou um passo para trás e deixo que ele pegue a mão de seu pai para eles continuarem o ritmo.

O trabalho continua. Com oscilações, Gonzalo avança em seu processo de subjetivação: surge mais claramente a imitação, aparece a travessura em seu olhar, começa a falar, estabelece maior contato afetivo, por exemplo, no momento de ir dormir. A mãe parece muito mais calma, entrando em outro ritmo com seu filho, e ela mesma relata como agora, tanto para adormecer como para se entreter e passear, integra muito mais a palavra, contando a Gonzalo o que vão fazer. Ela deixou entrar muito mais o pai, que manifesta seu prazer a respeito. Relatam como inventaram uma brincadeira de esconde--esconde quando o pai chega do trabalho, e Gonzalo se esconde com a mãe para o pai encontrá-los. Após serem descobertos, pai e filho passam um tempo brincando juntos, enquanto a mãe se ocupa de outras coisas dentro da casa.

O que se depreende dessa brincadeira? Provavelmente um conjunto de vivências nascentes: esconder, perder, ausência, reencontros alegres, brincadeira, passagem para o pai; todos os andaimes necessários para permitir que a palavra simbolização ganhe espessura vital no universo psíquico e relacional de Gonzalo.

Caso clínico: *da adesividade sensorial ao brincar compartilhado*

Há algum tempo, recebi em consulta uma bebê, Patricia, de 18 meses, cujos pais consultam por ansiedade, inquietude, atraso de linguagem, hipersensibilidade ao contato, birras, isolamento, momentos em que se mostra inconsolável e evita o contato com os outros. Eles realçam que ela sempre foi inconsolável, e muito sensível: "Nunca encontramos o ritmo dela, sempre foi imprevisível".

Desde o início do vínculo familiar, verificaram-se dificuldades no *holding*; a mãe perdeu a avó durante a gravidez de Patricia, o que a fez sofrer um estado depressivo, já que essa avó era uma figura de apego e de segurança na família.

Além disso, comenta que desde a gravidez imaginava que Patricia seria um bebê independente, pois o outro filho teve um vínculo de muito grude e porque, além disso, "as crianças agora são diferentes, mais espertas com a ajuda da tecnologia, são mais independentes do que antes".

A mãe a amamentou uns meses e depois ficou sem leite e, dado que seu estado depressivo continuava, consultou um psiquiatra que a medicou por um tempo, e depois começou uma psicoterapia.

Patricia desde bebê foi muito difícil de acalmar, não se acomodava nos braços de quem a embalava, pois parecia "hipersensível". Ainda hoje não aceita vestir roupa apertada e precisa dormir sem muita roupa porque se incomoda muito. A pediatra lhes dizia que seria uma criança de caráter muito difícil e que precisavam ir aprendendo a pôr limites.

Desde bebê, parecia acalmar suas birras se assistisse televisão ou mostrassem desenhos animados no tablet ou computador.

A mãe conta ter se recuperado da depressão quando a filha estava com 6-8 meses, o que gerou intensos sentimentos de culpa. O pai tentou cuidar da bebê, mas ele também a descreve como muito difícil e imprevisível. Passava tempo em que "não gostava de olhar nos olhos", e nisso oscilava, salvo nos encontros com sua irmã mais velha, com quem se divertia em jogos de intensa descarga motora. Nunca brincou de esconder, não mostrou sinais de angústia de separação nem indícios de imitação diferida.

Sua forma central de se entreter era perambular, não brincar e aderir à televisão: Dizem os pais: "Parece viciada na tela, senta-se em frente à TV, parece querer comê-la de tão perto que assiste. Nós somos muito de ver TV e ficar no computador... mas ela é demais, fica siderada, aderida à tela". Tem poucos vínculos sociais e muitas dificuldades para tolerar a espera. Apresenta reações intensas, às vezes só a irmã a acalma. Os pais se definem como muito ativos, acelerados e de um ritmo muito rápido.

Apresentava também graves transtornos de sono, com muita dificuldade de dormir. Não tolerava as transições nem que a abraçassem com certa intensidade. Os pais manifestavam que, às vezes, as noites eram um inferno, por acordar repetidamente e ser difícil de consolar. Isso tanto os deprimia como lhes gerava muito desconforto e cansaço.[10]

---

10 Essa situação por si mesma muitas vezes configura um fator de risco no vínculo, porque o bebê é vivido como um pesadelo (Guerra, 2010a).

No aspecto da imprevisibilidade que os pais relatam, dizem que às vezes não tem meio-termo, ou busca um contato afetivo intenso, "como se quisesse entrar na sua pele", ou a total indiferença.

Tal como tem sido minha experiência, começo o trabalho analítico com sessões conjuntas dos pais com a bebê, já que compreendo a abordagem tanto com a bebê e suas vivências como o ambiente subjetivante formado pelos pais (Guerra, 2010b).

No começo pareceu se instalar uma forma de transferência, especialmente na mãe, de me colocar no lugar de juiz que avaliaria suas decisões. Por meio da minha escuta e das minhas intervenções, tentei evitar cair nesse lugar, que faria aumentar os sentimentos de culpa e de fracasso narcisista. E ainda mais porque, nos primeiros encontros com Patricia, "na presença" dos pais, ela se mostrava interessada, por meio da gestualidade corporal, nos comentários que eu fazia sobre suas ações.

Patricia passeava pelo consultório pegando objetos, deixando-os cair quando ofereciam a mínima resistência ao que pareciam ser seus desejos. Muitas vezes, olhava-me de relance e eu "traduzia" em palavras seus movimentos, visando cocriar uma forma de "narratividade conjunta" (Guerra, 2010b, 2014).

Diferentes autores destacam a importância da narratividade nas intervenções do analista nesses casos. C. Pereira da Silva (2013) a traz como forma de "paixão" no sentido bioniano do termo, de paixão entre mentes, oferecendo por meio da "função narrativa" do analista um continente emocional e sonoro para suas vivências.

C. Lheurex (2012) assinala a importância da atenção benevolente do terapeuta para essas particularidades sensoriais e gestuais, por meio de comentários sobre as sensações experimentadas ou da imitação gestual ou da presença respeitosa, às vezes silenciosa em um primeiro momento, em que a pessoa autista pode se reencontrar por efeito de ressonância (p. 8).

Da minha perspectiva, na transferência que se instala na cena, o analista deve funcionar como "tradutor", "ponte" entre a experiência sensorial e representacional, entre o mundo infantil e o mundo adulto, e sua ferramenta é a palavra, a "metaforização transmodal", na sua disposição interior à escuta que se expressaria em: "uma disposição corporal flutuante" e "uma disposição mental lúdica" (duas variações da "capacidade negativa") (Guerra, 2010b, 2013a).

Nesse sentido, eu estava especialmente atento a qualquer manifestação de (des)encontro intersubjetivo entre os pais e Patricia, tentando encontrar metáforas que expressassem transmodalmente o que sentia a bebê. Por exemplo, nos momentos em que Patricia fazia alguma birra intensa, em que até tentou bater a cabeça no chão, eu intervinha dizendo como ela sentiu dentro de sua cabecinha uma raiva tão grande que queria tirá-la batendo-a contra o chão. E chegava a pegar sua cabeça com minhas mãos para impedi-la de bater, dizendo além disso que a sua raiva podia ficar em minhas mãos, que ela podia me bater. Então, mais de uma vez Patricia golpeava minhas mãos com suas mãozinhas e eu dramatizava o choro com meu corpo.

Tentava abrir isso aos comentários e à interação dos pais, dizendo-lhes como deveria ser difícil para eles precisar lidar com essas situações violentas diariamente, que era como uma cascata de emoções que os arrastava. Assim, tentava abrir o campo das metáforas, no qual a verbalização é muito importante.

Em relação à metaforização, J. Hochmann (1994) cita o *Tratado de los tropos* de Du Marais, em que se afirma que "a metáfora é definida como uma figura pela qual se transporta, por assim dizer, o significado de um nome a outro significado que só lhe convém em virtude de uma comparação que está na mente" (p. 38).

Esse autor defende que a *rêverie* materna é uma instância metaforizante e, nos casos graves de evitação do contato com o outro, pergunta-se por que a criança se protege com tanta força contra a paixão da palavra. E se questiona sobre a incidência que teria a palavra materna a que está exposta, seca, desprovida de harmonias, uma palavra deprimida, puramente denotativa, inclusive perversa, desqualificando suas emoções (p. 41).

Essa colocação é muito válida pela correlação entre depressão primária no vínculo e dificuldades de implicação rítmica e emocional. Cabe declarar que a criança, por sua própria tendência para o retraimento, confirmaria esse círculo fechado negativo em que a mãe não sente que é devolvido a ela o investimento de que precisa.

Por isso, eu tinha como objetivo prioritário sustentar o narcisismo materno e reinstaurar o que podemos chamar de "lei materna do encontro", com respeito ao ritmo do bebê e à difícil cocriação de um ritmo em comum, seja no brincar, na alimentação, no momento do sono etc. (Guerra, 2015a), experiências que podem facilitar a contenção das ansiedades, gerar um prazer compartilhado e integrar as polissensorialidades da bebê. Assim, iriam tomando forma as "simbolizações primárias" (R. Roussillon), que possibilitariam em Patricia o trabalho representacional da ausência do objeto.

Pouco a pouco, começaram a se desenvolver nas sessões duas formas de narrativa: por um lado, os pais narrando tanto aspectos de sua história pessoal como as vivências contraditórias do vínculo com Patricia; por outro, Patricia respondendo com seus movimentos corporais e seu esboço de interação lúdica. Fato que, poderíamos dizer, "inaugurou-se" em uma sessão em que a mãe relatava chorando que não podia encontrar sua filha, especialmente no momento de dormir, momento em que Patricia se revelava insuportável, rejeitando-a.

Patricia, com pouco mais de 2 anos, olha para mim, agarra uma boneca que estava em cima de uma torre de cubos que eu tinha construído e a faz cair várias vezes, emitindo um queixume como de choro.

Intervenho dizendo que Patricia nos conta que o momento de dormir é como cair com muita dor, e que ela não consegue dizer e a mamãe está muito preocupada com isso e não sabe o que fazer (ao dizer, dramatizo com a boneca e com o movimento do meu corpo que cai. Quando falo, trato de aproximar meu rosto do seu rosto e falar com ternura e numa dicção muito lenta. Também pensei que, em seu gesto lúdico, talvez Patricia estivesse transmitindo a vivência do que é a mãe, ou do vínculo entre elas, que cai com dor e choro. Intuí que não era o momento de dizê-lo porque saturaria de sentido a comunicação).

Patricia me olha intensamente e me diz: "Ti" (sim). Instaura-se um silêncio em que todos nos olhamos emocionados, e Patricia vai atrás do sofá e começa a brincar de esconder comigo, brincadeira que logo abro aos pais, como forma de passagem à "interludicidade" (Guerra, 2014), expressão do incipiente espaço transicional coconstruído com eles (Winnicott, 1971).

Essa vinheta é apenas um exemplo do que foi um trabalho de anos com Patricia e seus pais, possibilitando uma forma de elaboração nos pais da ambivalência, da ferida narcísica de não conseguir se vincular com sua filha como eles desejavam. Abriu em Patricia outras possibilidades de subjetivação, saindo do seu funcionamento mais "arcaico", instaurando-se os indicadores de intersubjetividade (mais contato com o olhar, estabelecimento de um circuito comunicativo, desenvolvimento de uma atenção conjunta transicionalizante, angústia de separação, sintonia afetiva etc.), produzindo-se uma passagem para a "simbolização secundária" com o advento da linguagem, a brincadeira "como se", o prazer do contato emocional, intersubjetivo e lúdico com os outros, e uma melhor aceitação dos limites diferenciadores.

A integração de Patricia em um jardim de infância foi muito importante, jardim onde os educadores e a equipe puderam seguir algumas diretrizes que surgiram a partir do tratamento, especialmente em relação a suas hipersensibilidades, suas dificuldades de contato, o respeito por seu ritmo de desenvolvimento etc. Ressalto esse último ponto, no sentido de que o trabalho de análise com essas crianças pequenas envolve também um trabalho especial, sempre que possível, com o "ambiente subjetivante", formado, nesse caso, pelos pais e pelo jardim de infância que frequentava desde os seis meses.

O trabalho analítico é então "polifônico". Trabalhamos com aspectos da fantasmática parental, de suas vivências afetivas e da representação que têm de sua filha. Com o jardim de infância, trouxemos uma visão diferente do processo de subjetivação e tentamos atenuar as angústias que gerava nos outros. Com a menina, contivemos, espelhamos, brincamos, interpretamos, narramos, desesperamo-nos e voltamos a recuperar a esperança, para que a subjetivação tome novos rumos e as "janelas abertas" se abram para a troca com o outro, e não fiquem fechadas em um diagnóstico estigmatizante.

7. A escuta sensorial e estética nos transtornos de subjetivação arcaica

De onde vem a nossa capacidade de escuta? O que entendemos por "escuta psicanalítica"? Como o corpo intervém nela? Entre as múltiplas definições possíveis, gostaria de me concentrar na disposição interna a receber, a acolher a comunicação que vem do outro e do "outro" que habita o paciente e que, muitas vezes, toma um caminho "sensorial" como via de expressão.

Nesse sentido, Freud (1912) nos transmitiu o conceito da "atenção flutuante", enquanto instrumento e condição de base do trabalho analítico. Mas essa atenção flutuante – que buscaria o afrouxamento das censuras e uma possível porosidade com o processo primário para, assim, tentar um trânsito de representações e vivências de maneira mais livre – também é muitas vezes um requisito do processo de criação dos artistas.

Provavelmente, um dos exemplos mais claros da correlação entre os processos de criação de um artista e a escuta do analista seja o conceito de "capacidade negativa" de J. Keats, que se tornou conhecido pelas contribuições de W. Bion (1970).

Dedicar-me-ei agora a detalhar algumas contribuições de J. Keats, para assim poder pensar numa possível "escuta sensorial e estética do psicanalista".

A escuta, a capacidade negativa e a sensorialidade

É importante conhecer alguns aspectos da vida deste poeta romântico.

John Keats nasceu em 31 de outubro de 1795 em Finsbury Pavement, nos arredores de Londres. Seu pai era proprietário de um estábulo e morreu ao cair de um cavalo em 1803, quando o poeta tinha apenas 7 anos. Sua mãe voltou a se casar em seguida, mas esse segundo casamento foi infeliz e ela não tardou a abandonar o marido. Mudou-se, indo morar na casa da avó de Keats, em Enfield, com John, a irmã e mais três irmãos. Sua mãe morreu de tuberculose em 1810, deixando John e seus irmãos aos cuidados da avó. Esta nomeou dois tutores para cuidar dos órfãos e estes tiraram Keats da sua antiga escola e o converteram em aprendiz de cirurgião até 1814, quando, após uma briga com seu mestre, ele abandonou esse posto e foi estudar em outro hospital da região. Durante aquele ano, John dedicou cada vez mais tempo ao estudo da literatura, e, apesar de ter se formado em Farmácia, exerceu essa profissão por apenas dois anos, depois dos quais se entregou inteiramente à poesia.

Em sua múltipla produção, deixou toda uma série de cartas que dão conta do diálogo com amigos, familiares e poetas. Elas fazem parte de documentos muito importantes para conhecer sua vida e seu pensamento.

Há duas cartas das quais me ocuparei especialmente: numa aparece sua relação com a intensidade e a capacidade negativa e a outra diz respeito a uma forma específica de identidade que teria (ou deixaria de ter) o poeta. Esses dois pontos, para mim, ressoam com o trabalho analítico.

Aos 22 anos, J. Keats escreve aos seus irmãos (Hughton, 2003):

> *Hampstead, 22 de dezembro de 1817... Passei a tarde de sexta-feira com Wells e na manhã seguinte fui ver "A morte sobre o cavalo pálido". É um quadro admirável se considerarmos a idade de Wells, mas nada há ali que produza intensidade, nem mulheres que alguém queira beijar loucamente, nem rostos crescendo para a realidade. A excelência da arte é sua intensidade, capaz de fazer evaporar todo o desagradável ao encontrar-se em estreita relação com a beleza e a verdade... Tive um questionamento – não uma disputa – com Dilke, sobre vários temas; muitas coisas se juntaram em minha mente e, de repente, fui surpreendido por essa qualidade que Shakespeare possuía muito; quero dizer "capacidade negativa", ou seja, quando um homem é capaz de ser na incerteza, nos mistérios, nas dúvidas, sem nenhuma busca irritada pelos fatos e pelas razões...*

O que esses conceitos acrescentam ao trabalho analítico? Apesar de Bion ter sido talvez o primeiro psicanalista a destacar esse aspecto, E. Gómez Mango (2009), por exemplo, ressalta-o igualmente:

> *O analista também está à espreita do intenso: o ponto de vista econômico não pode ser deixado de lado, o desejo inconsciente intensifica esta ou aquela representação, embora saibamos que o deslocamento das intensidades é uma das operações da astúcia do inconsciente... O que o paciente pode fazer o psicanalista sentir ou imaginar depende em grande parte da "capacidade negativa do*

> *analista"... Então, para o analista é a capacidade, em primeiro lugar, de aceitar a palavra do paciente, de não resistir à mensagem que vem do outro... A capacidade negativa aumenta a escuta, a atenção flutuante do analista pelo seu silêncio, que é outra modalidade da palavra, e não a sua ausência. (p. 17)*

O intenso estaria em relação com a força do *in-fans*, a voz primordial que nos habita, como "um mudo que a corrente da linguagem transporta e arrebata, batendo-se contra as palavras" (Gómez Mango, 2009), para fazer ressoar a música dos afetos.

Esse autor também defende a seguinte ideia:

> *A escuta analítica é um chamado dirigido não só às representações reprimidas, como também, e talvez acima de tudo, à memória sensorial, aos vestígios sensuais sempre vivos da criança primitiva, porém muito distantes dos processos de pensamento consciente. (p. 17)*

Há algo do sujeito que resiste a ser dito em palavras e que se pode expressar às vezes em intensidades do dizer, ou intensidades da palavra encarnada no corpo: um cruzamento de olhares, a força da respiração, a presença de um suspiro... Dizeres do corpo que *semiotizam* o caminho da pulsão em "estado mais puro", "mais nascente"... E a capacidade negativa do analista seria uma forma de receptividade dessa força do *in-fans*, que é também uma forma de "sensorialidade primária" inscrita na escrita de Keats.

R. Cadenas (2007) nos diz, justamente a propósito da escrita, que esse poeta se aproximou dali onde a realidade brilha, recuperada com a força que lhe é própria, pois não está mediada por nenhuma identidade e seus relevos se sentem incrementados, como na criança para quem o mundo tem um esplendor intenso que depois desaparecerá, porque as cores ardem, os sons ultrapassam e as texturas falam, pois não há barreiras que produzam opacidade; e é como um puro sentir ou como se os corpos, já sem defesas, entrassem em outro tipo de comunicação em que tudo se compenetra.[1]

Contemplar, descobrir, tolerar as incertezas, deixar em suspenso as identidades e assumir a capacidade negativa aparecem como virtudes dos poetas, mas também podem ser dos analistas, já que, em algum aspecto, nosso trabalho está ligado à sensibilidade e à estética.

S. Resnik (1996) nos conta que um paciente muito interessante e muito perturbado lhe disse certa vez, olhando para ele: "O senhor não parece estar sempre 'acordado', mas na realidade é sensível e atento à experiência estética". Pergunta-lhe por que e ele, estudante de filosofia, responde: "Porque em estética está *aisthetikós* (ciência dos sentidos) e você privilegia as sensações do outro e as suas, e diz o que o senhor sente do que o outro possa sentir".

Resnik continua dizendo que essa reflexão de seu paciente o convida a enfrentar a vertigem ou perplexidade provocada pela insegurança inventiva de um itinerário não previsto ou de uma paisagem naturalmente desordenada. Isso requer uma personalidade ou uma atitude que tolere o máximo de diversidade e desordem, que o poeta Keats denomina capacidade negativa. Que talvez seja um atributo, um dom que consiste em certa habilidade intuitiva de preservar o desarranjo, ou o aparente sentido ilógico

---

1 Elementos que estão em forte ressonância com as palavras freudianas *Dichter* e *Dichtung*, como analisa E. Gómez Mango (2012): "*Dichrung* parece designar um processo de elaboração psíquica que consiste em transformar as imagens sensoriais, os sentimentos e os problemas da alma humana em figuras de linguagem, um dizer poético que preserva em si o frescor das experiências primitivas e originárias".

dos acontecimentos, sem vacilar demasiado e talvez encontrando também certo prazer aventureiro.²

A capacidade negativa, como posição interna do analista, permite a irradiação e a articulação-elaboração de novos itinerários, trânsitos imprevisíveis, pedaços de ideias sem organização, "informes" (Winnicott, 1971b), contornos sensoriais. Essa articulação-elaboração se realiza pela "aventura agradável" da colocação em palavras no caminho associativo, que, também, precisa ser coconstruído *entre* o paciente e o analista; este último, em alguns momentos, deve ter um papel ativo na abertura dos horizontes de sentido.

Que lugar ocupa, nessa forma específica de disposição interna, o eu do analista? Para abrir caminhos de respostas a essa pergunta, voltemos a escutar Keats e suas cartas...

Carta endereçada a Richard Woodhouse, em 27 de outubro de 1818:

> *No que diz respeito ao caráter poético em si (refiro-me a essa espécie da qual sou membro, se é verdade que sou algo, essa espécie diferente da* wordsworthiana *ou do egoísmo sublime, é algo per se e que existe por ela mesma), é algo que não é nada em si – que não tem eu –, é cada coisa e nenhuma – não tem caráter; goza de luz e de sombra – vive por rajadas, demente ou razoável, em cima ou embaixo, rico ou pobre, insignificante ou elevado . . . O que choca o filósofo virtuoso encanta o poeta camaleão. O sabor do lado escuro das coisas não*

---

2 A capacidade negativa é um elemento muito importante na experiência de observação de bebês pelo método de E. Bick. A impregnação sensorial do ambiente e da experiência emocional do bebê a descobrir se apoia, em parte, em tal capacidade do observador (Guerra, 2008a).

ofende o seu gosto mais do que esclarece, porque ambos acabam em especulação. Um poeta é o menos poético da existência, já que carece de identidade; ele sente todo o tempo necessidade de ocupar o corpo de outro. O sol, a lua, o mar, homens e mulheres, todos eles criaturas de impulso, eles são poéticos, e possuem os atributos não modificáveis; o poeta não tem nenhum, carece de identidade. É certamente a menos poética de todas as criaturas de Deus... É triste confessá-lo, mas é um fato certo que nenhuma palavra que eu pronuncie pode ser considerada uma opinião proveniente da minha identidade. Como poderia ser se careço de natureza? Quando estou em uma sala com pessoas e deixo de especular sobre criações do meu próprio cérebro, então não sou eu mesmo quem retorna a mim; mas a identidade de cada pessoa da sala começa a pressionar-me tanto que imediatamente estou espantado e isso não só entre homens; aconteceria o mesmo comigo numa creche.

Essa carência de identidade (carência de eu) nos fala de uma forma de identidade camaleônica, uma disposição para "entrar" no mundo dos outros e sentir-se parte deles? Esse processo pareceria uma forma especial de estabelecer identificações com o ambiente, uma forma de labilidade da certeza de ser para fazer uma viagem em que o outro e o sujeito por momentos apaguem suas fronteiras, viagem em que a labilidade identitária do poeta pareceria ser uma condição do sujeito e do seu processo de criação.

Mas isso, na cena clínica, não aparecerá também em processos de recriação psíquica, em que o analista também deve por vezes deixar em suspenso suas crenças, seu eu estruturado? Desalojar sua identidade estável do processo secundário para passar a um funcionamento mais "poroso", maleável, e "surpreender-se" para receber e celebrar a criatividade do trabalho analítico quando ele acontece?

Pontalis (1990) considera que, do seu ponto de vista, a análise só é operante se o analista consentir em se livrar de si mesmo, pelo que convém compreender não só as imagens que possa ter e querer dar de sua pessoa, as certezas que possam lhe dar seu saber, seu saber-fazer e essa pequena teoria portátil que se fabricou, mas também, mais radicalmente, o que pouco a pouco construiu como seu "eu-analista". Talvez a pessoa só funcione como analista quando tiver chegado a se curar de seu desejo confirmado de ser analista... Uma análise não é verdadeiramente eficaz se não faz vacilar as referências, não modifica o regime de pensamento e, digamos o termo, o ser do analista.

Curiosa configuração do eu analítico, se é que algo assim existe, que deve se elaborar e desarticular de forma peculiar com cada paciente. A análise, em alguns momentos, faria vacilar as referências, o pensamento e o ser do analista. Penso que entre outras contribuições, por exemplo, sua análise pessoal, o analista tem incorporada em seu funcionamento mental a capacidade negativa que aponta para uma receptividade, uma espécie de calma diante da perda das certezas, hospedando o dizer do paciente, seja de que tipo for. E de lá relançar novos sentidos do discurso que abram à polissemia do inconsciente.

E R. Cadenas (2007), a partir da literatura, diz-nos que só o poeta é irreconhecível porque a sua função é acolher o que se mostra sem interferir, deixando que tudo seja o que é, e, para que isso ocorra, há de carecer de identidade ou ao menos da identidade que nos é familiar. O obstáculo para a experiência poética seria a identidade, o que indica que Keats vê no poeta um representante do nada, alguém que, por estar irmanado com ele, mostra-se aberto a tudo, disponível, acordado. Está irmanado com o nada, possui uma identidade diferente da familiar. Representante do nada, ele se mostra aberto a tudo, disponível, acordado.

Podemos pegar emprestadas essas palavras e permitir que visitem o recinto psicanalítico?

Por acaso o analista não está também relacionado com esse aspecto? Deixar aberto o caminho da atenção flutuante sem procurar nada em especial, para que o paciente tenha toda a liberdade possível para seguir o curso de suas associações?

A receptividade da atenção implica não só não prestar atenção a nada em especial, mas se deixar levar, tomar, sacudir pelo dizer do paciente e pela vida secreta das palavras e dos gestos. Para isso, o psicanalista, de maneira diferente do poeta, deve conviver com uma tolerância paciente a uma maleabilidade identitária e a um "nada" receptivo e criativo.

Poderíamos dizer que o analista não busca a beleza, mas a polissemia aberta da implicação afetiva do discurso, que frequentemente tem impacto estético na sessão. Tem vigília permanente pelo "ato mensageiro", pela palavra como via de elaboração, e pelo prazer aventureiro de se deixar surpreender na escuta e na interpretação.

E, no ato da surpresa, patrocinar até onde seja possível a irrupção da novidade, a interpretação, o questionamento de uma nova forma de (des)conhecer a si mesmo. Dessa maneira, o paciente se descobre e flui de outra maneira, ao escutar-se, viajar com as palavras e as brincadeiras por seu mundo interior, com novos e incertos itinerários do seu ser.[3]

---

[3] Esta perspectiva coincide com o exposto pelo colega R. Trachtenberg (2006), quando afirma que função analítica implica "pensar com outro, aceitando tolerar a ausência de respostas e o incremento de perguntas, o mistério do inacessível e a renúncia à expectativa de soluções definitivas".

A sensorialidade, o ritmo e o outro na subjetivação

Até aqui, dediquei-me a pensar na posição do analista e em sua relação com a sensorialidade e a estética, mas surge uma pergunta fundamental: qual é o papel da sensorialidade do corpo não só na criação artística, mas na criação do sujeito em seu processo de subjetivação?

Para responder isso, devemos também articular a função da sensorialidade na subjetivação e na clínica dos "transtornos iniciais".

Muitos autores argumentam atualmente que um dos elementos fundantes da vida psíquica é poder integrar a multiplicidade da experiência sensorial com o mundo emocional, como parte da subjetivação infantil (Golse, 2011a; Nakov, 2012; Boubli e Konicheckis, 2002; Larban Vera, 2013 etc.). Há anos, uma autora muito importante como M. David (2014) afirmava que, nos primeiros anos de vida do bebê, sua motricidade espontânea e as vivências sensoriais de seu corpo lhe permitirão toda uma série de descobertas. Para ela, a atividade psíquica do bebê estaria contida e seria exercida a partir da sua sensório-motricidade, uma vez que ambos os fatores estão em contínuo processo de integração para desenvolver o psiquismo.

M. David (2005) nos fornece uma definição sutil de psiquismo no bebê. Ela defende que uma força interna nos habita, misteriosa, invisível, impalpável, em atividade permanente e em busca de processos de funcionamento, de regulação, de organização: ao mesmo tempo, de todos os componentes da personalidade, da relação deles com o ambiente; enfim, das emoções interativas que nascem dela, fazem-na emergir e a fertilizam.

Essa força de atividade contínua, à procura de processos de organização e ligação, tem como ponto fundamental o encontro de "emoções interativas", que vão provocar um movimento de expansão do sujeito em abertura para outros espaços.

Mas, para isso, é preciso também uma disposição especial do outro, de sua ritmicidade e sua narratividade (Guerra, 2014). É necessário aqui revisitar o conceito de ritmo como *fil rouge* da subjetivação, e lembrar que o início da vida, em certa medida, é o reino da sensorialidade, da motricidade e do ritmo, ancorados no corpo em busca de palavra. Antes de traduzir a experiência do *self* primário ao aparelho da linguagem, o bebê é falado pelo outro, significado pela palavra e pelo corpo feito linguagem (a narratividade).

A possibilidade de pôr em jogo uma "ritmicidade conjunta" seria a experiência pela qual a mãe pode reconhecer o ritmo do seu bebê, acalmá-lo e entrar em consonância com ele, em relação aos tempos que o bebê necessita para integrar uma experiência, por exemplo, o acompanhamento dos ciclos de atividade e passividade (Guerra, 2014, 2015c). O ritmo é a experiência de um vínculo que retorna para enfim se constituir como experiência interna (Guérin, 1990). Indica a previsibilidade de uma relação, a fiabilidade da experiência com o outro e a reciprocidade de uma relação que se coconstrói assimetricamente.

A relação do ritmo com a arte nos permitirá desenvolver o conceito de transmodalidade e sinestesia, para nos introduzir no tema da "escuta estética".

Em um texto sobre o poema, O. Paz (1998b) escreve:

> *O poema é um organismo rítmico, uma forma em perpétuo movimento. O poema é feito de lâminas de ar; ao girar emitem redemoinhos de som que são redemoinhos de sentido... As ideias dançam, os sons pensam. Vasos comunicantes: ouvimos o poema com os olhos, pensamos*

com os ouvidos, sentimos na mente. Ou melhor, é unir, em um único giro, em uma ondulação rítmica, o sentir e o pensar.

O. Paz nos traz palavras de um conteúdo muito sutil, que transcendem em si mesmas a experiência poética e parecem descrever algo do indescritível da experiência humana.

Por um lado, encontramos o impacto emocional do seu potencial criativo, de sua forma peculiar de brincar com os sentidos e com a palavra e de transmitir a experiência descrita por D. Stern (1985) de "transmodalidade", ou seja, a potencialidade que todo ser humano tem de traduzir a informação de um canal sensorial para outro ("ouvir com os olhos", "as ideias dançam"), sendo algo presente desde o início da vida e que se configura como uma das primeiras experiências internas de integração.

Esse autor defende, por outro lado, que tal potencialidade estaria presente em outros momentos da vida como um germe de criatividade, e toma como referência o poema "Correspondências", de Baudelaire,[4] ou a criação cinematográfica de S. M. Einsenstein (mestre do cinema russo) no seu filme *Alexander Nevsky*, com música de S. Prokofiev.[5]

Seria possível sustentar que essa experiência transmodal de "pensar com os ouvidos", "sentir com a mente", "unir num ritmo o sentir e o pensar", não é apenas parte da poesia, mas também da análise, de certos "momentos estéticos" da análise?

---

4 O poema diz: "Há cheiros tão frescos como a pele de uma criança / doces como flautas, verdes como a grama / e há outros corruptos, ricos e triunfantes".
5 Nessa obra de arte, Stern (1985) destaca a cena da batalha na qual se pode apreciar "a exploração estética da integração da vista e do som mais cuidadosa e laboriosa que já se realizou".

A escuta estética

Que correlação pode haver entre essas formas de experiências da arte e a escuta psicanalítica? É possível também em uma sessão contemplar a ideia de "ouvir com os olhos e pensar com os ouvidos", de "sentir com a mente"? Penso que esses aspectos que O. Paz nos traz poderiam representar momentos específicos da escuta analítica, mais próximos do funcionamento onírico, que um autor como Pontalis (2000) chamaria de "pensar sonhante", e que T. Ogden (2005), inspirado em Bion, denominaria "*rêverie*", como capacidade de elaboração psicológica inconsciente.

A partir de minha leitura pessoal, são momentos talvez fugazes da análise em que retomamos a experiência de transmodalidade que descrevemos e nos situamos em um estado fora das "tiranias das palavras e seus sentidos asfixiantes" (Pontalis, 2000). A experiência sensorial, a textura sensitiva da palavra ou do brincar, e não tanto a busca de sentido no discurso, passariam a ser primordiais.

Esses momentos poderíamos nomear paradoxalmente de "momentos estéticos", nos quais estamos localizados numa fronteira entre experiência sensorial e emocional e, como diante de uma obra de arte, ficamos suspensos, empurrados ao limite da palavra e do dizer discursivo.[6]

Outros autores se interessaram por esses fenômenos, por exemplo, L. Khan (2003) diz que o termo "estético" nos reenvia a uma teoria do afeto e do sentir, *aesthesis* em grego, que, dos pré-socráticos à atualidade, interroga o espaço entre o fenômeno sensível e seu agente. A *aesthesis* não é absolutamente um território homogêneo, mas é composto por diferentes modos de recepção e de atualização, os quais,

---

6 R. Trachtenberg (2005) propõe uma análise muito interessante de um "modelo estético" da mente com uma perspectiva bioniana-meltzeriana, fazendo uma articulação pessoal da "capacidade negativa" com a "linguagem de êxito" em Bion.

longe de se resumir a um padecer do humano, em sua debilidade originária, só sofreriam os efeitos, devendo incluir a atividade da sensação, seu esforço e seu ato.

E isso tem seus efeitos na escuta do analista. Para L. Khan, o aparelho psíquico do analista transforma impressões, timbre, voz, acento, velocidade de elocução, associados a uma soma de imagens ou de sensações heteróclitas, que podem figurar como uma canção, ou na visão de um quadro ou de uma piada, sem relação aparente com o que foi comunicado. Esses momentos são intensamente estéticos e criativos.

Aqui, evidentemente, o termo estético está localizado em uma área de cruzamento entre uma experiência sensorial, o informe (Winnicott, 1971), o *Dichter* freudiano (Freud, 1908) e a criação. Podemos então considerar esses "momentos estéticos" como momentos em que a poesia atravessa a análise?

E. Gómez Mango (2009) considera que a emoção poética atravessa às vezes a sessão. Uma palavra, o conteúdo, bem como sua enunciação particular, sua sonoridade, o detalhe de um sonho, fazem muitas vezes a imagem ou a palavra se elevarem. O analista é sensível à cor, à sombra e à luz das palavras, que expressam o afeto na entonação da voz.

E talvez essa "escuta estética" seria a abertura do analista aos aspectos primários sensoriais e rítmicos da comunicação, que têm valor de descoberta, de re-inauguração de um dizer próprio por meio de uma palavra, de um gesto ou de uma brincadeira.

Estes são elementos clínicos fundamentais que denomino "transtornos de subjetivação arcaica" e que tentarei conceituar por meio de dois casos.

O primeiro, que exporei mais resumidamente, será o de uma bebê, Luisa, de 8 meses. O segundo, Jorge, é um menino de 3 anos.

A consulta com bebês

Esta primeira situação clínica se trata de um bebê pequeno; será importante transmitir algumas das minhas premissas, presentes na minha disposição de escuta.

Consultas terapêuticas com bebês são uma forma de abordagem clínica muito desenvolvida hoje, para a qual diferentes psicanalistas fizeram enormes contribuições (Fraiberg, 1999; Lebovici, 1998; Lebovici e Stoleru, 1983; Álvarez e Golse, 2008; Cramer, 1993; Palacio Espasa, 1993; Kreisler, 1981; Norman, 2003; Prat, 2000; Watillon-Naveau, 2013; Missonnier, 2003; Konicheckis, 2008; Ciccone, 2007; Boubli, 2012 etc.).

Sem dúvida, encontramos um antecedente fundamental dessas formas de abordagem nas geniais contribuições de D. Winnicott (1967, 1971), retomadas em parte por S. Lebovici (1998) na França.

Dos muitos fatores que entram em jogo para poder modificar alguns aspectos da "interação real-interação fantasiada", um deles se refere à receptividade do analista, à disposição interna para acolher os comportamentos, as angústias e os desejos que muitas vezes circulam de forma dramática no cenário da sessão.

É também um grande desafio para nossas teorias, e uma zona de cruzamento necessária com informações importantes sobre aspectos da psicologia do desenvolvimento do bebê e com as contribuições de autores de outras disciplinas, como psicomotricistas, pedagogos, cognitivistas etc.

O enquadre muitas vezes é aberto quanto à receptividade do trabalho na sessão com os pais e com o bebê, ou com os pais sozinhos, etc. Em minha experiencia, a forma de abordagem na consulta com os pais, que chegam muitas vezes com algum grau de resistência, ante o temor de que o analista possa saber mais (dominar) a vida psíquica de seu bebê, implicaria, talvez, uma forma de fantasia de roubo da criação do casal parental: o seu bebê. Portanto, é muito importante poder antecipar o grau de ferida narcísica que a consulta provoca e estar muito atento a isso nas primeiras consultas, que são cruciais para estabelecer a confiança na transferência.

Também implica estar disponível a um olhar bifocal da narrativa verbal dos pais e da incipiente narrativa corporal e lúdica do bebê, aberto ao sentido do sintoma na economia parental e ao funcionamento mental dos pais e do bebê. Por tudo isso, a minha experiência de mais de 25 anos de trabalho clínico me levou a estar atento a alguns pontos que tentarei sintetizar a seguir:

1. o estilo interativo da díade e da tríade ("interação real e fantasiada");

2. a disposição interativa do bebê (resposta à linguagem dos pais e do terapeuta, presença qualitativa dos indicadores de intersubjetividade, tolerância à frustração e à espera e capacidade de uso lúdico dos objetos);

3. o grau de permeabilidade psíquica dos pais, entendida, por exemplo, como a possibilidade de rever sua perspectiva a partir das nossas intervenções ou por suas próprias reflexões;

4. a capacidade de associação, nomeadamente a possibilidade de relacionar certos eventos essenciais do bebê, seus sintomas, com aspectos deles mesmos (possibilidade de copensar com o analista);

5. a presença de graus de angústia persecutória;

6. os tipos de defesas e de feridas narcísicas (transferência);

7. a possibilidade de se envolver afetivamente com o filho;

8. a dimensão fantasmática do sintoma do filho, tipo de representação presente sobre ele. Por exemplo, se é vivido como

algo persecutório que os ataca em sua imagem como pais (modalidade evacuativa) ou como oportunidade de reparação (modalidade reparatória);

9. o lugar do pai e do terceiro no desejo da mãe e o grau de permeabilidade e de tolerância das diferenças entre parceiros em torno do projeto de filho e de família (aspectos transgeracionais).

Não coloco esses itens que transmito como forma rígida de observar e intervir na consulta; são elementos de "teorização flutuante" que fazem parte do meu dispositivo de escuta. Tornam-se muitas vezes pontos de intervenção para promover outra forma de interação com o bebê, bem como um equilíbrio mais dinâmico entre a dependência necessária e a independência desejada do bebê.

Luisa provocando o nascimento da cor

Recebo o pedido de consulta de uma bebê, Luisa, de 6 meses. No telefonema, a mãe diz-me que não sabem se é autista ou não, e se isso é possível.

Eu os recebo. Vem a mãe, e em um carrinho, totalmente fechada, está a filha Luisa. Começa a falar de sua necessidade de consultar. Parece uma mulher com um aspecto um pouco desleixado e, por seu tom de voz, a tonalidade parece deprimida, desvitalizada.

Quando começa a me dizer que a bebê não responde e quase não olha nos olhos, ouço um gemido dentro do carrinho. Luisa acorda e a mãe a pega nos braços, parece muito magra e hipotônica. Enquanto ela continua falando, eu me apresento e falo com a bebê, que não me olha, detém seu olhar na luz da lâmpada do consultório. A mãe continua reclamando, pega-a nos braços e, sem mediar palavra, coloca-a diretamente no sofá. Luisa fica virada de barriga para cima, totalmente imóvel, olhando para o teto.

Enquanto a mãe vai falando de seus problemas, noto que é como se Luisa não existisse. Observo a bebê olhando fixamente a luz do teto. Sinto-me muito impactado, sinto um frio no ambiente e na minha pele, por mais que estivéssemos na primavera... Diria que "a paisagem" era invernal...

A mãe relata as múltiplas consultas que realizaram supondo que pode haver algo no âmbito biológico, porque a bebê não olha nos olhos.

Os pais relatam ser um casal com poucos contatos familiares e sociais.

Em alguns momentos, fico desconcertado e impactado com a sensação de que essa mãe parece precisar falar de si e transmitir que não há lugar claro em seu espaço libidinal para essa bebê. Intuo que ela precisa ser escutada, ser atendida, buscando na escuta o alimento afetivo para depois, talvez, poder oferecer outra atenção e alimento afetivo para sua bebê.

Dedico-me a isso, e a prestar atenção a qualquer movimento de Luisa para colocar em palavras... Mas nessa primeira sessão não encontro a maneira de fazê-lo... É como se estivesse diante de dois bebês em situação de desamparo (e eu também, em parte).

Sucedem-se as consultas e essa dinâmica se repete: "a bebê" que habita na mãe parece "comer" toda a sessão, e eu fico ali, no lugar, preocupado com as poucas reações de Luisa na interação.

Ao longo dos primeiros meses de trabalho, foi se abrindo o campo da palavra materna com o desenrolar de sua história, de suas dificuldades com a própria mãe, sua luta com os irmãos do sexo masculino por um lugar afetivo, o refúgio que foi encontrando em seu trabalho realizando artesanato, sua sensação de fracasso como mãe, elementos depressivos etc. Tudo isso foi encenado com minha escuta bifocal – atendendo simultaneamente aos movimentos da bebê – e minha angústia contratransferencial ante o fato de que Luisa parecia "perdida". Sua atitude era muito passiva na sessão, tendo uma forma de hipotonia que, pela falta de interesse na manipulação dos objetos e pela vivência de seu olhar, fazia pensar mais em um fenômeno depressivo nela. Era necessário traduzir lentamente essa ideia em palavras.

Luisa com 11 meses

Enquanto a mãe vai relatando as dificuldades no fim de semana com Luisa – que já tinha começado a chorar e a reclamar um pouco mais –, a bebê, que estava sentada no chão ao lado dela, quer parar e mudar de posição e cai. A mãe não antecipa nem reflete a experiência em espelho. A bebê olha o chão e "adere" ao tecido da cadeira em que a mãe estava sentada.

Mãe: Tenho dificuldade de entender o que ela quer, às vezes não a suporto, gruda em mim o tempo todo, é como se quisesse se enfiar na minha pele, e quando se angustia só se acalma balançando, apenas estar no colo não é suficiente para ela...

Analista: Você capta o que ela sente! Mas algo a impede de se aproximar, como aconteceu agora quando ela caiu.

M: E... é pesada, pegajosa!

Falo de como é difícil para ela essa experiência inicial da maternidade e também como é difícil para Luisa viver toda essa situação.

Luisa parece se aproximar, "caminha" apoiando o seu corpo no divã. Minha poltrona está atrás do divã, ao lado de uma lâmpada acesa. Luisa vai nessa direção, olha fascinada a lâmpada e, animada, parece querer tocar a luz que se espalha sobre o divã. Agarra-se com as mãos para não cair, põe a cabeça sobre a superfície do tecido e me olha, desviando rapidamente o olhar (fixo meu olhar muito especialmente nela, atento à direção do seu olhar, dos seus movimentos e tentando antecipar uma eventual queda. Mas sinto que está começando a acontecer algo diferente).

A: A luz é suave, toca em você.

Acaricio o tecido e ela permite que eu abrace sua mãozinha por um tempo. Olha para mim, sorri e ficamos em silêncio. Um clima especial se instala, eu me emociono, é a primeira vez que consegue estar tranquila "olhando para nós".

A: A luz... toca em você... e Víctor também toca. Podemos estar juntos, você, eu e a luz, sem sentir medo.

Pela primeira vez me acaricia a mão, olha a luz e fica me olhando intensamente nos olhos. Sinto que surge algo novo. Olho para a mãe, ela parece emocionada, mas, como sempre, trata de esconder, evacuar suas vivências afetivas.

A bebê a busca com o olhar e ela diz:

M: É difícil... eu sei que estou errada, é mais forte do que eu, sinto que me deixa sem energia, mas agora vejo que ela está melhor.

A: Sim, é como você diz, mas agora você percebeu como ela me olha diferente e, em seguida, olhou para você, procurando integrá-la com o olhar...

Ela diz "sim" com um gesto, visivelmente emocionada, e fica em silêncio... Luisa volta a me olhar. Eu também fico em silêncio, emocionado, mantenho o silêncio e olho para elas.

O nascimento de uma emoção em sessão

A propósito da obra de um pintor brasileiro, Arcangelo Ianelli, Ferreira Gullar (2003), poeta brasileiro, escreve:

> *Não é mais mostrar as formas do mundo*
>
> *Ou do sonho,*
>
> *Da natureza ou da imaginação.*
>
> *Não é mais figurar, descrever, representar, narrar, evocar.*
>
> *Não há evocação.*
>
> *Tampouco ênfase,*
>
> *Orquestração das dissonâncias,*
>
> *Dos conflitos de formas e de cores.*
>
> *Pintar para Archangelo Ianelli*
>
> *Suscita o surgimento da cor.*
>
> *Fazer silêncio e deixar*

> *A cor emergir*
> *Nele, em seu centro denso, luminoso.*
> *Vem do fundo da sombra,*
> *A cor suave, treme*
> *Como uma frágil aparição*
> *A ponto de apagar-se em seguida.*

A referência à pintura pelo poema não é um mero exemplo da articulação artística como forma de prazer estético, mas podemos considerá-la uma metáfora muito significativa do que poderíamos denominar "a disposição analítica" para o trabalho com bebês com esse tipo de dificuldades graves de subjetivação.

Poderíamos dizer que nessa sessão foi a primeira vez que senti um contato emocional mais intenso e direto; foi a primeira vez que pude sentir de sua parte um investimento que me incluía como objeto, em parte separado dela, com o qual se estabelece um vínculo, uma possibilidade de encontro intersubjetivo.

Sentia a emoção de um encontro que ela também sentia e, em parte, funcionávamos como um "duplo amodal", na forma que R. Roussillon descreve. "Amodal" no sentido de que a vivência especular do encontro de olhares se abre ao esboço de significação que surge de mim, a partir da minha intervenção verbal, que trazia a mesma intensidade afetiva que a situação revelava.

Por essa razão, o poema evocando a pintura de A. Ianelli descreve algo que está "mais aquém" da plena significação linguística: não se trata de explicar, de narrar, de aludir, de significar... trata-se de suscitar o surgimento de algo especial... de uma cor na pintura, de uma emoção na sessão.

Emoção que me perguntei se não seria uma variação do gesto espontâneo que descreve Winnicott como expressão do verdadeiro *self*. É do silêncio que emerge a imagem da cor... É do silêncio continente, receptivo do meu olhar e da minha escuta que surgem o encontro de olhares, a emoção do encontro e, logo, o tocar. Essa seria uma forma muito primária de figurabilidade corporal de um afeto, que se torna e-moção no encontro e que logo chamará à significação.

Ocorreu uma mudança importante em Luisa após essa sessão; começou a olhar mais e a responder à imitação de seus gestos e suas vocalizações, como forma de protoconversações. Procurava se aproximar de mim, e começamos a jogar com uma bola que ia e vinha dela até mim. Assim, a possibilidade de deslocamento libidinal no "objeto" surgiu durante a sessão e no seu psiquismo.

A atenção compartilhada, bem como a atenção conjunta, começaram a se manifestar. A partir do jogo de bola, a qual se perdia do controle de suas mãos e ia para debaixo do divã, começou a surgir o mistério da ausência do objeto, emergindo a surpresa e o suspense na busca do objeto perdido.

Então, depois de algum tempo, começaram os jogos de esconde-esconde, a sintonia afetiva e os apontamentos.

A mãe começava a modificar a representação de sua filha e a receber prazer libidinal da parte dela.

Assim, em um longo processo com avanços e retrocessos, Luisa pouco a pouco foi saindo do seu retraimento interativo e melhorando todas as suas expressões intersubjetivas, embora até os 4 anos ainda apresentasse certa fragilidade no seu processo de subjetivação.

Jorge e o vazio assombrado

Recebo o pedido de consulta para Jorge, menino de 3 anos. Os pais se dizem muito preocupados com a falta de linguagem, a impulsividade, a possibilidade de surdez, dificuldades severas de comunicação acompanhadas de momentos de hipersensibilidade a certos ruídos, a quase ausência do brincar, distúrbios do sono, a impossibilidade de acalmá-lo em vários momentos de angústia (não podem levá-lo para fazer compras, nem a lugares onde haja excesso de estímulos associados), momentos de isolamento marcado, e eles acrescentam: "Como se estivesse fora da realidade, e não procura com o olhar".

A mãe descreve a angústia que sente pela separação do casal durante a gravidez: "Senti que morria, que algo dentro de mim se quebrou, como que morreu... Mas tinha Jorge dentro de mim também... foi uma luta interna".

Nos primeiros meses ficou muito deprimida, até que, em dado momento, diz ter tomado consciência das necessidades do seu bebê, mas este já raramente interagia.

Quando recebo Jorge, tenho a impressão de uma "criança selvagem" que se expressa quase com gritos, birras e explosões diante da frustração, com movimentos constantes e caóticos.

Em alguns momentos, sai da sala procurando a mãe, que entra e tenta brincar com ele, mas é muito difícil estabelecer um diálogo lúdico; diante da mínima frustração, destrói o que constrói e é como começar tudo de novo.

Noto que há pouco encontro de olhares, mas, quando acontece, fugazmente me transmite e sinto um pedido de ajuda. Seu olhar me angustia e me dá esperança ao mesmo tempo.

Esse é um elemento contratransferencial de suma importância, já que implicaria a percepção, por meio da "semiologia do olhar", de uma busca de contato com o outro, item que não está presente dessa maneira em crianças "claramente autistas" (Golse, 2013). A partir dos elementos da história do desenvolvimento de Jorge e do aspecto qualitativo do encontro transferencial, tendo a pensar nele como um "transtorno de subjetivação arcaica", no qual atribuo especial importância ao trabalho com os pais.

Trabalho com os pais e o ambiente subjetivante

A análise transcorre com várias entrevistas prévias com os pais, para trabalhar com eles essas vivências do início da vida de Jorge. Surge em ambos um grande desejo de reparação. O trabalho analítico que foi se dando passo a passo no caso de Jorge (bem como de outros pacientes) se realiza a partir de dois aspectos centrais:

1. permitir que os pais falem e reconstruam alguns aspectos da sua história pessoal e da história do vínculo com seu filho, buscando intuitivamente a forma como representam seu processo de parentalidade (interação fantasmática parental);

2. a escuta atual das dificuldades e dos acertos na relação direta com Jorge (interação real) (Kreisler e Cramer, 1985).

Em outras palavras, o trabalho se articula entre uma direção longitudinal e outra transversal.

Dessa forma, ambos os níveis desse discurso "polifônico" se entrelaçam progressivamente. Não se trata apenas de um jogo de letras no discurso, pois tem pleno sentido clínico. Quando as histórias, na maior parte do tempo dissociadas entre elas, entrelaçam-se, podem-se "lançar" as subjetividades para novos espaços desconhecidos. "Lançar uma lança" não é apenas um ato agressivo, também é uma forma de entrar em um novo espaço, de lançar algo de si a um espaço distante...

Isso implica em uma forma de atenção e receptividade específica, da parte do analista, que poderíamos designar como "disposição empática", que se definiria a partir das contribuições do escritor Mia Couto (2009), quando se refere ao que a escrita lhe traz. Ele nos diz que possibilitaria a ele a experiência de: "estar disponível para que outras lógicas nos habitem, visitar e ser visitado por outras *sensibilidades*".

Creio que essa frase resume parcialmente o que pode ser uma disposição analítica empática na clínica. E eu gosto especialmente dos verbos que Couto usa: *habitar e visitar*. Por quê? Porque ambos se referem a ações ocorridas em um espaço, em um continente. Habita-se e visita-se um espaço, uma casa. E as histórias que os pais contam sobre sua vida e sobre o relacionamento com o seu filho são os espaços dessa "casa" chamada "parentalidade".

Em certo sentido, receber essas histórias é como ser convidado a entrar nesse espaço-casa do mental, que às vezes parece um labirinto fechado e outras, mais aberto e luminoso. É como coescrever com os pais as páginas de uma nova versão do texto da parentalidade, para que novas versões de si mesmos se "relancem". Assim, entrando na "casa da parentalidade", nós trabalhamos muito o funcionamento na casa; a sensação de caos nos horários, as rotinas, tratando de adequá-los ao ritmo de Jorge.

Isso está relacionado com as contribuições de D. Thouret (2004), que fala da necessidade de "envolvimento rítmico da parentalidade", ou seja, da forma como os pais se envolvem pouco a pouco afetivamente no encontro e no confronto com seu filho. E, do meu ponto de vista, um dos aspectos centrais para esse tipo de abordagem consiste em abrir a escuta à experiência da "violência do arcaico" (Guerra, 2013b).

Refiro-me à esperada violência que significa para os pais o cuidado de qualquer *infans*, nos momentos de desencontro. Ou seja, o que significa para os pais precisar mudar seu estilo de funcionamento, sua relação pessoal com o espaço, com o seu próprio corpo e, em especial, com os ritmos temporais, uma vez que, de certa forma, cuidar de uma criança pequena é desalojar parte da identidade e da temporalidade adultas para entrar em consonância com a experiência infantil. Isso toma muitas vezes um lugar de vertigem, à noite, quando o bebê tem transtornos de sono (Guerra, 2010a).

Assim, surgem progressivamente a história dos conflitos do casal, a história dos vícios do pai, as enormes dificuldades de estabelecer o vínculo com Jorge no primeiro ano de vida, em que a mãe tentava por todos os meios possíveis evitar que Jorge chorasse de noite para que o avô, que morava com eles, não se desesperasse e tivesse reações violentas.

Pouco a pouco, no intenso trabalho com os pais, foi surgindo em ambos o desejo de reparação, o assumir das dificuldades iniciais e da culpa que provocava neles.

Foram momentos muito emotivos tanto para eles quanto para mim, já que eles enfrentavam dolorosamente suas próprias limitações, suas contradições, o que levaria a certa reformulação de seus ideais como pais e, por sua vez, permitiria a instauração de interdições estruturantes que possibilitassem a separação e a discriminação de Jorge do desejo dos pais.

O pai começa a narrar sua história infantil de inquietude motora que sempre o caracterizara, o que às vezes levava a família a viver em ritmo vertiginoso, pois estar quietos implicava uma vivência de vazio angustiante, da qual ele se defendia transmitindo: "O menino é como eu. Atualmente todas as famílias são assim, é preciso fazer muitas coisas ao mesmo tempo".

Assim, era muito difícil entrar no ritmo infantil de Jorge, como acontece muito em nossa sociedade; existe de fato uma "violência atual sobre os ritmos de infância". Fato que foi colocado em palavra e trabalhado com eles em diferentes níveis, ou seja, não apenas em relação à própria história, mas também refletindo em conjunto sobre as exigências da sociedade, sobre o "culto da urgência" (Aubert 2003), a busca de excelência, e como isso pode afetar negativamente a paternidade, fazendo evitar a identificação empática com os aspectos mais vulneráveis do filho e de si próprios. Denomino esse aspecto "trabalho sobre as representações culturais da parentalidade".

Por que isso é importante? Porque os pais procuram o tempo todo na internet pautas assertivas sobre "como serem pais" e incorporam-nas ao estilo "recorto e colo", o que leva à pressão maior nos vínculos. Creio que é fundamental trazer isso para a sessão e trabalhar com eles para poder abrir outros registros em relação ao "ideal do eu parental".

Acredito que isso se articulava com a minha disposição de escuta, de acompanhá-los nessa descida aos seus infernos (de angústia) e deixar-me levar por eles, acompanhando-os na dor, com a intuição de que a esperança de mudança se daria com apoio afetivo que permita marcar certos aspectos concretos do vínculo com o filho.

Pouco a pouco, a dor foi dando lugar à reparação e ao prazer de descobrir novas formas de vínculo com Jorge, especialmente o prazer de associar ideias, de pensar o filho nas sessões comigo, fato que depois ampliavam no seu próprio espaço familiar. A "casa da parentalidade" ia sendo reformulada.

Denomino essa etapa trabalho com o "ambiente subjetivante", com a premissa de que a análise de uma criança, e principalmente de uma criança grave, não é apenas o trabalho em sessão com a criança, seu mundo interno e a transferência que se instala, mas o trabalho com o ambiente subjetivante também é fundamental, ou seja, com as pessoas que acompanham diretamente o processo de subjetivação dessa criança, mas que se estende igualmente, por exemplo, à escola etc.

A maleabilidade do encontro com Jorge

Vim descrevendo meu trabalho com os pais e com "o" Jorge que os habitava.

Mas o trabalho em sessão com a criança tinha características específicas. No início, passamos por momentos de caos na brincadeira, com uma movimentação quase permanente e a dificuldade muito específica de estabelecer um vínculo intersubjetivo pleno comigo. Eu sentia Jorge fugidio, entrávamos em contato e, de repente, ele se afastava, ia para um canto e sua atenção se desmantelava como forma de defesa autística. Surgia um especial cuidado meu de respeitar suas defesas e, em seguida, procurar contato por meio do canal sensorial que minha contratransferência indicava. Às vezes falando suavemente sobre sua "aderência visual" às cortinas, outras vezes por meio do som, fazendo um ruído com minha boca ou com as mãos tocando um tambor.

Assim, produzia-se suavemente uma abertura maior ao contato e Jorge começava a interagir de outra maneira; uma abertura de exterioridade se insinuava, sendo eu um outro com quem ele podia compartilhar suas vivências. Durante meses, a brincadeira foi sempre intermitente e, inicialmente, dedicamo-nos a brincar com massinha, colocando formas de animais e moldes dos quais descobríamos a imagem após certo tempo de suspense.

Jorge sentia muito prazer em imprimir as marcas da nossas mãos na massinha. Eu tentava dar um ar lúdico a essa atividade e certo tom de suspense e surpresa diante da expectativa do que surgiria da forma que se imprimia na massinha. A seguir, desmanchávamos e a forma desaparecia. Em alguns momentos, o trabalho tinha forte acento sensorial, cobrando especial importância deixar-me levar pelo que eu supunha que Jorge sentia. As diferentes cores da massa se colavam a nossos dedos e fazíamos juntos uma montanha de dedos e massas aglutinados, misturados, camada sobre camada. Uma camada de massinha, uma de mãos, outra camada de massinha e outra de mãos.

A imagem de que estávamos, ao mesmo tempo, separados e "con-fundidos" emergia em mim: por um lado estávamos diferenciados, brincando juntos com o material, mas ao mesmo tempo uma parte de nós – as mãos – estava indiferenciada. Ainda, não poderíamos falar de discriminação figurativa.[7]

Em alguns momentos, em minha mente eu tinha a sensação de estar construindo o alicerce, o chão, de algo que ainda não tinha forma e não me apressava em procurar uma forma linguística de expressão como interpretação. Intuía que esse júbilo em comum dessa forma de encontro fazia parte de um "momento estético", no limite da palavra.

Voltemos então ao diálogo com a arte, como forma de inspiração dessas experiências, e também, por que não, como forma de vislumbrar um esboço de sentido do vivido. M. Viñar (2010), em relação ao impacto estético de estar diante das pinturas de um artista como C. Sáez, diz-nos que se quisesse explicar com palavras o que lhe provocam os retratos de Sáez, além de ser uma afronta ao autor, dissolveria a qualidade inequívoca da emoção estética, o que acredita ser literalmente o que nos deixa sem palavras, esse limite tão sensível em que se extingue a transparência discursiva e ingressamos no mundo misterioso onde prevalecem os afetos e os ódios, com ou sem razão.

---

7 Talvez isto possa estar relacionado com o que B. Golse (2011a) refere como terceira via de acesso à intersubjetividade, onde existem momentos de certo grau de indiscriminação e momentos de diferenciação, o que demonstraria que a subjetivação precoce, a intersubjetividade, como experiência de separação, é uma conquista gradual e alternante.

E nesse limite de que fala Viñar haveria também um lugar para o indiscriminado, porque, se olharmos para a pintura de Sáez, poderíamos dizer que percebemos claramente que é um homem com seu rosto que nos interroga com seu olhar, mas outra parte do corpo, como as mãos, pareceriam ir se confundindo com os contornos do sofá, sendo a sua mão direita, por exemplo, quase uma parte do descanso do sofá... Será algo parecido com o que senti na brincadeira com as mãos e a massinha, com o meu paciente?

Voltando então à clínica, eu diria que naqueles momentos prevalecia entre mim e Jorge uma vivência quase inefável de descoberta compartilhada, que depois se diluía. Isso eu traduzia pouco a pouco, como podia, em palavras, em frases curtas, momentos de espelhamento de suas emoções e gestos de surpresa que emergiam a partir do "corpo sonoro da palavra", com o objetivo de que Jorge se sentisse tocado pela intensidade da experiência emocional, mais que pelo conteúdo semântico do discurso.

Refiro-me ao peso do que D. Stern (1985) chamou de "afetos de vitalidade" e à sua relação com a "sintonia afetiva", e que Roussillon

(2010) marcou como experiências de "compartilhamento estético" e "emocional", base das "simbolizações primárias".

Por outro lado, considerei muito importante guardar os pedaços de massa espalhados pelo chão e no consultório, ao final da sessão, para retomarem a forma original e serem guardados dentro do pote. Assim, em minha mente, estavam o valor simbolizante da massa como "meio maleável", como nos aporta, por exemplo, R. Roussillon (1991), a partir de M. Milner (1979). A massa representaria o reprocessamento do meio maleável inicial que falhou, atualizado na transferência aqui e agora.[8]

Por vezes, o jogo se interrompia, porque Jorge se levantava e saía andando pelo consultório, ou pegava pequenos animais como os dinossauros e os deixava cair, mas sem um sentido simbólico evidente. Eu colocava em palavras seus movimentos, realizando uma "narrativa" (Pereira, 2013) como forma de figuração psíquica, de colocação em palavras dos seus gestos motores. Mas muitas vezes me perguntava quanto Jorge integrava do que eu dizia.

Onde está Jorge?

Os meses passaram. Em uma sessão em que eu sentia que a repetição das brincadeiras não era elaboradora, decidi mudar de lugar e passar a me sentar na poltrona, ficando de costas para Jorge, que perambulava por outro lado do meu consultório, perto do divã.

Não o vejo, e pergunto para o vazio com voz preocupada: "Onde está Jorge?".

---

8   Existem numerosos trabalhos que dão conta deste aspecto, que será englobado no conceito de objetos de mediação, cf. Brun (2007), Chouvier (1998, 2000, 2004) etc.

A pergunta pareceu iniciar uma nova etapa. Ele "volta do vazio" para habitar o meu espaço com a sua presença, aparece, aproxima-se e olha para mim com intensidade, e inaugura-se assim a "brincadeira de esconder"; quando o encontro, abraço-o, levantando-o no ar e contando-lhe quanto estive esperando por ele. Em alguns momentos, tenho a sensação de que mantenho a ideia, ou desejo, de que o encontrava após uma "longa viagem". Essa brincadeira se repete de forma rítmica várias vezes, até que, em dado momento, ao invés de aparecer do lado direito da minha poltrona, surge pelo lado esquerdo e me surpreende. Eu manifesto mais ainda minha surpresa e repito essa forma de interação rítmica-lúdica que nós cocriamos.

Minha surpresa é ainda maior quando Jorge aponta a lousa com o dedo indicador e me dá a entender que quer que eu desenhe... a ele, e a mim ao seu lado. Eu desenho falando disso e ele fica muito contente... (eu também). Interpreto dizendo-lhe que agora nos encontramos na brincadeira, que antes ele não estava, que agora nos encontramos brincando e também nesse desenho e, em resposta ao seu pedido, modifico o desenho fazendo os personagens darem as mãos. Ele pega minha mão e tenta copiar o desenho; fazendo dois bonecos redondos com extremidades que se juntam, ele me pede para escrever nossos nomes ao lado. Foi uma cena muito intensa, nós inauguramos uma coescrita e abriu-se a passagem para outro plano do espaço.

Essa foi a primeira representação gráfica de Jorge durante o tratamento; devemos recordar que Jorge mal tinha linguagem verbal.

Poderíamos dizer que foi um momento fundamental na análise, já que se instaurou um ritmo em comum na brincadeira, integrando o que D. Marcelli (2000) chama de "microrritmos", ou seja, a irrupção da surpresa no ritmo, com algo que aparentemente é imprevisto. Da mesma forma, a passagem para a figuração gráfica, na qual estava incluído o "sinal" com o gesto do dedo indicador, mostra-nos que Jorge já estava próximo da aquisição da linguagem (Guerra, 2014).[9]

Essa sequência lúdica que conto tem uma importância capital, já que, como salientado por outros autores (Fédida, 1978; Lebovici,1998; Casas de Pereda, 1999 etc.), com quem concordo, a brincadeira de esconder inaugura a possibilidade de o bebê, e nesse caso a criança, fazer um trabalho de elaboração da ausência com o objeto presente. Dessa forma, apropria-se da experiência dolorosa da relação com o objeto-outro. O objeto pode ser descontínuo, diferente, separável, mas tem a representação para evocá-lo. Para isso, é fundamental que o objeto, nesse caso o analista, tenha a disposição lúdica para estabelecer o que chamamos de "interludicidade", ou potencial de cocriar uma experiência lúdica em comum, que demonstraria a constituição de regras implícitas de uma brincadeira. Desse modo, meu pequeno paciente se encontra às portas da terceiridade, fato que se confirma pela aplicação da sinalização com o dedo, pelo esboço de representação gráfica com o arredondamento e pela proximidade do advento da linguagem.

Com o passar do tempo, essa brincadeira continuará sendo uma parte importante da sessão e Jorge começa a se interessar mais pelos carros e por um caminhão grande, em que coloca os carrinhos de passeio. A separação e a perda do objeto não são mais representadas com seu corpo, mas com o caminhão.

Aos poucos, a integração no jardim de infância foi melhorando, e o trabalho com a fonoaudióloga permitiu progredir na linguagem verbal. Jorge começava a se comunicar com palavras e mostrava interesse especial em reconhecê-las.

---

9 Nesse momento, faço o encaminhamento para a fonoaudióloga, com quem Jorge estabelece uma ligação muito importante.

Em outra sessão em que ainda brincávamos com massinha, pediu-me para juntar todas as massas de diferentes cores e fazer uma bola de massa muito grande. Eu deveria colocar um boneco, que desaparece dentro da bola. Enquanto faço isso, demonstro minha preocupação, pois o boneco desapareceu e me pergunto onde estará. Ele abre a bola, procura-o e ambos ficamos surpresos e encantados pois o boneco aparece no interior. Essa brincadeira se repete muitas vezes, e em uma delas, após ter compartilhado a intensidade da experiência, tento reconstruir sua possível fantasia em relação a sua gestação e seu nascimento, que tinha sido difícil e que a mamãe estava muito triste, mas depois ela ficou contente como estávamos agora.[10]

É impossível para mim agora narrar fielmente o clima emocional que nos envolvia quando fiz essa intervenção verbal, já que foi um momento muito sensível. Nessas situações, a música da voz é tão importante quanto o conteúdo que se deseja transmitir. Posso afirmar que estava presente em mim o tema da hipersensibilidade sensorial de Jorge e a impressão de que minhas palavras deviam envolvê-lo para abrir uma nova significação em sua mente. É importante notar, de acordo com minha experiência, que, por se tratar de uma criança pequena, é necessário que as palavras transmitam um toque de ternura, de cuidado sublimado que atenue o impacto do conteúdo semântico.[11]

---

10 Outros níveis de interpretação são possíveis, como a fantasia de ficar preso dentro da mãe e pedir na transferência que o separe dela, ou ainda o seu desejo de voltar a se gestar num interior materno sem a "conflituosidade" que aconteceu no seu passado; deixo-o para outro momento.
11 Sobre o tema da voz e sua inter-relação com os processos de subjetivação, o inconsciente e a pulsão, remeto aos trabalhos de M.-C. Laznik (2013), M.-F. Castaréde (2005), I. Fonagy (1983) etc. E especialmente A. Nakov (2012), que afirma que a música da voz é o primeiro continente oferecido ao bebê, a primeira experiência estética que o introduz no universo humano. Antes de ser sensível às cores do mundo, o bebê é impregnado das cores, dos sons, dos timbres da

Jorge me escutou muito atentamente, os olhos muito abertos, moveu sua cabecinha e disse: "Sim!". Acreditei perceber um brilho especial em seu olhar... ou talvez projeto nele as minhas vivências?

Essa brincadeira se repetiu mais algumas vezes e abriu caminho para o seu interesse por piratas e tesouros.

O vazio assombrado e as palavras de infância

Então, começou a ter primazia nas sessões a brincadeira com um barco e um grupo de amigos piratas, que precisavam procurar um baú com tesouros que outros queriam roubar.

Assim, em uma sessão, ele encontra o cofre no barco pirata. Nós o abrimos juntos e ele fica intensamente surpreso, com um gesto que compartilha comigo, ao encontrar o tesouro. Percebo que seu interesse parece estar centrado em prestar atenção a um mistério que estaria dentro do cofre. Repetimos a brincadeira várias vezes, enquanto eu tento acompanhar a experiência pondo palavras que nos aproximem desse mistério interior.

Outras vezes, ele tira os tesouros do cofre mais cedo e, ao abri-lo, ambos brincamos de nos surpreender "esteticamente" com o vazio, com o espaço interior do que não está. Sinto que uma brincadeira "como se" está instaurada, sendo isso também uma forma de acesso à tridimensionalidade e ao chamado "conflito estético" de Meltzer, com a interrogação sobre o interior do objeto (Meltzer e Harris, 1998).

Nessa oportunidade, surgiu em mim intuitivamente não interpretar essa sequência como parte da transferência, seja sobre a minha

---

voz, bem como dos ruídos do ambiente. A. Navok antecipa que, durante toda a existência, desde o nascimento até os últimos instantes de vida, a voz vai ser entre nós e os outros, entre nós e nós mesmos, o primeiro envoltório para os nossos afetos e pensamentos.

ausência ou sobre o mistério do que pode haver no meu interior. Fiquei com a sensação de que ele queria gerar um suspense de algo que ia acontecer e que depois não se produziu.

Vem a mim então outra perspectiva sobre a experiência estética, nesse caso, a partir das palavras de J. L. Borges (1952), quando ele escreve: "A música, os estados de felicidade, a mitologia, as faces trabalhadas pelo tempo, certos crepúsculos e certos lugares, querem nos dizer algo, ou algo disseram que não deveríamos perder, ou estão por dizer algo; essa iminência de uma revelação, que não se produz, talvez seja o fato estético".

A *iminência* implicaria o aumento da tensão psíquica, provavelmente o papel da intensidade da pulsão que pulsa pela descarga, mas isso implica também "uma revelação que não se produz", que evita a ilusão de completude, deixando em suspenso a saturação do sentido.

A experiência vivida nessas sessões com Jorge envolvem para mim tanto uma possibilidade de articulação dos sentidos (e um diálogo posterior com a teoria) como o respeito pelo valor de sensações que deveriam permanecer sem nome específico, como experiência do *in-fans*, que são terreno de um "compartilhar afetivo" em que as categorias de comunicação corporal se tornam prioritárias.

Amat (2010) afirma que a memória não existe sem as palavras da infância. As palavras da infância são sensações sem nome. Vazios assombrados. Escrever é vestir com palavras o silêncio da língua. Abrigar os múltiplos vazios do pensamento oco. E a língua é a roupa do vestido.

A experiência vivida na sessão analítica com um paciente em que a linguagem verbal ainda não é uma ferramenta conquistada nos mergulha ainda mais na opacidade da palavra e na dúvida legítima: o relato que realizamos poderá ou não dar conta do que foi vivido? Sim, com certeza, as vivências do *infans* constituem sensações sem nome, a ponto de ser necessário que um adulto lhe dê um banho de significações (sem afogá-lo); na sessão analítica, é importante criar uma experiência em que a *revelação* de uma completude semântica não se realize, porque da incompletude surgirão novas pesquisas, novas brincadeiras, novos diálogos.

O trabalho analítico com um paciente com essas características consiste em tornar a habitar essas palavras de in-fância. E, a partir da brincadeira compartilhada, poder "abrigar esses vazios do pensamento", para dar à dor e ao vazio uma nova chance de subjetivação no movimento da vida.

Epílogo 1: Encontros e intercâmbios com Víctor Guerra

Há um fato que sempre me intrigou e que, tenho constatado, repete-se regularmente: tem a ver com a rapidez e com a constância das amizades que criei durante minhas viagens na América Latina. Colegas que encontrei nos colóquios ou em convites mais pessoais e com quem passei algumas noites falando de clínica psicanalítica se converteram, ao longo dos anos, sem reversão, em verdadeiros amigos, e isso com uma rapidez e mesmo uma intensidade que nunca mais encontrei na minha vida francesa, em que necessito muito mais tempo antes de uma relação de trabalho se tornar verdadeira amizade. Mas essa amizade raramente consegue o tipo de qualidade de intercâmbio que pude sentir em meus encontros com quem, para mim, é "Víctor".

Tendo conhecido Víctor em uma de minhas estadas em Montevidéu, estabelecemos rapidamente uma amizade profunda e duradoura, jamais desmentida nem desiludida ao longo dos anos, uma amizade fundada na confiança e no compartilhamento de convicções comuns. Todos aqueles que conheceram Víctor Guerra poderão dar testemunho disso; ele sabia cultivar a amizade, a fidelidade e a profundidade na amizade.

Nestas linhas, gostaria de sublinhar sobretudo, em memória da amizade, alguns aspectos de nossas concordâncias de pensamento e das convicções essenciais que estão presentes no trabalho de Víctor, que sustentavam nossos intercâmbios, e dar especial destaque ao seu trabalho.

Porque, é claro, uma amizade assim se baseou na comunidade de interesses profissionais, mas certamente ainda mais na comunidade de pensamento, inclusive o compromisso comum em torno de certo número de propostas clínicas ou teóricas relativas a aspectos "políticos" que infiltram teorias e práticas clínicas. Portanto, um compromisso comum e mesmo um certo militantismo na defesa ou promoção dessas ideias ou posições.

Com Víctor compartilhava, primeiro, a convicção de que os fatos e as experiências da primeira infância são de primordial importância na construção da vida psíquica, a ideia de que essas experiências são a base, o alicerce sobre o qual o edifício psíquico está construído, e com frequência trocávamos ideias, no Uruguai ou em outros países da América do Sul – Víctor ia frequentemente a Porto Alegre ou ao Rio de Janeiro, ou também a Buenos Aires –, sobre a questão dos fundamentos da vida psíquica.

Essa convicção dava às experiências reais e efetivas, à "realidade" de tais experiências, uma importância de primeira ordem na reflexão clínica e, portanto, dava também às formas de "comunicação primitiva" um lugar central. Mas, além disso, ela abria também para o campo social das práticas educativas e seu impacto sobre o desenvolvimento psíquico. Essa convicção esteve no cerne das nossas trocas, das quais vou evocar apenas um momento, pivô na construção deste livro: *Vida psíquica do bebê: a parentalidade e os processos de subjetivação*.

Durante uma de suas estadas em Lyon, há cinco ou seis anos, tínhamos previsto vários momentos de encontro para falar do seu projeto de tese, e eu o alojava em meu consultório, onde dispunha de um quarto para amigos. Nesses encontros e nos intercâmbios apaixonados e prolongados que eles permitiam, qual não foi minha surpresa ao me inteirar por sua boca que ele queria fundar a reflexão de sua tese sobre uma lâmina de ideia que eu tinha adiantado, de passagem, num artigo de 1981,[1] que envolvia a ideia de uma "lei materna" a captar em torno da questão do ritmo.

Na década de 1980, a questão do ritmo ainda não tinha o reconhecimento que conquistou a partir de então nos trabalhos sobre a primeira infância – a não ser na obra de Stern, em que começava a aparecer. Pessoalmente, eu a havia pensado a partir de uma reflexão sobre certas propostas de D. Anzieu e, nesse artigo, tentava propor que a disritmia talvez fosse uma forma geral dos traumatismos psíquicos (precoces e mais tardios) e dos conflitos intersubjetivos e que, inversamente, o respeito aos ritmos biológicos, sua sustentação nos primeiros cuidados, oferecia um modelo possível para pensar uma "lei materna" e a contribuição materna à construção não só da autoconservação e da subjetividade, mas também da relação com a realidade e com a "lei" e as suas vicissitudes.

No início dos anos 1980, a questão da "lei" – "lei" do pai, lei transgredida nas perversões sexuais e narcisistas etc. – era uma das vias de entrada na psicopatologia psicanalítica e a metapsicologia tentava explicá-la.

Fiquei muito comovido que Víctor tenha tomado assim uma proposta que nunca tinha sido retomada por ninguém, mas que pessoalmente tinha muita importância para mim, na medida em que, na época, tinha entrado em ressonância com um fragmento de minha análise pessoal das disritmias com as quais, sem dúvida, havia sido confrontado na minha primeira infância. Disritmias que

---

1 Roussillon, R. (1991). Le rythme, le transitionnel et le cadre (1981). In *Paradoxes et situations limites de la Psychanalyse*. Paris: PUF.

em parte eu havia tratado em minha relação com a música e com a dança durante a adolescência. Nós tínhamos, portanto, evocado também o meu trabalho sobre a "coreografia do encontro",[2] no qual eu tinha proposto comparar os primeiros encontros a uma forma de "coreografia corporal" na qual os corpos e as gestualidades se buscavam e tendiam a se ajustar um ao outro; abri então a questão essencial dos modos de comunicação e das mensagens corporais, questão que se unia às preocupações de Víctor. Encontrar-se-ão numerosos vestígios desses intercâmbios e dos desenvolvimentos que ele propôs sobre eles em seu livro; voltarei a esse assunto adiante.

Eu também estava comovido com a importância que ele dava a essas ideias e a amplitude que projetava dar a meus esboços de hipótese em seu trabalho de pesquisa. Ele tinha levado muito a sério o que eu tinha adiantado de passagem!

Logo pressenti que ele desenvolveria e faria frutificar o que não passava de pousio em meus trabalhos, e estava impaciente para descobrir o que poderia criar a partir disso. Na época das trocas em meu consultório, o ritmo tinha começado a conquistar suas "cartas de nobreza", mas, apesar de eu jamais ter abandonado meu interesse por tudo o que dizia respeito ao ritmo em sua relação com a primeira infância, esse interesse se dirigiu especialmente para as minhas orientações de trabalhos acadêmicos em torno da dança e das danças da adolescência e de tudo o que se tinha desenvolvido em torno do R&B, do rap, da *street dance*, incluindo as danças de salão ou, também, as danças muito populares na América do Sul: tango, salsa, batucada etc. Todas essas danças populares que, embora sejam de longe as mais praticadas, são as parentes pobres de alguns trabalhos consagrados à dança, sobretudo centrados nas danças "espetaculares" das apresentações públicas "de bom gosto".

---

2 Roussillon, R. (2003). Séparation et choréographie de la reencontré. In A. Barbier, J. M. Porte (Dir.), *La sépration*, Paris: In Press.

Aproveito também para sublinhar um dos pontos que, de início, aproximou Víctor e eu, e que havíamos evocado também nos nossos encontros: uma relativa aversão pelos "bem pensantes" bem situados e pelas ideologias que os acompanhavam. Era um homem imensamente culto, e seu interesse por formas de cultura não ficou fechado nas formas canonizadas pelas culturas "dominantes". Como muitos psicanalistas da América Latina, dos países da América Latina que precisaram tolerar as ditaduras e seus regimes de terror, Víctor, proveniente da classe popular e que tinha vivido a época da ditadura na adolescência e em sua vida de estudante, tinha uma importante sensibilidade a tudo o que diz respeito aos modos de expressão dos oprimidos e marginalizados dos domínios sociais e ideológicos. O conjunto da sua muito rica e refinada prática clínica atesta isso. Mas essa sensibilidade se mostra também no seu interesse pelos modelos intersubjetivos e por seu impacto na construção da subjetividade, portanto, a consideração da "realidade" do impacto da subjetividade dos objetos "outros-sujeitos", o que D. W. Winnicott chama de "levar em conta o objeto em si". A vulnerabilidade do bebê às respostas do ambiente humano é também um excelente exemplo disso.

Víctor se propunha a regressar às formas primárias de sintonia ou de "assintonia" dos ritmos nas relações iniciais e examinar seus efeitos sobre o funcionamento psíquico do bebê e de épocas posteriores.

Ao contrário de muitos clínicos que reconhecem formalmente o impacto das realidades históricas e das respostas do ambiente inicial sobre a construção psíquica, mas na prática clínica não o levam muito em consideração, Víctor levava muito a sério os efeitos das respostas dos primeiros objetos na compreensão clínica concreta dos seus pacientes, muito jovens e menos jovens. A reconstrução do que deveriam ter sido as respostas do ambiente primário aos impulsos e movimentos do sujeito em análise tinha sido um dos nossos principais temas de intercâmbio, e sua importância, um dos temas essenciais que partilhávamos.

Para ele, como para mim, a intersubjetividade não era uma noção "teórica" a ser reservada para os sábios intercâmbios e debates epistemológicos das sociedades de psicanálise; era um dado clínico fundamental na compreensão da subjetividade durante a sessão. Também concordávamos ao considerar que o drama primário das crianças não se devia tanto à projeção das suas fantasias "arcaicas" sobre os objetos que povoavam seu ambiente primário, mas, ao contrário, à sua percepção aguda dos movimentos inconscientes desses objetos. É o que Victor retomou depois na questão da "lucidez" e que eu, por minha vez, tinha teorizado com base na questão do uso do objeto em D. W. Winnicott.

Assim, além da intersubjetividade, abria-se o tema do desenvolvimento da intencionalidade, incluindo a interintencionalidade nas comunicações humanas e sua conexão com as formas primárias de simbolização ou com o que podia impedi-las ou distorcê-las.

Isso nos leva à pergunta sobre as formas da "comunicação primitiva" de acordo com a fórmula de Joyce McDougall. Levar a sério a questão da intersubjetividade, da interintencionalidade, não é só sublinhar a importância da questão do ritmo nas interações primitivas – inclusive mais tardias –, é abrir a questão da maneira como os ritmos, as disritmias, as sintonias, as "assintonias", as regulações e as falhas rítmicas não nos levam apenas a problemáticas intrassubjetivas. Elas são sem dúvida importantes e devem ser sublinhadas exatamente como Víctor fez em diferentes ocasiões, constituindo uma de suas contribuições essenciais, como B. Golse sublinha com razão no seu prefácio. É também, e sobretudo, adicionar, tentar abrir a questão do sentido que tomam para o bebê – e para o adulto também, ainda em grande parte – essas sintonias e "assintonias" rítmicas. A questão do sentido e das "mensagens" que ele veicula, a "linguagem" não verbal que ele comunica, as mensagens sobre a representação de si para o objeto e do objeto para si que ele transmite.

As mensagens assim transmitidas contribuem amplamente para a construção identitária da subjetividade e para o desenvolvimento da refletividade, noção aqui sem dúvida tão pertinente como a de narcisismo quando ela é dialetizada. Acredito que passaríamos ao lado da importância do trabalho de Víctor se descuidássemos desse aspecto de seus desenvolvimentos. Em todo caso, é o que surgia claramente das nossas trocas da época, e do qual eu havia feito também uma das pontas de lança de minhas próprias reflexões. É assim que a noção de "lei materna" ou de contribuição da mãe para a lei e a linguagem encontra todo o seu sentido e a sua pertinência.

Embora não fosse um conceito que utilizasse muito, Víctor aderia à importância da reflexividade nas relações iniciais. Ele aceitava a ideia, proposta por D. W. Winnicott, de que o rosto da mãe e, além do rosto, toda a modalidade de presença da mãe ou dos objetos maternais funcionavam como "espelho" para a criança pequena, um espelho com o qual ela construía sua identidade e sua subjetividade. A pessoa se sente como alguém a sentiu, se vê como foi vista e, mais tarde, escuta-se como foi escutada. As mensagens maternas, as mensagens transmitidas pelas sintonias (afinações) ou "assintonias" (desafinações) rítmicas transmitem ao *infans* a mensagem de que ele é um sujeito, um sujeito que tem ritmo próprio, que deve ser reconhecido e respeitado – primeiro é isso, ser um sujeito, é aí que ele capta a si mesmo, inclusive se não for somente a partir do ritmo que ele se sente –, ou, ao contrário, transmitem que ele não é sujeito e deve se render aos desejos e aos movimentos do objeto (que é então o único sujeito), render-se ao ritmo do objeto, único no comando da relação.

A importância dos trabalhos de Victor deve ser medida a partir da perspectiva da questão da subjetivação e de suas formas, que ele dialetiza sem cessar com as condições da comunicação primária. É um dos pontos em que os "filhos de Freud" trouxeram novidade: entre o sujeito e ele mesmo, na captação do sujeito por si mesmo, situa-se o objeto, seu modo de presença, as mensagens que o seu modo de presença e de interação transmitem ou impõem ao sujeito. A história da construção da subjetividade, a subjetivação, não pode ser pensada independentemente da relação intersubjetiva do seu estilo particular, do seu ritmo particular e da maneira como esse ritmo se ajusta aos ritmos corporais do *infans*, da qual ele "reconhece" assim esses ritmos e toda a sensório-motricidade que os acompanha e os destaca, e que comanda também as primeiras formas da simbolização.

Parece-me que essa é a mensagem essencial que o livro de Víctor, *Vida psíquica do bebê: a parentalidade e os processos de subjetivação*, editado nesta ocasião pela Biblioteca Uruguaia de Psicanálise da Associação Psicanalítica do Uruguai, entrega à comunidade de psicanalistas e profissionais clínicos. Há de se desejar que essa mensagem seja escutada com a maior amplitude possível na Europa e na América Latina.

René Roussillon
Psicanalista, psicólogo e professor
emérito na Universidade Lumière Lyon 2

Epílogo 2: Víctor

Já nas primeiras páginas do livro, no capítulo "Intersubjetividade e as funções parentais no processo de subjetivação", Víctor faz referência à poesia. Este livro, de fundamental importância em sua trajetória e que será uma contribuição significativa para a formação de muitos profissionais, permite conhecer em suas páginas não apenas o psicanalista que teorizou acerca da construção da subjetividade na criança pequena, com seus outros, mas também o poeta, admirador de tantos poetas, apaixonado pela poesia.

Dirá no Capítulo 2 que "a música, a melodia, o ritmo ... podem se tornar uma forma de sustentação do ser". Roussillon destaca muito bem a relevância que Víctor deu, em seu trabalho da vida toda, à função da musicalidade, ritmos e disritmias que orientaram sua atenção e guiaram sua teorização, possivelmente porque o analista foi habitado por um sentido do ritmo que também é território da literatura, da dança, das artes cênicas e, muito especialmente, da poesia. Víctor foi um grande leitor de poesia. E não somente de poesia, mas o gênero é notável pelo que seu traço deixa ver na direção de seus interesses teóricos e da sua escrita psicanalítica. Poderia ser suficiente dizer somente que foi um grande leitor, o que é uma verdade, sem dúvidas. Mas destacar que foi um grande leitor de poesia permite seguir um rastro observável em sua teorização e acompanhar um pouco mais o Víctor poeta – de quem não conservamos publicações – em outra linha que se perde na tristeza de sua ausência. Algo sempre se recusa a ser recuperado.

Diz Hugo Mujica: "buscamos reter o que no outro / vai se indo / o que às vezes desmorona / mas é apenas a despedida / que o abraço abarca".[1]

Que a edição deste livro por parte da Biblioteca Uruguaia de Psicanálise seja esse abraço impossível que nos une como lembrança-homenagem ao querido amigo.

Gladys Franco

---

1 Mujica, H. (2013). Lo que el abrazo abarca. In *Otros bordes, otras luces*. Montevideo: Hum.

Epílogo 3: Escritos que revisitam, manuscritos que retomam

A Biblioteca Uruguaia de Psicanálise edita este livro, *Vida psíquica do bebê: a parentalidade e os processos de subjetivação*, que contém escritos tão próprios de Víctor Guerra que conduzem a revisitar a pessoa e a figura, manuscritos que retomam sua capacidade de observação, teorização, criatividade e fruição em toda a sua atividade.

Gesto de Víctor que capta o olhar de seu filho, que é quem ativa o botão de sua câmera fotográfica e nos presenteia com a imagem tão típica registrada na capa deste livro.

Conhecemos esses aspectos por meio de conversas, intervenções e apresentações de situações clínicas em ateneus, sexta-feira de manhã em atividades científicas da Associação Psicanalítica do Uruguai (APU), nas quais Victor participava com compromisso e entusiasmo em cada uma das discussões suscitadas. Podia se apreciar seu refinamento na escuta e no olhar, seja para concordar ou discordar, manter sua posição e compartilhar suas postulações teóricas. Recordamos em especial uma de suas singulares apresentações, em que a interpretação ele ia dando em poesia gauchesca em resposta ao que o rapaz fazia.

Ouvia-se ele brincar a "sério", envolvido no encontro lúdico e desfrutando-o ao mesmo tempo. Sua criatividade na clínica era palpável e permissiva, mostrando-se muito distante de seguir roteiros ou teorias implantadas.

Esperemos que cada leitor possa se enriquecer tanto quanto nós, que tivemos a oportunidade privilegiada de ter conhecido e compartilhado diferentes traços da vida de Víctor.

Magdalena Filgueira

Membro associado da Associação Psicanalítica do Uruguai

Diretora da Comissão de Publicações da Associação Psicanalítica do Uruguai

Diretora de Publicações e Comunicação da Federação Psicanalítica da América Latina

Prof. Adj. Mag. do Instituto de Psicologia Clínica da Universidade da República

Corina Nin

Membro associado da Associação Psicanalítica do Uruguai

Secretária de Redação da Comissão de Publicações da Associação Psicanalítica do Uruguai

Diretora suplente de Publicações e Comunicação da Federação Psicanalítica da América Latina

Referências bibliográficas

Abraham, N., & Torok, M. (1987). *L'écorce et le noyau*. Paris: Flammarion.

Alonso, A. (1986). *Materia y forma en poesía*. Madrid: Gredos.

Altmann, M. (Dir.). (2001). *La berceuse. Jeux d'amour et de magie*. Toulouse: Érès.

Altmann, M. (2007). Un momento presente en un proceso psicoterapéutico: el juego de las manos. *Revista Uruguaya de Psicoanalisis, 104*.

Alvarez, A. (1997). *Une présence bien vivante*. Larmor-Plage: Éditions du Hublot.

Alvarez, L., & Golse, B. (2008). *La psychiatrie du bébé*. Paris: PUF. (Col. Que sais-je?)

Amat, N. (2010). *Escribir y callar*. Madrid: Siruela.

Ameisen, J.-C. (2014). *Sur les épaules de Darwin* (Vol. III, Retrouver l'aube). Paris: France Inter/Les liens qui libèrent.

Ameisen, J.-C. (2015). *Sur les épaules de Darwin* (Vol. II, Je t'offrirai des spectacles admirables). Paris: France Inter/Babel.

Andrade, E. (1979). *Rosto precário*. Porto: Fundação Eugénio de Andrade.

Anzieu, D. (1985). *Le Moi-peau*. Paris: Dunod.

Anzieu, A. (2000). *Le jeu en psychothérapie de l'enfant*. Paris: Dunod.

Anzieu-Premmereur, C. (2004). Le jeu dans les thérapies parents--bébés. *Revue française de psychanalyse, 68*(1), 143-155.

Anzieu-Premmereur, C., & Pollak-Cornillot, M. (2003). *Les pratiques psychanalytiques auprès des bébés*. Paris: Dunod.

Athanassiou-Popesco, C. (1998). *Le concept de lien en psychanalyse*. Paris: PUF.

Aubert, N. (2003). *Le culte de l'urgence. La société malade du temps*. Paris: Flammarion.

Aubert, N., & Haroche, C. (2011). *Les tyrannies de la visibilité. Être visible pour exister?* Toulouse: Érès.

Augé, M. (2003). *Los no lugares: una antropología de la sobremodernidad*. Buenos Aires: Gedisa.

Aulagnier, P. (1975). *La violence de l'interprétation*. Paris: PUF.

Baudrillard, J. (1991). *Estrategias fatales*. Barcelona: Anagrama.

Bauman, Z. (2003). *Modernidad liquida*. Barcelona: Paidós.

Beache, E., Bursztejn, C., & Danion-Grilliat, A. (1997). Valeur de l'attention conjointe et du pointage dans l'autisme. *Neuropsychiatrie de l'enfant et de l'adolescent, 45*(10), 584-591.

Bedó, T. (1988). Insight, preelaboración e interpretación. *Revista Uruguaya de Psicoanalisis, 68*.

Bekes, A. (2010). *Lo intraducible: ensayos sobre poesía y traducción*. Valencia: Pre-Textos.

Beldent, V. (2014). Arythmies. *Cahiers jungiens de psychanalyse*, *139*(1), 97-109.

Bellessi, D. (2012). *Zavalla, con z*. Rosario: Editorial Municipal de Rosario.

Belot, R.-A., & Debrey, R. (2008). *La psychosomatique du bébé*. Paris: PUF.

Ben Jelloun, T. (1985). *Enfant de sable*. Paris: Le Seuil.

Benasayag, L. et al. (2007). *ADDH. Niños con déficit de atención e hiperactividad. ¿Una patología de mercado?* Buenos Aires: Noveduc.

Berger, M. (1999). *L'enfant instable, approche clinique et thérapeutique*. Paris: Dunod.

Bergès, J. (1985). Les troubles psychomoteurs chez l'enfant. In S. Lebovici, R. Diatkine, & M. Soulé (Dir.), *Nouveau traité de psychiatrie de l'enfant et de l'adolescent*. Paris: PUF.

Bergès, J. (1997). El niño hiperquinético. Conferência proferida em Buenos Aires.

Bernardi, R., Diaz Rossello, J.-L., & Schkolnik, F. (1986). Ritmos y sincronías en la relación madre-hijo. *Revista Uruguaya de Psicoanalisis, 61*.

Bick, E. (1964). Remarques sur l'observation de bébés dans la formation des analystes. In *Les écrits de Martha Harris et d'Esther Bick*. Larmor-Plage: Éditions du Hublot.

Bick, E. (1967). L'expérience de la peau dans les relations objectales précoces. In *Les écrits de Martha Harris et d'Esther Bick*, Larmor-Plage: Éditions du Hublot.

Bion, W. R. (1970). *L'attention et l'interprétation*. Paris: Payot.

Bleichmar, S. (1988). *Diagnóstico: una perspectiva metapsicológica*. 7ª Jornada Interna de Psicoanálisis de Niños y Adolescentes, Asociación Escuela Argentina de Psicoterapia para Graduados.

Bollas, C. (1991). *La sombra del objeto. Psicoanálisis de lo sabido no pensado*. Buenos Aires: Amorrortu.

Borges, J. L. (1952). La muralla y los libros. In *Otras inquisiciones, Obras completas*. Buenos Aires: Emecé.

Boubli, M. (2002). Autosensualité, procédés autocalmants et créativité. In M. Boubli, & A. Konicheckis, *Clinique psychanalytique de la sensorialité*. Paris: Dunod.

Boubli, M. (2012). Le doudou dans tous ses états. Objet transitionnel, objet fétiche, deux processualités. In *Le fétichisme: études psychanalytiques* (pp. 93-130). Paris: PUF.

Boubli, M., & Danon-Boileau, L. (2013). *Le bébé en psychanalyse. Monographies et débats de psychanalyse*. Paris: PUF.

Boubli, M., & Konicheckis, A. (2002). *Clinique psychanalytique de la sensorialité*. Paris: Dunod.

Brun, A. (2007). *Médiations thérapeutiques et psychose infantile*. Paris: Dunod.

Bruner, J. (1986). *El habla del niño*. Barcelona: Paidós.

Bruner, J. (1990). *Actos de significado*. Madrid: Alianza.

Brusset, B. (1998). La adicción anoréxica a la marcha y el trabajo psicoanalítico. *Revista de Psicoanalisis de Niños y Adolescentes, 10*, 152-169.

Bursztejn, C., & Gras-Vincedon, A. (2001). La théorie de l'esprit: un modèle de développement de l'intersubjectivité? *Neuropsychiatrie de l'enfant et de l'adolescent, 49*(1), 35-41.

Bydlowski, M. (1997). *La dette de la vie. Itinéraire psychanalytique de la maternité*. Paris: PUF.

Cabanellas, R., Eslava, J., Eslava, C., & Polonio, R. (2007). *Ritmos infantiles. Tejidos de un paisaje interior*. Barcelona: Octaedro.

Cadenas, R. (2007). Realidad y literatura. In *Obra entera. Poesia y prosa*. Valencia: Pre-Textos.

Calmels, D. (2001). *Del sostén a la transgresión. El cuerpo en la crianza*. Buenos Aires: Novedades Educativas.

Calmels, D. (2004). *El cuerpo cuenta*. Buenos Aires: El Farol.

Calvino, I. (1962). *Le chevalier inexistant*. Paris: Le Seuil. (Col. Point)

Canosa, J. (2008). Intervention. In V. Guerra, C. Ravera, & J. Canosa, *Jornadas de Indicadores de Intersubjetividad 0-24 meses*, Montevideo, Uruguay.

Cardozo, A., Guerra, V., & Lopez, S. (1994). *Comenzando los vínculos: los bebés, sus papás y el jardín maternal*. Montevideo: Roca Viva.

Carel, A. (1998). Les signes précoces de l'autisme et de l'évitement relationnel du nourrisson. In P. Delion, *Les bébés à risque autistique*. Toulouse: Érès.

Casas de Pereda, M. (1999). *En el camino de la simbolización. Produccion de sujeto psíquico*. Buenos Aires: Paidós.

Castarède, M.-F. (2005). Les vocalises de la passion. In M.-F. Castarède, & G. Konopczynski (Dir.), *Au commencement était la voix*. Toulouse: Érès.

Castarède, M.-F., & Konopczynski, G. (2005). *Au commencement était la voix*. Toulouse: Érès.

Chastel, A. (2003). *El gesto en el arte*. Madrid: Siruela.

Chnaiderman, M. S. (2001). Carnes e almas: devorando metáforas. In A. de Sousa, & E. Tessler, Slavutzky, *A invenção da vida. Arte e psicanálise*. Porto Alegre: Artes e Oficios.

Chouvier, B. (1998). *Symbolisation et processus de création*. Paris: Dunod.

Chouvier, B. (2000). *Matière à symbolisation. Art, création et psychanalyse*. Lausanne: Delachaux et Niestlé.

Chouvier, B. (2004). *Les processus psychiques de la médiation*. Paris: Dunod.

Ciccone, A. (2005). L'expérience du rythme chez le bébé et dans le soin psychique. *Neuropsychiatrie de l'enfance et de l'adolescence, 53*, 1-2.

Ciccone, A. (2007). Rythmicité et discontinuité chez le bébé. In A. Ciccone, & D. Mellier (Dir.), *Le bébé et le temps*. Paris: Dunod.

Correa, M., & Vignale, S. (2011). Qué se juega en el juego del niño? Grilla de Indicadores de Ludicidad. *APPIA*, (20).

Cortázar, J. (1990). *Rayuela*. Madrid: Catedra.

Couto, M. (2009). *E se Obama fosse africano?* São Paulo: Companhia das Letras.

Cramer, B. (1993). *La pratique des psychothérapies mères-bébés*. Paris: PUF.

Cruz, J. (1996). *Genio y figura de Manuel Mujica Lainez*. Buenos Aires: Eudeba.

Cyrulnik, B. (2013). Nos neurones miroir à l'épreuve de la machine. *France Info, 20*.

David, M. (2005). *L'activité psychique et corporelle préverbale ou 18 minutes de vie de Tamara*. Filme, Association Pikler-Lóczy de France.

David, M. (2014). *Prendre soin de l'enfant*. Toulouse: Érès.

David, M., & Appell, G. (2008). *Lóczy ou le maternage insolite*. Toulouse: Érès.

Davis, M., & Wallbridge, D. (1981). *Limite y espacio. Introduccion a la obra de D.W. Winnicott.* Buenos Aires: Amorrortu.

Delion, P. (2005). *L'enfant autiste, le bébé et la sémiotique.* Paris: PUF.

Di Cegli, G. (1987). Symbolism and a symbolon: Disturbances in symbol formation in two borderline cases. *International Journal of Psychoanalysis.*

Diatkine, R. (2000). L'évolution d'un cas d'autisme à l'âge adulte. In *Une pensée en mouvement.* Paris: À l'aube de la vie.

Diaz Rossello, J.-L., Guerra, V., Rodriguez, C., Strauch, M., & Bernardi, R. (1991). *La madre y su bebé: primeras interacciones.* Montevideo: Roca Viva.

Elliot, A. (1997). *Sujetos a nuestro propio y múltiple ser. Teoría social, psicoanálisis y posmodernidad.* Buenos Aires: Amorrortu.

Fédida, P. (1978). L'"objeu". Objet, jeu et enfance. L'espace psychothérapeutique. In *L'absence.* Paris: Gallimard.

Ferreira Gullar. (2003). *Relâmpagos.* São Paulo: Cosac Naify.

Ferro, A. (2005). *La psychanalyse comme littérature et thérapie.* Toulouse: Érès.

Flem, L. (2001). *Como vacié la casa de mis padres.* Buenos Aires: Nueva Visión.

Fónagy, I. (1983). *La vive voix.* Paris: Payot.

Fonagy, P. (1990). Jugando con la realidad I. *Revista de la Asociacion Psicoanalitica Argentina.*

Fonagy, P. (2000). Jugando con la realidad II-III. In *Libro Anual de Psicoanlisis.* São Paulo: Imago.

Fonagy, P. (2001). *Théorie de l'attachement et psychanalyse.* Toulouse: Érès.

Fonagy, P., Gergely, G., Jurist, E., & Target, M. (2005). *Affect regulation, mentalization, and the development of the self.* New York: Other Press.

Fraiberg, S. (1999). *Fantômes dans la chambre d'enfants.* Paris: PUF.

Freud, S. (1895). Esquisse d'une psychologie scientifique. In *La naissance de la psychanalyse.* Paris: PUF.

Freud, S. (1905). Trois essais sur la vie sexuelle. In *OCF.P* (Vol. VI). Paris: PUF, 2006.

Freud, S. (1908). Le poète et l'activité de fantaisie. In *OCF.P* (Vol. VIII). Paris: PUF, 2007.

Freud, S. (1911). Formulation sur les deux principes de l'advenir psychique. In *OCF.P* (Vol. XI). Paris: PUF, 2009.

Freud, S. (1912). Conseils aux médecins à propos du traitement Psychanalytique. In *OCF.P* (Vol. XI). Paris: PUF, 2009.

Freud, S. (1914). Pour introduire le narcissisme. In *OCF.P* (Vol. XII). Paris: PUF, 2005.

Freud, S. (1919). L'inquiétant. In *OCF.P* (Vol. XV). Paris: PUF, 2002.

Freud, S. (1920). Au-delà du principe de plaisir. In *OCF.P* (Vol. XV). Paris: PUF, 2002.

Freud, S. (1923). Le moi et le ça. In *OCF.P* (Vol. XVI). Paris: PUF, 2003.

Freud, S. (1924). Le problème économique du masochisme. In *OCF.P* (Vol. XVII). Paris: PUF, 1992.

Freud, S. (1925). Note sur le "Bloc magique". In *OCF.P* (Vol. XVII). Paris: PUF, 1992.

Gaddini, E. (1988). De l'imitation. *Revue française de psychanalyse,* 52(4), 969-987.

Gaddini, R. (1980). La renegación de la separación. In *Winnicott*. Buenos Aires: Trieb.

Garbarino, H. (1986). *Estudios sobre narcisimo*. Montevideo: Biblioteca Uruguaya de Psicoanalisis.

Georgieff, N., & Speranza, M. (2013). *Psychopathologie de l'intersubjectivité*. Paris: Elsevier Masson.

Gergely, G., Bekkering, H., & Kiraly, I. (2002). Rational imitation in preverbal infants. *Nature, 415*, 755-756.

Gimenez, G. (2004). Les objets de relation. In B. Chouvier, *Les processus psychiques de la médiation*. Paris: Dunod.

Goldbeter, M. (2010). *La vie oscillatoire. Au coeur des rythmes du vivant*. Paris: Odile Jacob.

Golse, B. (2001). *Du corps à la pensée*. Paris: PUF.

Golse, B. (2003). *Sobre a psicoterapia pais-bebe: narratividade, filiação e transmissão*. São Paulo: Casa do Psicólogo.

Golse, B. (2004). Les bébés, savent-ils jouer? *La psychiatrie de l'enfant, 47*(2).

Golse, B. (2005). Structure des états ou structure des processus: les invites du bébé à un néo-structuralisme. *La psychiatrie de l'enfant, 48*(2), 373-389.

Golse, B. (2006). *L'être bébé*. Paris: PUF.

Golse, B. (2010). *Les destins du développement chez l'enfant*. Toulouse: Érès.

Golse, B. (2011a). Du sens au sens. La place de la sensorialité dans le cours du développement. *Spirale, 57*(1).

Golse, B. (2011b). La musique, l'interprétation et la direction de la cure dans le travail avec les bébés. *Figures de la psychanalyse, 21*(1), 165-175.

Golse, B. (2013). *Mon combat pour les enfants autistes.* Paris: Odile Jacob.

Golse, B., & Eliez, S. (2007). À propos de l'autisme et les troubles envahissants du développement. Du "processus autistisant" à l'autisme de scanner... *La psychiatrie de l'enfant, 50*(1).

Golse, B., Mairesse, A., & Bursztejn, C. (1992). Una ojeada sobre los orígenes. In B. Golse, & C. Bursztejn, *Pensar, hablar, representar. El emerger del lenguaje.* Barcelona: Masson.

Golse, B., & Simas, R. (2007). La question du rythme entre empathie(s) et intersubjectivité(s). *Spirale, 44*(4).

Gómez Mango, E. (2009). *Un muet dans la langue.* Paris: Gallimard.

Gómez Mango, E. (2012). Sitios del destierro. *Revista de la Biblioteca Nacional, 4*(6-7), 13-25.

Grammont, M. (1967). *Le vers français, ses moyens d'expression, son harmonie.* Paris: Delagrave.

Grandin, T., & Panek, R. (2014). *Dans le cerveau des autistes.* Paris: Odile Jacob.

Granjon, E. (1990). Sensorialité et bande de Moebius: la dimension familiale dans l'expérience sensorielle. In *L'expérience sensorielle de l'enfance* (pp. 15-44). Arles: COR.

Gratier, M. (2001). Harmonies entre mère et bébé. *Enfances&psy, 1*, 13.

Gratier, M. (2007). Les rythmes de l'intersubjectivité. *Spirale, 44*, 47-57.

Green, A. (1977). La royauté appartient à l'enfant. *L'arc, 69.*

Green, A. (1998). *La pulsión de muerte.* Buenos Aires: Amorrortu.

Guérin, C. (1990). La poésie ou l'expérience sensorielle mise en mots. In *L'expérience sensorielle de l'enfance.* Arles: COR.

Guerra, V. (2000a). Sobre diferentes aspectos del falso self: la conformación del falso self motriz. *Revista Iberoamericana de Psicomotricidad*, (0), 37-52.

Guerra, V. (2000b). Sobre los vinculos padres-hijo en el fin de siglo y sus posibles repercusiones en el desarrollo del niño. *Revista Uruguaya de Psicoanalisis*, 91.

Guerra, V. (2001). *Inquietud, sindrome de déficit de atención con hiperactividad y falso self motriz*. Comunicação no espaço ciantífico da Asociación Psicoanalitica del Uruguay.

Guerra, V. (2002). Intervenciones terapéuticas en la tríada padre-madre-hijo. *Revista Uruguaya de Psicoanálisis*, 96, 125-141.

Guerra, V. (2007a). Experiencias de triadificación-terceridad en el proceso de separación del primer año de vida. *APPIA*, 16.

Guerra, V. (2007b). Le rythme entre la perte et les retrouvailles. *Spirale*, 44, 139-146.

Guerra, V. (2008a). *La observacion de bebes y la continuidad psiquica o cuando la mirada concede la certeza de existir*, inédito.

Guerra, V. (2008b). *La triadificación y la terceridad en el primer año de vida del bebe. Cuando se necesitan tres, para que dos, tengan (y dejen) la ilusión de ser uno*, inédito.

Guerra, V. (2009). Indicadores de Intersubjetividad 0-2 años en el desarrollo de la autonomia del bebe. In S. Mara, *Primera Infancia: la etapa educativa de mayor relevancia*. Montevideo: MEC.

Guerra, V. (2010a). Trastornos do sono em bebês: a noite, os pesadelos e o sinistro no psiquismo parental. *Revista da Sociedade de Psicanálise de Porto Alegre*, 12(2), 295-319.

Guerra, V. (2010b). La psicoterapia padres-bebé: ¿un arte de traducción creativa? Comunicação no VIII Congresso da ABEBÊ, Associação Brasileira de Estudos sobre o Bebê, São Paulo.

Guerra, V. (2013a). Palavra, ritmo e jogo. Fios que dançam no processo de simbolização. *Revista da SPPA, 20*(3).

Guerra, V. (2013b). El complejo de lo arcaico y la estetica de la subjetivación, inédito.

Guerra, V. (2014). Indicadores de intersubjetividad 0-12 m. Del encuentro de miradas al placer de jugar juntos. Documentário (Asociación Psicoanalítica del Uruguay).

Guerra, V. (2015a). El ritmo y la ley materna en la subjetivación y en la clínica in-fantil. *Revista Uruguaya de Psicoanálisis, 120*, 133-152.

Guerra, V. (2015b). Faux self moteur, une version défaillante de la subjectivité dans l'hyperactivité. In A. Konicheckis, & S. Korff-Sausse, *Le movement entre psychopathologie et créativité*. Paris: In Press.

Guerra, V. (2015c). Formas de (des)subjetivacion infantil en los tiempos de aceleracion: los transtornos de subjetivacion arcaica, inédito.

Gutton, P. (1983). *Le bébé du psychanalyste*. Paris: Éditions du Centurion.

Haag, G. (1986). Hypothèse sur la structure rythmique du premier contenant. *Gruppo, 2*, 45-54.

Haag, G. (1990). L'expérience sensorielle fondement de l'affect et de la pensée. In *L'expérience sensorielle de l'enfance* (pp. 71-95). Arles: COR.

Haag, G. (2003). O teatro das mãos. *Revista da SPPA, 10*(1).

Haag, G. (2005). Temporalités rythmiques et circulaires dans la formation des représentations corporelles et spatiales au sein de la sexualité orale. In F. Richard, & F. Urribarri (Dir.), *Colloque autour de l'oeuvre d'André Green, Enjeux pour une psychanalyse contemporaine*. Paris: PUF.

Haag, G. (2008). Résumé d'une grille de repérage clinique de l'évolution de la personnalité chez l'enfant autiste. In P. Delion, & B. Golse, *Autisme. État des lieux et horizons*. Toulouse: Érès. (Col. Le Carnet psy)

Hernandez, M. (1989). Evaluación del niño hipercinético. *Anales Españoles de Pediatría*, 40-41.

Hochmann, J. (1984). *Pour soigner l'enfant psychotique*. Toulouse: Privat.

Hochmann, J. (1988). Identifications autoérotiques et autisme infantile. Perspectives théoriques et thérapeutiques. In J. Hochmann, & P. Ferrari, *Imitation, identification chez l'enfant autiste*. Paris: Bayard.

Hochmann, J. (1990). L'autisme infantile. Déficit ou défense? In P. Parquet, C. Bursztejn, & B. Golse, *Soigner, éduquer l'enfant autiste*. Paris: Masson.

Hochmann, J. (1994). Cordélia ou le silence des sirènes. Une relecture de l'autisme infantile de Kanner. In R. Perron, & D. Ribas, *Autismes de l'enfance*. Paris: PUF.

Hochmann, J. (2012). *Une histoire de l'empathie*. Paris: Odile Jacob.

Hoffman, M. (2001). "De quién es la cuchara?" La relación de alimentación padres-bebe. In T. Lartigue Becerra, M. Maldonado Duran, & H. Avila Rosas, *La alimentación en la primera infancia y sus efectos en el desarrollo*. Ciudad de México: Plaza y Valdez.

Honigsztejn, H. (1972). *O núcleo rítmico: um estudo sobre a criação artística e científica*. Rio de Janeiro: Olímpica.

Houghton, L. (2003). *Vida y cartas de John Keats*. Valencia: Pre--Textos.

Houzel, D. (1988). Les enclaves autistiques dans la psychanalyse d'enfants. *Journal de la psychanalyse de l'enfant*, 5.

Houzel, D. (1995). *L'aube de la vie psychique*. Paris: ESF.

Houzel, D. (2005). La question de la langue originale de l'humanité, de Frédéric de Hohenstaufen à Winnicott et au-delà. *Neuropsychiatrie de l'enfance et de l'adolescence*, 53(7), 330-335.

Houzel, D. (2011). Flux sensoriels et flux relationnels chez l'enfant autiste. *Journal de la psychanalyse de l'enfant*, 1(2).

Hustvedt, S. (2001). *En lontananza*. Barcelona: Circe.

Icart, A. (2008). Tratamiento familiar de un niño hiperactivo. *Cuadernos de Psiquiatría y Psicoterapia del Niño y del Adolescente*, (45/46), 15-28.

Imberty, M. (1979). *Entendre la musique*. Paris: Dunod.

Imberty, M. (2007). Introduction: du geste temporel au sens. In M. Imberty, & M. Gratier (Dir.), *Temps, geste et musicalité*. Paris: L'Harmattan.

Janin, B. (2015). Le TDAH (Trouble de l'attention avec hyperactivité) et les diagnostics pendant l'enfance: la complexité des facteurs déterminants. In A. Konicheckis, & S. Korff-Sausse, *Le mouvement entre psychopathologie et créativité*. Paris: In Press.

Kahn, L. (2003). L'expression. *Revue française de psychanalyse*, 67(2).

Klein, M. (1929). La personnification dans le jeu des enfants. In *Essais de psychanalyse*. Paris: Payot.

Klein, M. (1935). Contribution à l'étude de la psychogénèse des états maniaco-dépressifs. In *Essais de psychanalyse*. Paris: Payot.

Klein, M. (1952). En observant le comportement du nourrisson. In *Développements de la psychanalyse*. Paris: PUF.

Konicheckis, A. (2000). Identité sensorielle chez le bébé et chez l'adolescent. In P. Gutton, *Troubles de la personnalité, troubles de la conduite*. Paris: PUF.

Konicheckis, A. (2002). Des sens aux sens: sensorialité et signification. In M. Boubli, & A. Konichekis, *Clinique psychanalytique de la sensorialité*. Paris: Dunod.

Konicheckis, A. (2006). Subjectivation, vrai self et personnalisation. *Le Carnet psy, 109*, 35-37.

Konicheckis, A. (2008). *De génération en génération: la subjectivation et les liens précoces*. Paris: PUF.

Korff-Sausse, S. (2006). Où est passé le sacré: désacralisation et résurgences du sacré chez les bébés. *Spirale, 40*(4), 13-26.

Kreisler, L. (1981). *L'enfant du désordre psychosomatique*. Toulouse: Privat.

Kreisler, L., & Cramer, B. (1985). Les bases cliniques de la psychiatrie du nourrisson. In S. Lebovici, R. Diatkine, & M. Soulé, *Nouveau traité de psychiatrie de l'enfant et de l'adolescent*. Paris: PUF.

Kreisler, L., Fain, M., & Soule, M. (1974). *L'enfant et son corps*. Paris: PUF.

Langer, S. (1990). *A filosofia como uma nova chave*. São Paulo: Escuta.

Laplanche, J. (1987). *Nouveaux fondements pour la psychanalyse*. Paris: PUF.

Larban Vera, J. (2013). *Vivir con el autismo, una experiencia relacional*. Barcelona: Octaedro.

Lasa Zulueta, A. (2008). *Los niños hiperactivos y su personalidad*. Bilbao: Altxa.

Lassus, M.-P. (2008). De la musicalité des sens. Colóquio international *Musique et arts plastiques: la traduction d'un art par l'autre. Principes théoriques et démarches créatrices, 26,* 27 e 28 mai.

Laznik, M.-C. (2005). Les interactions sonores entre les bébés devenus autistes et leurs parents. In M.-C. Castarède, & G. Konopczynski (Dir.), *Au commencement était la voix*. Toulouse: Érès.

Laznik, M.-C. (2012). *A voz da sereia: o autismo e os impasses na constituição do sujeito*. Ondina: Agalma.

Laznik, M.-C. (2013). Pulsion invoquante avec les bébés à risque d'autisme. In G. Crespin (Dir.), *La voix, des hypothèses psychanalytiques à la recherche scientifique, Cahiers de preaut*, 10. Toulouse: Érès.

Laznik, M.-C., Maestro, S., & Parlato, E. (2005). Les interactions sonores entre les bébés devenus autistes et leurs parents. In M.-C. Castarède, & G. Konopczynski (Dir.), *Au commencement était la voix*. Toulouse: Érès.

Le Breton, D. (1996). *Antropología del cuerpo en la modernidad*. Buenos Aires: Gedisa.

Lebovici, S. (1998). *L'arbre de vie. Éléments de psychopathologie du bébé*. Toulouse: Érès.

Lebovici, S., & Stoleru, S. (1983). *Le nourrisson, la mère et le psychanalyste*. Paris: Le Centurion.

Le Camus, J. (2000). *Le vrai rôle du père*. Paris: Odile Jacob.

Lheureux, C. (2003). *L'autisme infantile ou le bruit de la rencontre. Contribution à une clinique des processus thérapeutiques*. Paris: L'Harmattan.

Liscano, C. (2001). *El furgón de los locos*. Buenos Aires: Planeta.

Lispector, C. (1988). *Felicidade clandestina*. São Paulo: Companhia das Letras.

Maestro, S., & Muratori, F. (2008). Les films familiaux. In B. Golse, & P. Delion, *Autisme: état des lieux et horizons*. Toulouse: Érès.

Mahler, M., Pine, F., & Bergman, A. (1975). *La naissance psychologique de l'être humain*. Paris: Payot.

Maia, C. (2008). *Poesia reunida*. Montevideo: Biblioteca Nacional.

Maia, C. (2010). *Obra poética*. Montevideo: Rebeca Linke.

Maiello, S. (2013). En los orígenes del lenguaje. Aspectos vocales y rítmicos de la relación primaria y su ausencia en los estados autistas. *Controversias*, (13).

Maldiney, H. (1973). *Regard, parole, espace*. Lausanne: L'âge d'homme.

Marcelli, D. (1984). *Position autistique et naissance de la psyché*. Paris: PUF.

Marcelli, D. (2000). *La surprise: chatouille de l'âme*. Paris: Jacob.

Marcelli, D. (2007). Entre les microrythmes et les macrorythmes: la surprise dans l'interaction mère-bébé. *Spirale*, *44*(4), 123-129.

Massie, H. N., & Rosenthal, J. (1984). *Childhood psychosis in the first four years of life*. New York: McGraw Hill.

Mazet, P. (1992). Imitation, interaction et harmonisation affectives dans la première année. In J. Hochmann, & P. Ferrari, *Imitation, identification chez l'enfant autiste*. Paris: Bayard-Paidós.

Meltzer, D. et al. (1975). *Explorations dans le monde de l'autisme*. Paris: Payot.

Meltzer, D., & Harris, M. (1988). *L'appréhension de la beauté*. Larmor-Plage: Éditions du Hublot.

Meltzoff, A., & Moore, M. (1992). Early imitation within a functional framework: The importance of person identity, movement, and development. *Infant Behavior & Development*, *15*(4), 479-505.

Mendes de Almeida, M. (2008). O investimento desejante do analista frente a movimentos de afastamento e aproximação no trabalho como os transtornos autísticos: impasses e nuances. *Revista Fepal*, *8*, 169-184.

Meschonnic, H. (2009). *Critique du rythme. Anthropologie historique du langage*. Paris: Verdier.

Milner, M. (1979). Le rôle de l'illusion dans la formation de symboles. *Revue française de psychanalyse, 43*, 5-6.

Missonnier, S. (2003). *La consultation thérapeutique périnatale*. Toulouse: Érès.

Missonnier, S. (2004). Introduction. La voix au (premier) chapitre. In S. Missonnier, B. Golse, & M. Soulé (Dir.), *La grossesse, l'enfant virtuel et la parentalité*. Paris: PUF.

Missonnier, S. (2007). Naître. Basse continue et syncopes. *Spirale, 44*(4).

Missonnier, S. (2010). *Devenir parent, naître humain*. Paris: PUF.

Muratori, F. (2008). El autismo como efecto de un trastorno de la intersubjetividad primaria I y II. *Revista de Psicopatología y Salud Mental Del Niño y Del Adolescente, 12*.

Nadel, J., & Decety, J. (2002). *Imiter pour découvrir l'humain. Psychologie, neurobiologie, robotique et philosophie de l'esprit*. Paris: PUF.

Nakov, A. (2004). Langage musical et cure psychanalytique. *Journal de la psychanalyse de l'enfant, 35*.

Nakov, A. (2012). Expérience esthétique, contenance et transformation. *Journal de la psychanalyse de l'enfant, 2*(2).

Nassikas, K. (2011). *Exils de langue*. Paris: PUF.

Nietzsche, F. (1908). *Ecce Homo*. Paris: Mille et une nuits.

Norman, J. (2003). Le psychanalyste et le bébé: nouveau regard sur le travail avec les nourrissons. In C. Anzieu-Premmereur, & M. Pollak-Cornillot, *Les pratiques psychanalytiques auprès des bébés*. Paris: Dunod.

Nouvel, P. (2005). *L'art d'aimer la science*. Paris: PUF.

Ogden, T. (1989). On the concept of an autistic-contiguous position. *International Journal of Psycho-Analysis, 70*.

Ogden, T. (2005). *Cet art qu'est la psychanalyse, rêver des rêves inrêvés et des cris interrompus*. Paris: Ithaque.

Palacio Espasa, F. (1993). *La pratique psychothérapique avec l'enfant*. Paris: Bayard.

Palau, P. (2009). *Psicosomática y autismo en el niño pequeño: interacción, afectos y audición*. Conferência ao Centro Psicoanalítico Valenciano, Valencia.

Parada, N. (1996). Transferência e contratransferência na análise de uma criança com nucleos autistas. *Livro Anual de Psicanálise*, XII. São Paulo: Escuta.

Pavlovsky, E. (2007). *Sobre el pudor el silencio, el ritmo, el acontecimiento puro*. Madrid: Biblioteca Nueva.

Paz, O. (1990). *Arbol adentro*. Barcelona: Seix Barral.

Paz, O. (1998a). Prisa. In *Aguila o sol*. Ciudad de México: Fondo de Cultura Económica.

Paz, O. (1998b). *Sombras de obras*. Barcelona: Seix Barral.

Pereira da Silva, M. (2013). Uma paixão entre mentes: a função narrativa. *Revista Brasileira de Psicanálise, 47*(4).

Perez Sanchez, M., & Chbani, H. (1998). *Lo cotidiano y el inconsciente. Lo que se observa se vuelve mente*. Barcelona: Paidós.

Philips, A. (1990). *On kissing, tickling and being bored*. Princeton: Princeton University Press.

Picco, M., & Carel, A. (2002). Évitement relationnel du nourrisson et dépistage précoce. *Psychiatrie de l'enfant, 45*(1).

Pimentel, D. (2004). Superconectados. In *Cultura digital*. Barcelona: Paidós.

Ponce de Leon, E. et al. (1998). Los trastornos instrumentales del preescolar desde la perspectiva del psicoanalista de niños. Comunicação nas *Jornadas de Educación y Psicoanálisis*, n. 2: *Encrucijada de Disciplinas*.

Pontalis, J.-B. (1971). Trouver, accueillir, reconnaître l'absent. In D. W. Winnicott, *Jeu et réalité*. Paris: Gallimard.

Pontalis, J.-B. (1990). *La force d'attraction*. Paris: Le Seuil.

Pontalis, J.-B. (1998). *L'enfant des limbes*. Paris: Gallimard.

Pontalis, J.-B. (2000). *Fenêtres*. Paris: Gallimard.

Pontalis, J.-B. (2008). Éloge de l'infans et de la pensée rêvante. In *Pensées pour le nouveau siècle*. Paris: Fayard.

Pontalis, J.-B., & Gómez Mango, E. (2012). *Freud avec les écrivains*. Paris: Gallimard.

Porchia, A. (1992). *Voix*. Paris: Fata Morgana.

Prat, R. (2007). Le rythme dans la peau. *Spirale*, 44(4).

Prego Silva, L. E. (1999). *Autismos: revisando conceptos*. Montevideo: Trilce.

Ravera, C. (2000). Aportes para una semiología de la inquietud desde el punto de vista psicomotriz. Comunicação nas *Jornadas de Educación y Psicoanálisis*, n. 2: *Encrucijada de Disciplinas*.

Ravera, C. (2008a). *Clínica psicomotriz del bebe*. Montevideo: C. Ravera.

Ravera, C. (2008b). Intervenção nas *Jornadas de Indicadores de Intersubjetividad 0-24 meses*, Montevideo.

Resnik, S. (1973). Syndrome de Cotard et dépersonnalisation. In S. Resnik, *Personne et psychose: études sur le langage du corps*. Paris: Payot.

Resnik, S. (1996). *Lo fantastico en lo cotidiano*. Madrid: Yebenes.

Resnik, S. (2009). *Ferite, cicatrice e memorie*. Roma: Borla.

Rose, G. (2006). *Entre el diván y el piano: música, arte y neurociencias*. Buenos Aires: Lumen.

Rosenfeld, D. (2012). *The creation of the self and language*. London: Karnac.

Roussillon, R. (1991). *Paradoxes et situations limites de la psychanalyse*. Paris: PUF.

Roussillon, R. (1999). *Agonie, clivage et symbolisation*. Paris: PUF.

Roussillon, R. (2004). La dépendance primitive et l'homosexualité primaire en double. *Revue française de psychanalyse, 68*(2).

Roussillon, R. (2008a). L'intersubjectivité. L'inconscient et le sexuel. In A. Braconnier, & B. Golse, *Bébés-ados: à corps et à cri*. Toulouse: Érès.

Roussillon, R. (2008b). *Le jeu et l'entre-je(u)*. Paris: PUF.

Roussillon, R. (2010). La dialectique présence-absence: pour une métapsychologie de la présence. *Tribune psychanalytique, 9*.

Searles, H. (1980). *L'environnement non humain*. Paris: Gallimard.

Smadja, C. (1993). À propos des procédés autocalmants du Moi. *Revue française de psychosomatique, 4*, 9-26.

Sontag, S. (1993). Traducida. In *Cuestión de Énfasis*. Madrid: Alfaguara.

Spampinato, F. (2008). *Les métamorphoses du son: matérialité imaginative de l'écoute musicale*. Paris: L'Harmattan.

Spitz, R. (1947). *De la naissance à la parole*. Paris: PUF.

Stern, D. (1971). Une microanalyse de l'interaction mère-nourrisson: comportements régulant le contact social entre une mère et ses jumeaux de trois mois et demi. *La psychiatrie de l'enfant, 26*(1), 217-236.

Stern, D. (1977). *Mère-enfant, les premières relations*. Bruxelles: Mardaga.

Stern, D. (1985). *Le monde interpersonnel du nourrisson*. Paris: PUF.

Stern, D. (2002). La vie avec les êtres humains: un son et lumière qui se déroule temporellement. In M. Boubli, & A. Konicheckis (Dir.), *Approches psychanalytiques de la sensorialité*. Paris: Dunod.

Stern, D. (2003). *Le moment présent en psychothérapie. Un monde dans un grain de sable*. Paris: Odile Jacob.

Stern, D. (2004). *Le journal d'un bébé*. Paris: Odile Jacob.

Szanto-Feder, A. (2012). *Lóczy, un nouveau paradigme? L'Institut Pikler dans un miroir à facettes multiples*. Paris: PUF.

Tardos, A. (1998). Les différentes formes de l'attention du nourrisson au cours de son activité autonome et pendant ses interactions avec l'adulte. In B. Golse (Dir.), *L'attention* (pp. 16-22). Toulouse: Érès.

Thouret, D. (2004). *La parentalité à l'épreuve du développement de l'enfant. Approche psychanalytique*. Toulouse: Érès.

Tisseron, S. (1999). *Comment l'esprit vient aux objets*. Paris: Aubier.

Tisseron, S. (2011). Les nouveaux réseaux sociaux: visibilité et invisibilité sur le net. In N. Aubert, & C. Haroche, *Les tyrannies de la visibilité. Être visible pour exister?* Toulouse: Érès.

Tizón, J. (2007). El "niño hiperactivo" como síntoma de una situación profesional y social: ¿mito, realidad, medicalización? *Revista de Psicopatología y Salud Mental Del Niño y Del Adolescente, 2*, 23-30.

Tomasello, M. (2004). *Aux origines de la cognition humaine*. Paris: Retz.

Touati, B., Joly, F., & Laznik, M.-C. (2007). *Langage, voix et parole dans l'autisme*. Paris: PUF.

Trachtenberg, R. (2005). *El modelo ético-estético de Bion-Meltzer. De la pasión por el psicoanalisis, por el psicoanalisis de una pasion*. Comunicação ao 44º Congresso de Psicanálise, Rio de Janeiro.

Trachtenberg, R. (2006). Vinculo estético: imaginação, transformação e surpresa. *Revista do CEP de Porto Alegre, 13*.

Trevarthen, C. (2011). Les histoires se créent en bonne compagnie: va-et-vient entre la narration partagée et la lecture. In S. Raynaud, & O. Baudelot, *On ne lit pas seul!* Toulouse: Érès.

Trevarthen, C. (2013). La socialité joyeuse du nouveau-né telle qu'on l'observe et ce qu'elle enseigne. In M. Boubli, & L. Danon-Boileau, *Le bébé en psychanalyse*. Paris: PUF.

Trevarthen, C., & Aitken, K. J. (2003). Intersubjectivité chez le nourrisson: recherche, théorie et application clinique. *Devenir, 15*(4), 309-428

Trevarthen, C., & Gratier, M. (2005). Voix et musicalité: nature, émotion, relations et culture. In M. Castarède, & G. Konopczynski, *Au commencement était la voix*. Toulouse: Érès.

Trevarthen, C., & Gratier, M. (2006). Rythme, émotion et pré-sentiment dans les interactions de bébés en voie d'autisme. In M. Dugnat (Dir.), *Les émotions (autour) du bébé*. Toulouse: Érès.

Tronick, T., & Weinberg, M. (1997). À propos des conséquences toxiques psychiques de la dépression maternelle sur la régulation émotionnelle mutuelle des interactions mère-bébé: l'impossibilité de créer des états de conscience dyadiques. In

P. Mazet, & S. Lebovici, *Psychiatrie périnatale: parents et bébés: du projet d'enfant aux premiers mois de vie*. Paris: PUF.

Tustin, F. (1990). *Barreras autistas en pacientes neuróticos*. Buenos Aires: Amorrortu.

Tustin, F. (1996). *Le trou noir de la psyché*. Paris: Le Seuil.

Untoiglich, G. (2011). *Versiones actuales del sufrimiento infantil. Una investigación psicoanalítica acerca de la desatención y la hiperactividad*. Buenos Aires: Noveduc.

Vasen, J. (2011). *Una nueva epidemia de nombres impropios. El DSM-V invade la infancia en la clínica y las aulas*. Buenos Aires: Noveduc.

Viloca, L., & Alcacer, B. (2014). La psicoterapia psicoanalítica con personas con trastorno autista, una revisión histórica. *Temas*, (7).

Viñar, M. (2010). *Saez por Marcelo Vinar. Los retratos de Saez*. Montevideo: Catálogo MEC.

Virilio, P. (1991). *La velocidad de liberación*. Buenos Aires: Manantial.

Vischer, R. (1873). *Über das optische Formgefühl. Ein Beitrag zur Ästhetik*. Leipzig: Hermann Credner.

Wainrib, S. (2006). *La subjectivation*. Paris: Dunod.

Watillon-Naveau, A. (2013). *Bébés et parents en détresse chez le psychanalyste*. Toulouse: Érès.

Widlöcher, D. (2000). Amour primaire et sexualité infantile: un débat de toujours. In *Sexualité infantile et attachement*. Paris: PUF.

Winnicott, D. W. (1945). Le développement affectif primaire. In *De la pédiatrie à la psychanalyse*. Paris: Payot.

Winnicott, D. W. (1949). L'esprit et ses rapports avec le psyché-soma. In *De la pédiatrie à la psychanalyse*. Paris: Payot.

Winnicott, D. W. (1950). Ideas y definiciones. In *Exploraciones psicoanalíticas I*. Buenos Aires: Paidós.

Winnicott, D. W. (1958). La capacité d'être seul. In *Processus de maturation chez l'enfant*. Paris: Payot.

Winnicott, D. W. (1959-1964). Nosographie: y a-t-il une contribution de la psychanalyse à la classification psychiatrique? In *Processus de maturation chez l'enfant*. Paris: Payot.

Winnicott, D. W. (1960). Distorsion du moi en fonction du vrai et du faux "self". In *Processus de maturation chez l'enfant*. Paris: Payot.

Winnicott, D. W. (1965). La pensée chez l'enfant: un autre éclairage. In *La crainte de l'effondrement et autres situations cliniques*. Paris: Gallimard.

Winnicott, D. W. (1966). *Le bébé et sa mère*. Paris: Payot.

Winnicott, D. W. (1967). Le concept d'individu sain. In *Conversations ordinaires*. Paris: Gallimard.

Winnicott, D. W. (1970). Sobre las bases del self en el cuerpo. In *Exploraciones Psicoanalíticas I*. Buenos Aires: Paidós.

Winnicott, D. W. (1971). *Jeu et réalité*. Paris: Gallimard.

Winnicott, D. W. (1989). La crainte de l'effondrement. In *La crainte de l'effondrement et autres situations cliniques*. Paris: Gallimard.

Woscoboinik, N. (2008). El circuito de la pulsión en la comprensión de los trastornos del espectro autista. La vida comienza cuando empieza la mirada. *Revista de Psicoanálisis, 65*(3), 611-625.

GRÁFICA PAYM
Tel. [11] 4392-3344
paym@graficapaym.com.br